情動コンピテンスの成長と対人機能

● 社会的認知理論からのアプローチ

野崎優樹 Yuki Nozaki

ナカニシヤ出版

まえがき

　おそらく大多数の人が，自分自身あるいは周囲の人の感情や情動に上手く対処できず，失敗してしまった経験が1つや2つはあるだろう。喜び・悲しみ・怒りといった情動は，家庭・職場・友人関係といった私たちの日常生活に彩りを与えてくれると同時に，適切な対処に失敗すると，対人トラブルや心の病など，様々な問題を引き起こす。そのため，自分や他者の感情や情動に上手く対処できるようになりたいと，多くの人が思っているのではないだろうか。

　この能力は，心理学研究では，「情動コンピテンス」あるいは「情動知能」と呼ばれており，社会で上手くやっていく上で重要な役割を果たす能力として，近年注目が集められている。日本においても例外ではなく，教育現場や職場などにおいて，情動コンピテンスを測定し，これを高める試みを通じて，将来のキャリア設計や，仕事のパフォーマンスの向上に役立てようとする動きが見られている。筆者が「情動コンピテンス」の概念に初めて出会ったのも，学部生の時に偶然参加した，キャリアデザインに関するセミナーであった。この時，たまたまサークル活動の一環として，セミナーに参加したのだが，そこで講師の1人の方が，情動コンピテンスを含む，「社会情緒的能力」をテーマとして取り上げ，この能力が，従来対立関係にあると考えられていた情動と理性の働きを統合し，情動を適切に扱うことの重要性を包括的に示した点で画期的であることを説明するとともに，これからの社会において，いかに重要な役割を果たすのかを語っていた。この話は，人間の情動と社会性に関心を持っていた筆者を強く惹きつけ，学術的な検討を行いたいと思ったのを覚えている。そして，卒業論文，大学院時代，さらに現在に至るまで一貫して研究を行ってきた。

　本書には，筆者がこれまで研究を行ってきた，情動コンピテンスの測定・成長・機能に関する，8つの研究を収録した。心理学という学問の枠組みの中で「情動コンピテンス」研究を進めていくようになり，強く感じたことが，世の中一般で言われていることと，学術的に明らかにされている内容とのギャップ

である。一般に「情動コンピテンス」をはじめとする社会情緒的能力は，そのポジティブな側面がかなり強調されている。しかし，従来の伝統的な知能研究と比べても，社会情緒的能力に関する研究が本格的に行われるようになったのは，最近のことであり，まだまだ主張の内容とそれを支える証拠との間に乖離があるのが現状である。さらに，情動コンピテンスは，そもそもの始まりが，主に様々な職業や教育現場における実践的応用への関心にあったこともあり，本来初めになされるべき，概念が指し示す内容や成長要因に関する心理学的なモデル化が不十分なまま，応用的な研究が進められてきた。そのため，測定方法の妥当性，構成概念の線引きをどこで引くのか，背後にあるメカニズムのモデル化，など，現在の研究の最前線では多くの問題が指摘されており，学問としての心理学研究としては，まだ発展途上の分野だと言えるだろう。筆者自身も，構成概念が持つ直感的な面白さと，実際の研究で扱える内容とのギャップにもどかしさを感じながら，なんとか研究を進めてきた。

　本書のメインの主張は，パーソナリティ心理学における「社会的認知理論」の視座を取り入れることが，上記の情動コンピテンス研究が抱える問題に対するブレイクスルーとなりえる，ということである。心理学研究の中でも，パーソナリティ心理学は，伝統的に人の個人差に着目してきた。その中の，「社会的認知理論」ではパーソナリティを経験により発達する認知-感情的システムとして捉え，個人が外的状況と相互作用する際の動的な心的メカニズムとその個人差の解明を目指している。このような考え方を情動コンピテンス研究に持ち込むことにより，現在の学問としての情動コンピテンス研究が限界として抱えている，「構成概念の内容や成長要因の心理学的なモデル化」が可能になるのではないか，というのが筆者の考えである。本書の研究成果が，情動コンピテンスをはじめとする社会情緒的能力に関心を持つ多くの方々の目に止まり，今後の理論と実践の発展につながれば幸いである。

2017年2月

野崎　優樹

目　次

まえがき　i

第1章　本書の目的と理論的背景 …………………………………… 1
1-1　はじめに　1
1-2　情動コンピテンスと情動知能の概念上の差異　2
1-3　情動コンピテンスと適応　11
1-4　情動コンピテンスの向上可能性　15
1-5　既存の情動コンピテンス研究の課題と本書のアプローチ　16
1-6　本書の目的と構成　21

第2章　日本における情動コンピテンス
　　　　―尺度の適用可能性の検討― ………………………… 25
2-1　第2章の検討内容　25
2-2　〔研究1〕情動コンピテンスプロフィールの心理測定学的特性の国際比較　25
2-3　〔研究2〕改訂版WLEISの作成　42
2-4　第2章のまとめ　49

第3章　ストレス経験と情動コンピテンスの成長 ……………… 51
3-1　第3章の検討内容　51
3-2　〔研究3〕最も大きなストレス経験時のレジリエンスおよびストレス経験からの成長と現在の情動コンピテンスとの関連　52
3-3　〔研究4〕大学入試に対する認知的評価とストレス対処が情動

コンピテンスの成長感に及ぼす効果　61
3-4 〔研究5〕定期試験期間の自他の情動調整行動が情動コンピテンスの変化に及ぼす影響　78
3-5 第3章のまとめ　95

第4章　情動コンピテンスと被排斥者に対する情動調整行動 ……………… 97

4-1 第4章の検討内容　97
4-2 〔研究6〕情動コンピテンスと被排斥者の悲しみを調整する行動との関連　100
4-3 〔研究7〕情動コンピテンスと被排斥者の悲しみを調整する行動との関連―被排斥者の悲しみ表出の調整効果―　107
4-4 〔研究8〕情動コンピテンスと被排斥者の報復行動に対する関与の仕方との関連―報復の意図の高低に応じた検討―　119
4-5 第4章のまとめ　133

第5章　総合考察 ……………………………………………… 135

5-1 得られた結果のまとめ　135
5-2 本研究の意義　139
5-3 残された課題とGrossの拡張版プロセスモデルの適用可能性　143
5-4 今後の展望　153
5-5 おわりに　163

引用文献　167
付　録　189
初出一覧　195
謝　辞　197
索　引　201

第1章　本書の目的と理論的背景

■ 1-1　はじめに

　古くから，理性と情動は対立関係にあるものとして捉えられてきた。たとえば，ゼノン，エピクテトス，マルクス・アウレリウスといったストア派の哲学者たちは，情動を非理性的なものであるとし，情動から完全に解放された状態こそが，人の魂に究極の安定と平静である「アパティア」をもたらすと主張した（遠藤，2013）。しかし，近世から近代になると，たとえば，『人性論』（Hume, 1739　土岐・小西訳 2010）や『道徳感情論』（Smith, 1759　水田訳 2003）などの著作で，情動の働きに改めて着目し，情動と理性の関係性について問い直す議論が行われるようになる。この中で，現在では情動と理性を単純に対立的に捉える見方は衰退してきているようである（遠藤，2013）。

　実証研究を行う心理学でも，知的な能力と情動との相互作用を調べる研究が行われてきた。その中で，近年，自己と他者の情動を適切に理解し，表現し，調整する能力である，「情動コンピテンス（emotional competence）」や「情動知能（emotional intelligence）」と呼ばれる概念に注目が集められている。これらの概念は，従来対立関係にあると考えられていた情動と理性の働きを統合し，社会での成功をもたらす上で見過ごされていた，情動を適切に扱うことの重要性を包括的に示した点で，画期的であった。さらに，一般の人に向けた書籍も発刊されており（e.g., Goleman, 1995　土屋訳 1996 ; Goleman, 1998　梅津訳 2000），経営や教育などの実践面からも応用の可能性が期待されている。

　一方，情動コンピテンスや情動知能に対しては，その概念の意義をめぐる数多くの批判も同時に行われてきた（e.g., Antonakis, Ashkanasy, & Dasborough,

2009; Davies, Stankov, & Roberts, 1998；遠藤, 2013；Landy, 2005; Locke, 2005; Matthews, Zeidner, & Roberts, 2012; Ybarra, Rees, Kross, & Sanchez-Burks, 2012)。このような批判が行われている理由の1つに，多くの情動コンピテンスや情動知能研究では，社会的な文脈の影響や個人の情報処理過程をほとんど考慮せずに，全般的な特性を記述的に検討することに留まっていたことがある。そのため，これまでの研究では，個人が外的状況と相互作用する中でどのように情動コンピテンスあるいは情動知能が育まれ，これらの能力が社会的な場面での具体的な反応や行動にどのように活かされるのかといった内容が十分明らかにされてこなかった（Matthews et al., 2012; Ybarra et al., 2012)。

　本書では，パーソナリティ心理学における「社会的認知理論（social cognitive theory)」の視座を取り入れた研究を通じて，この問題にアプローチする。パーソナリティを状況間で安定した情動・認知・行動のパターンとして記述的に捉える「特性理論（trait theory)」に対して，「社会的認知理論」ではパーソナリティを経験により発達する認知-感情的システムとして捉え，個人が外的状況と相互作用する際の動的な心的メカニズムとその個人差の解明を目指している（e.g., Bandura, 1999; Caprara, Vecchione, Barbaranelli, & Alessandri, 2013; Mischel & Shoda, 1995, 1998)。このアプローチに基づき研究を進め，自他の情動が複雑に変化しながら交錯する社会的な場面における反応や行動の個人差やその変化をもたらす要因を明らかにすることで，既存の情動コンピテンスや情動知能研究に対して，より動的な観点を取り入れた理論やモデルの構築という点から貢献できると考えられる。

　第1章では，まず「情動コンピテンス」と「情動知能」の概念上の差異について議論し，本書が対象とする概念を論じる。その後，関連する先行研究を概観し，先行研究の限界を指摘するとともに，本書が取り組む研究課題とその位置づけを議論する。

■ 1-2　情動コンピテンスと情動知能の概念上の差異

1-2-1　「情動知能」の提案と知能としての妥当性

　情動[1]の研究者たちは，情動には適応的な機能があることを指摘してきた。

たとえば，喜びなどのポジティブ情動には，その人の思考や行動のレパートリーを広げることで，長期的に活用可能な身体的・心理的・社会的資源の構築を促す機能がある（Fredrickson, 1998, 2001）。さらに，ネガティブ情動にも適応的な側面が存在し，たとえば，悲しみには周りの人の同情や援助行動を引き出す機能があり（Campos, Campos, & Barrett, 1989），怒りには社会的地位の防衛や獲得に貢献したり（Keltner & Kring, 1998），他者に自分の過ちを気づかせたりする機能がある（Averill, 1983）。

　これらの適応的な機能がある一方で，ネガティブ情動は長期的に持続すると，抑うつ・消化器系疾患・虚血性心疾患などの心身の不健康を引き起こす（Keltner & Kring, 1998; Levenson, 1999）。さらに，怒りの過度な表出は対人関係を悪化させる（Baumeister, Stillwell, & Wotman, 1990）。このように，長期的な影響や状況に応じた適切性を考慮に入れると，情動は適応的に機能しない場合もあり，この場合は，その人が感じている情動を適切に認識し，調整する必要がある。そのため，私たちが良好な生活を送る上で，自他の情動を適切に認識し調整する能力は重要な役割を果たすと言える。

　自他の情動を適切に扱うことの重要性を踏まえて，注目が集められている概念に，「情動知能」がある。この概念は，Salovey & Mayer（1990）により，「自己と他者の感情および情動を認識して区別し，思考や行動に活かす能力」と定義され，初めて包括的に提唱された。その後，サイエンス・ジャーナリストの

　1）　情動（emotions）の明確な定義は非常に困難な課題とされている（遠藤，2013）。その理由として，情動を概念化する際に，基本的情動モデル（e.g., Ekman, 1972; Panksepp, 1998），認知的評価モデル（Lazarus, 1991; Scherer, 1984），心理構成モデル（Barrett, 2009; Russell, 2003），社会構成モデル Harre, 1986; Mesquita, 2010）など，多様な立場があることが挙げられる（Gross, 2015a; Gross & Barrett, 2011）。しかし，どの立場であっても，少なくとも日常私たちが経験する大概の情動に関しては，事象に対する認知的評価によって立ち上がり，特異な主観的情感，生理的変化，表出的特徴，行為傾向といった複数の構成要素が絡み合いながら発動される一過性の反応であるということは，多くの研究者間で見解が一致している（遠藤，2013；Gross, 2015a）。そこで，本研究でもこの定義に基づき，議論を行う。また，情動と類似する概念に，気分（moods），感情（affect）がある。情動は気分と比べて特定の出来事により生じ，その出来事と関連する行動反応を引き出す。それに対して，気分は情動よりも原因となる出来事が明確ではなく，長く持続する漠然とした状態を指す（Beedie, Terry, & Lane, 2005；遠藤，2013）。また，感情は，快・不快のいずれかを伴う知覚経験として定義され，情動や気分などを含む上位概念として位置づけられる（Gross, 1998, 2015a）。

Golemanによる，一般の人に向けた書籍の発刊（e.g., Goleman, 1995 土屋訳 1996；Goleman, 1998 梅津訳 2000）の影響もあり，特に西洋の国々を中心として，学術界に加えて，経営や教育などの実践現場にも大きく広がった。これらの一般向けの書籍では，科学的論拠に必ずしも十分支えられていたわけではないものの，真の社会的成功はIQに代表される伝統的知能ではなく，むしろ情動知能によって大きく規定されること，そして伝統的知能と比べ情動知能は基本的にすべての人が習得・訓練可能であるため，現状いかに社会的弱者としてあっても，そこからの脱却は十分に実現可能であるということが強く主張されており，社会での成功や，幸福感・自尊感情などの増大を志向する多くの人の心を捉えることとなった（遠藤，2013）。

情動知能の大きな特徴に，「知能」という術語が用いられていることがある。「知能」という概念が何を指し示しているかについては研究者間で相違が見られるものの，広くは「経験から学習し，抽象的に考え，環境に効率的に対処する能力」として捉えられている（Neisser et al., 1996; Nolen-Hoeksema, Fredrickson, Loftus, & Wagenaar, 2009）。また，検査方法に着目すると，スタンフォード・ビネー知能検査やウェクスラー式知能検査などの従来の知能検査は，いずれも「最大限の能力」に着目し，参加者がある特定の問題を正確にかつ速く解けるかを調べている点が特徴的である（Carroll, 1993；子安，1989）。

情動知能を「知能」と呼ぶ根拠について，Salovey & Mayer（1990）では，情動知能は，人を理解し調整する能力である「社会的知能」（Thorndike, 1920）の1つであり，社会的知能の概念に関する議論や測定の試みが積み重ねられる中で，社会的知能も知能であると位置づけられてきたために（レビューとして子安，1989；Weis & Süß, 2005），情動知能も知能であるとしている。また，その後のMayer & Salovey（1993）では，情動知能は行動傾向の背後にある一連の知的能力を対象とする概念であるため，情動知能は知能であるという主張をしている。

さらに，情動知能の知能としての妥当性を実証的に検討したのがMayer, Caruso, & Salovey（1999）である。この研究では，ある概念が知能であることの要件を満たすことを示す基準として，概念的基準，相関的基準，発達的基

準の3つを挙げている。概念的基準とは、対象とする概念が、行動の選好傾向・自尊心・知性が関連しない分野の才能ではなく、知的な能力を測定しているかという基準である。次に相関的基準とは、新しいテストが、すでに確立された他の知能と一定程度関連しつつも、独自の要素を持つ能力を測定しているかという基準である。最後に発達的基準とは、測定対象が年齢や経験に伴い成長するかという基準である。これまでの研究で知能は年齢に伴い成長することが示されており（Fancher, 1985）、このような研究結果に基づいた基準である。そして、Mayer et al.（1999）では、情動知能の4つの領域12の能力を測定できるテストとしてMultifactor Emotional Intelligence Scale（MEIS）を開発し、このテストの得点が既存の言語知能と中程度に相関し、青年期よりも成人期の参加者の得点の方が高かったことを明らかにした。この結果を基に、情動知能は、前述した3つの基準を満たしており、知能として扱えると結論づけている。

1-2-2 「情動知能」を知能とすることへの批判と「情動コンピテンス」の提唱

このように、情動知能の提唱者たちは、情動知能が「知能」であることを繰り返し主張してきた。しかし、この主張に対しては数多くの批判も行われている。たとえば、Roberts, Zeidner, & Matthews（2001）は、これまでの知能研究では、低次な感覚処理能力（例：聴覚処理、触覚・運動感覚の知覚）は高次な認知処理能力（例：帰納的・演繹的推論）よりも因子負荷量が低いにもかかわらず、MEISの因子分析結果では低次な能力の「情動の知覚」の因子負荷量が最も高く、高次な能力の「情動の調整」の因子負荷量が最も低いことから、MEISで測定しているものを知能として捉えることについて疑問を呈している。さらに、特に知能の中でも、新規な状況での論理的思考や問題解決能力である流動性知能のような認知的な能力は年齢に従い低下するという先行研究（e.g., Carroll, 1993）もあることから、知能の要件としてMayer et al.（1999）の発達的基準を用いることの妥当性を批判している。また、概念的な批判もあり、たとえば、Locke（2005）は、情動知能の下位要素である自己や他者の情動を観察する能力は個人の注意の問題であり、知的な能力は必要とされないことを指摘している。さらに、日々の行動に個人の知識を使うことは、理性・集中・誠実さ・個人の目的といった多くの異なる要因が関連するため、知能の問

題ではなく，習慣・技術・選択が組み合わさった問題であることを指摘している。

　このように情動知能を「知能」と呼ぶことへの批判を受けて，近年では「情動知能」の代わりに，発達心理学で用いられてきた「情動コンピテンス」という術語を用いることが提唱され始めている（e.g., Boyatzis, 2009; Brasseur, Gregoire, Bourdu, & Mikolajczak, 2013; Scherer, 2007）。知能とコンピテンスの違いを見ると，最大限度の能力に着目し，参加者がある特定の問題を正確にあるいは速く解けるかを測定対象としている知能に対して，コンピテンスは，最大限度の能力ではなく，「成果とより直接的に結びつく，あまり構造化がされていない状況での思考や行動パターンの特徴」に着目している（Boyatzis, 2008; McClelland, 1973）。そして，このような違いを踏まえ，Scherer（2007）は，既存の情動知能の概念やテストで強調されている「情動についての知識」という要素は，伝統的知能のうち生涯を通じて獲得した知識や技能へアクセスする能力である「結晶性知能」に対応する別の概念として区分して考えるべきであり，誤解を生じさせうる「知能」という用語を概念の名称から削除し，本来測定を試みていた情動メカニズムを適切に用いる能力を「情動コンピテンス」として呼ぶことを提唱している。また，Boyatzis（2009）は，従来情動知能として概念化されてきた要素の中でも，その人の情動と関連する行動パターンに注目することで仕事などにおけるパフォーマンスをより強く予測することができるため，これを検討対象とすべきであり，行動面からアプローチすることで測定できる要素を「情動コンピテンス」として呼ぶことを提唱している。

　このように，最大限の能力に注目しているか，それとも良いパフォーマンスと直接的に関連する行動傾向という面に注目しているかという点が，知能とコンピテンスの大きな相違点であると言える。これらの先行研究の議論を踏まえて，情動を扱う能力にこの区分を当てはめ，情動知能と情動コンピテンスが対象とする内容の違いを筆者がまとめたモデル図が，Figure 1-1 である。

　知能研究では，Cattell（1971）による，生涯を通じて獲得した知識や技能へアクセスする能力が関わる「結晶性知能」と，新規な状況での論理的思考や問題解決能力が関わる「流動性知能」の分類がしばしば用いられている。この区分をもとにして，Figure 1-1 のモデルでも結晶性情動知能と流動性情動知能

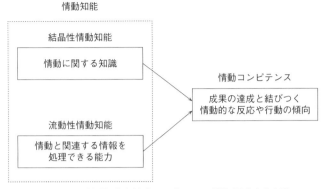

Figure 1-1　情動知能と情動コンピテンスが指し示す内容の違い

を区分している。結晶性情動知能は，たとえば，どのような状況がどのような情動を引き起こすのか，ある情動を表出すると他の人にどのような影響を与えるのか，ある場面で情動を調整にはどのような方略を取ると良いのかなどの「情動に関する知識」を指している。それに対して，流動性情動知能は，情動が関連する情報を一時的に保持したり，操作したりする際に働く「情動と関連する情報を処理する能力」を指している。一方，情動コンピテンスは，これらの結晶性情動知能と流動性情動知能を活かして実際の場面で行う「成果の達成と結びつく情動的な反応や行動の傾向」のことを指している。さらに，知識や能力は常に普段の反応や行動に変換されるわけではないが，この2つを基礎として普段の反応や行動の傾向が決められるため（Mikolajczak, 2009），結晶性情動知能と流動性情動知能から情動コンピテンスへの矢印を引いている。

1-2-3　先行研究での測定内容との対応関係

それでは，Figure 1-1のモデルの結晶性情動知能，流動性情動知能，情動コンピテンスのうち，先行研究ではどのような面を測定してきたのだろうか。これまでの情動知能や情動コンピテンス研究では，客観的テストと自己報告式の質問紙の2つが主流の測定方法として用いられてきた（Matthews et al., 2012; Petrides & Furnham, 2001）。まず，客観的テストを用いた場合，測定される概念は，しばしば「能力情動知能（ability emotional intelligence）」と

呼ばれる。この時，多くの研究では，MEISから発展したテストであるMayer-Salovey-Caruso Emotional Intelligence Test（MSCEIT; Mayer, Salovey, Caruso, & Sitarenios, 2003）を用いている。MSCEITは，全部で8種類のテストから構成されており，テストの正解は，「半数以上がアメリカ人から構成される一般の成人2112名（男性1217名，女性859名）[2]の回答との一致度（consensus scoring）」か，「2000年の情動の国際学会（International Society for Research on Emotions）に参加した西洋の8カ国の情動研究者21名（男性10名，女性11名）の回答との一致度（expert scoring）」のいずれかによって決められる（Mayer et al., 2003）。この8種類のテストの内容を見てみると，そのいずれもが結晶性情動知能を測定していることが分かる。たとえば，顔表情（顔写真を見て，個々の情動がどの程度顔表情に現れているかを評定）と絵画（風景や抽象的なデザインを見て，個々の情動がどの程度その写真やデザインに現れているかを評定）の2つの課題は，刺激の種類と情動の対応関係に関する知識が個人内で確立されている程度を調べるものである。また，感覚（ある情動を抱いている場面を想像させ，その時に感じている感覚の程度を評定），促進（ある情動が特定の認知活動に対してどの程度役立つかを評定），混合（ある他の情動の組み合わせにより，どのような情動が生じるのかを選択），変化（ある情動が強められた結果，どのような情動が生じるのかを選択）の4つの課題は，情動の種類や情動がどのような機能を持つかといった情動についての知識を調べている。最後に，情動の管理（文章を読み，登場人物が特定の情動を感じる上で，各行動がどの程度効果的かを評定），情動的な人間関係（文章を読み，情動を喚起された登場人物が良い人間関係を築く上で各行動がどの程度効果的かを評定）の両課題も，情動と関連する状況でどのような行動が効果的なのかという知識を調べるものであり，結晶性情動知能を測定していると言える。

　それに対して，自己報告式の質問紙を用いた場合，測定される概念は，しば

---

2) 男女の合計人数と全体の人数が一致しないが，Mayer et al.（2003）で報告されている数値をそのまま記載した。なお，この一般成人の国籍の内訳は，アメリカ人1240名，南アフリカ人231名，インド人194名，フィリピン人170名，イギリス人115名，スコットランド人122名，カナダ人37名であった。また，民族の内訳はアジア系34.0%，黒人3.4%，ヒスパニック2.0%，白人57.9%，その他が2.3%であった（Mayer et al., 2003）。

しば「特性情動知能（trait emotional intelligence）」と呼ばれる。これは，情動に関する自己知覚や特性を測定する概念であり，パーソナリティの階層構造の一部として位置づけられる（Pérez-González & Sanchez-Ruiz, 2014; Petrides, Pita, & Kokkinaki, 2007）。また，測定の際には，TEIQue（Trait Emotional Intelligence Questionnaire; Petrides & Furnham, 2003），SEIS（Schutte Emotional Intelligence Scale; Schutte et al., 1998），WLEIS（Wong and Law Emotional Intelligence Scale; Wong & Law, 2002），情動コンピテンスプロフィール（Profile of Emotional Competence; Brasseur et al., 2013）などの様々な尺度が用いられている。この尺度のいずれも，情動的な反応や行動の傾向についての文章を読み，その内容が普段の自分にどの程度よく当てはまるのかを評定する内容になっている。たとえば，よく用いられている尺度であるTEIQue（Petrides & Furnham, 2003；短縮版の日本語版として 阿部・若林・西城・川上・藤崎・丹羽・鈴木，2012）では，「自分がどんな感情を抱いているのか自分でも理解できないことがある」「ストレスをうまく対処できる」といった文章を読み，これらの内容がどの程度普段の自分に当てはまるのかを評定している。これは普段の情動的な反応や行動の傾向を測定の対象としているため，Figure 1-1のモデルに照らし合わせると，情動コンピテンスを測定していると言える。ただし，この方法ではあくまで普段の傾向を自分自身の認識に基づき測定しているため，実際に測定しているのは「自己評定による情動コンピテンス」であることに留意しておく必要がある。

1-2-4　本書で焦点を当てる概念

　本書では，質問紙で測定される「自己評定による情動コンピテンス」に焦点を当てて研究を行う。前述した通り，MSCEITに代表される客観的テストでは，テストの正解を決める方法として，「一般の成人の回答との一致度によって決める方法（consensus scoring）」か「情動の研究者の回答との一致度によって決める方法（expert scoring）」のいずれかを用いる。しかし，どちらの方法に対しても，その妥当性について疑問が呈されている。

　まず，「一般の成人の回答との一致度によって決める方法」については，大多数の人が考える正解が，実際には必ずしも正解とは言えないという点で批判

されている（Fiori, Antonietti, Mikolajczak, Luminet, Hansenne, & Rossier, 2014; Maul, 2012）。そもそも，MSCEITを開発したMayerらがこの得点化を妥当であると考えていた背景として，測定対象としている「情動に関する知識」は，コミュニケーションや交流が行われる社会的な文脈の中に組み込まれているため，多くの場合で，テスト受講者の大多数の考えを正解として認定できるという主張があった（Mayer, Salovey, Caruso, & Sitarenios, 2001; Mayer et al., 2003）。しかし，Maul（2012）は，だましの研究を例に出し，この主張に反駁している。この分野の研究では，ある人が実際にはネガティブな情動を感じているにもかかわらず，ポジティブな情動を感じていると嘘をついている時，デュシェンヌ・スマイル（目の周りの筋肉の動きを伴う自然な笑顔であり，多くの人は意図的に作り出せない）が見られないなど非言語的な特徴があるにもかかわらず，大多数の観察者はその人が嘘をついているかどうかを正確に判断できないことが明らかにされている（Ekman & O'Sullivan, 1991）。このような研究結果から，Maul（2012）は，大多数の人の回答を正答とする論理的な根拠はないとしている。さらに，この得点化の方法を用いると，一般成人の多数派の回答と参加者の回答が一致している時に高い得点がつけられることになるため，一般の参加者を対象にテストを行った場合，テスト得点が高い人が当然大多数になる。そのため，得点が正規分布しなくなるとともに，高い得点の参加者に対する識別力が低くなるという問題もある（MacCann, Roberts, Matthews, & Zeidner, 2004; Matthews, Roberts, & Zeidner, 2004）。

　また，後者の「情動の研究者の回答との一致度によって決める方法」についても，そもそも，誰が情動知能を巡る問題の正解を知っているかを決める明確基準はなく，たとえ情動の研究者の回答であっても必ずしもそれが正解であるとは限らないという点で批判がされている（MacCann et al., 2004; Matthews et al., 2004）。実際，MSCEITについて，一般の人の回答と専門家の回答間の相関は，$r=.91$という非常に高い値であることが報告されている（Mayer et al., 2003）。この理由について，Mayerらは，大部分の情動の知識は，情動に関する言語の共通の使用法を反映しており，一般の人がどのように回答するかという情報を用いて専門家の人も回答したためであると考察している（Mayer, Salovey, & Caruso, 2012）しかし，実際には，専門家と仮定して回答を求めた

人たちが一般の人の集団と変わらなかったために，高い相関が得られた可能性もある（Maul, 2012）。さらに，Brody（2004）は，「情動の管理」のような正解が決めにくい内容については，専門家の意見は食い違うことがしばしばあるために，どの意見を正解として捉えるべきかが分からないと批判している。実際に，Mayer et al.（2003）では，専門家間の回答の一致率のカッパー係数の平均値は，$\kappa = .43$（$SD = 0.10$）という中程度の値に留まっていたことを報告しており，Brody（2004）の指摘を裏づける結果となっている。

　一方，自己報告式の質問紙を用いる方法に対しても，本人が知覚している能力は，必ずしも実際の能力を反映しているわけではないという点で批判がされている（Matthews et al., 2004; Mayer, Roberts, & Barsade, 2008; Roberts et al., 2001）。しかし，能力に対する個々人の認識がもたらす影響に関する数多くの先行研究では，自分の能力に関する認識が，実際の行動に対して大きな影響を果たすことが繰り返し示されてきた（Bandura, 1993, 2012; Dweck, 1999）。情動コンピテンス研究でも，次節で詳しく概観するように，質問紙で測定された情動コンピテンスは，様々な適応と関する指標とポジティブに関連することが数多くの研究で示されており，重要な役割を果たす自己概念として，その独自性や意義が主張されている（Keefer, 2015）。

　これらの議論を踏まえ，本書でも方法論上の限界は十分踏まえつつ，「自己報告で測定される情動コンピテンス」（以下，繰り返しを避けるため，単に「情動コンピテンス」と呼ぶ）に着目し，研究の概観や議論を行う。また情動コンピテンスの測定方法は，この分野の今後の大きな研究課題の1つとされているため（Keefer, 2015; Matthews et al., 2012），第5章の総合考察にて，今後の展望について改めて議論を行うこととする。

■ 1-3　情動コンピテンスと適応

1-3-1　情動コンピテンスと各種適応との関連

　学術界や実践現場から情動コンピテンスが注目されてきた背景として，様々な種類の心理的，身体的，社会的な適応と関連する指標に対して，情動コンピテンスが重要な役割を果たすという主張があった。実際に西洋の国々を中心と

した数多くの研究において，この主張の正しさが実証的に確かめられている。

まず，心理的な適応と関連する指標について，情動コンピテンスが高い人ほど，幸福感が高く（Brasseur et al., 2013; Furnham & Petrides, 2003），人生満足度が高く（Law, Wong, & Song, 2004; Petrides, Pérez-González, & Furnham, 2007; Saklofske, Austin, & Minski, 2003），自尊心が高い（Salovey, Stroud, Woolery, & Epel, 2002; Schutte, Malouff, Simunek, McKenley, & Hollander, 2002）ことが明らかにされている。さらに，情動コンピテンスと健康度の関連も調べられており，情動コンピテンスが高い人ほど，主観的な身体的・精神的な健康度が高く，抑うつや特性不安が低い（Mikolajczak, Luminet, Leroy, & Roy, 2007; Petrides, Pérez-González, et al., 2007；メタ分析として，Martins, Ramalho, & Morin, 2010; Schutte, Malouff, Thorsteinsson, Bhullar, & Rooke, 2007）ことが示されている。また，主観的な指標だけでなく，医者にかかった回数，入院期間，薬を飲む頻度などの客観的な指標を用いても，情動コンピテンスと健康度の間に正の関連が見られることが報告されている（Mikolajczak et al., 2015）。

さらに，情動コンピテンスは社会的な指標に対しても重要な役割を果たす。たとえば，情動コンピテンスが高い人ほど，対人関係の満足度が高く（e.g., Schröder-Abé & Schütz, 2011; Schutte et al., 2001; Smith, Ciarrochi, & Heaven, 2008；メタ分析として，Malouff, Schutte, & Thorsteinsson, 2014），孤独感が低い（Saklofske et al., 2003）ことが明らかにされている。また，周囲の人も情動コンピテンスが高い人をより協調的であると評価しており（Frederickson, Petrides, & Simmonds, 2012），自分のパートナーの情動コンピテンスが高いと評定しているほど，そのパートナーとの関係満足度が高いことも報告されている（Schutte et al., 2001; Smith, Heaven, & Ciarrochi, 2008）。

1-3-2 情動コンピテンス独自の影響の検討

質問紙という共通の方法を用いて測定していることもあり，情動コンピテンスに対しては，ビッグファイブなどの既存のパーソナリティ特性と測定している概念が類似しすぎており，独自要素が不明であるという批判がしばしば行われていた（e.g., Davies et al., 1998; McCrae, 2000）。この批判に応えるため，

これまでの研究では，適応と関連する前述の指標に対して，既存のパーソナリティ特性で説明しきれていない分散を情動コンピテンスでどの程度説明可能かということも検討されている。これは「増分妥当性（incremental validity）」と呼ばれており，情動コンピテンス研究に限らず，尺度構成時に既存の概念との対応関係を明らかにするために，このような種類の妥当性も含めて検討することの重要性が指摘されている（Hunsley & Meyer, 2003）。そして，多くの研究で，既存のパーソナリティ特性の影響を統制した後でも，情動コンピテンスは幸福感，人生満足度，健康，良好な人間関係などの指標と有意に関連することが示されている（e.g., Andrei, Mancini, Trombini, Baldaro, & Russo, 2014; Furnham & Petrides, 2003; Law et al., 2004; Mikolajczak, Luminet, et al., 2007; Petrides, Pérez-González, et al., 2007; Saklofske et al., 2003; Siegling, Vesely, Petrides, & Saklofske, 2015；メタ分析としてAndrei, Siegling, Aloe, Baldaro, & Petrides, 2016）。これらの結果は，情動コンピテンスは，既存のパーソナリティ特性では捉え切れていない，新たな概念を測定していることを示唆している。

1-3-3　日本における研究状況

　上記の西洋の国々（一部は中国）を中心に行われてきた研究結果を受けて，日本でも，情動コンピテンスに関する研究が行われてきている。これらの研究では，既存の情動コンピテンス尺度の日本語版（阿部他，2012；Fukuda, Saklofske, Tamaoka, Fung, Miyaoka, & Kiyama, 2011；豊田・森田・金敷・清水，2005；Toyota, Morita, & Taksic, 2007；豊田・桜井，2007；豊田・山本，2011）や，日本独自の情動コンピテンス尺度であるEmotional Intelligence Scale（EQS; Fukunishi, Wise, Sheridan, Shimai, Otake, Utsuki, & Uchiyama, 2001）を作成し，その因子構造や信頼性，そしてパーソナリティ特性との関連から基準関連妥当性を確かめている。さらに，情動コンピテンスが高い人ほど，自尊心が高く（豊田，2014；Toyota et al., 2007），主観的な健康度が高く（平井・橋本，2013），ストレス経験時のストレス反応度が小さく（豊田・照田，2013），母親や友人を安心できる人として捉えている（豊田，2013）こととも示されており，日本でも，情動コンピテンスが適応と関連する指標に対し

て重要な役割を果たすことが示されている。

このように，元々理論が発展してきた地域とは異なる文化的背景を持つ地域でも研究を進めなければ，その理論が他の国に対してどの程度一般化可能なのかを明らかにすることができない（van de Vijver & Leung, 2001）。特に，情動コンピテンスの関連要素である，他者の情動を同定する時に注意を払う観点や，有効に働く情動調整方略などには，西洋と東洋の間で差があることが明らかにされている（e.g., Cohen & Gunz, 2002; De Leersnyder, Boiger, & Mesquita, 2013; Masuda, Ellsworth, Mesquita, Leu, Tanida, & Van de Veerdonk, 2008; Miyamoto, Ma, & Petermann, 2014）。そのため，主に西洋で提唱され研究が進められてきた情動コンピテンスの心理的測定学的特性や機能に関して，日本を含めた東洋の国でも同様の結果が見られるかを検討することは非常に重要である（Ekermans, 2009）。

しかし，日本人のみを対象とした調査で，既存の尺度の因子構造を再現しただけでは，その尺度得点が国際間で比較可能であるかどうかは分からない。なぜなら，因子構造が再現されたとしても，それは配置不変性が確認されただけであり，国際的なデータを用いた多母集団同時分析により，計量不変性（因子が持つ意味が群間で等しい）やスカラー不変性（尺度の使い方が群間で等しい）を検討しなければ，尺度得点を異なる群間で比較するための前提条件が満たされているかどうかは分からないためである（Ekermans, 2009; Schmitt & Kuljanin, 2008; Vandenberg & Lance, 2000）。前述した日本の情動コンピテンス研究では，日本人サンプルのみを対象とした調査に留まっているため，今後は国際的なデータを用いて，尺度の心理的測定学的特性を検証していくことが必要である。さらに，これまでの日本の研究では，適応と関連する指標との相関を検討する際に，パーソナリティ特性の影響を統制することも行われていない。そのため，西洋で行われている研究と同様に，日本人を対象とした調査でも，パーソナリティ特性の影響を統制した上で，情動コンピテンス独自の影響が見られるかどうかを検討することが求められる。

1-4 情動コンピテンスの向上可能性

1-4-1 情動コンピテンスを高めるトレーニングプログラム

　情動コンピテンスが適応と関連する指標に対して重要な役割を果たすことを示す結果を受け，いくつかの研究では，情動コンピテンスを高める方法が検討されている。従来，幼児や児童に対しては，社会性と情動の学習（social emotional learning）のトレーニングプログラムが開発され，その効果が確かめられていた（メタ分析として，Durlak, Weissberg, Dymnicki, Taylor, & Schellinger, 2011）。近年では，より高い年齢層を対象にした情動コンピテンスを高めるためのトレーニングプログラムが開発され，その効果が明らかにされてきている。これらの研究では，情動や情動調整の理論に関する講義・ロールプレイ・グループディスカッションなどから構成されるプログラムを開発しており，このプログラムを大学生や社会人を対象に実施することで，情動コンピテンスを高められることが示されている（Dacre Pool & Qualter, 2012; Kotsou, Nelis, Gregoire, & Mikolajczak, 2011; McEnrue, Groves, & Shen, 2010; Nelis, Kotsou, Quoidbach, Hansenne, Weytens, Dupuis, & Mikolajczak, 2011; Nelis, Quoidbach, Mikolajczak, & Hansenne, 2009; Slaski & Cartwright, 2003; Vesely, Saklofske, & Nordstokke, 2014）。このように，比較的高い年齢であっても情動コンピテンスが高められるということは，幼児期や児童期に情動コンピテンスを高められるような環境にいなかった場合でも，後から適切に努力すれば情動コンピテンスを高めることは可能であることを示唆している（Nelis et al., 2011）。

　また，トレーニングの効果がどれほど持続するかも検討されており，1ヶ月後（Vesely et al., 2014），6ヶ月後（Nelis et al., 2011; Nelis et al., 2009），そして1年後（Kotsou et al., 2011）でも，トレーニングを受けた群は統制群と比較して情動コンピテンスが高いままであることが示されている。さらに，これらのトレーニングの効果は，適応と関連する指標の向上としても現れることが報告されており，トレーニングを受けると，参加者の人生満足度・幸福感・周囲の人が評定した対人関係の満足度が向上し，ストレスを感じる課題中の主

観的なストレス度やコルチゾール（ストレス経験時に副腎皮質から分泌されるホルモンであり，多くの研究でストレスの度合いを反映する指標として用いられている）が減少することが明らかにされている（Kotsou et al., 2011; Nelis et al., 2011）。

1-4-2　日本における研究状況

　日本においても，数は少ないものの，情動コンピテンスを高めるためのトレーニングプログラムを開発し，その効果を検証した研究が見られる。たとえば，Abe, Evans, Austin, Suzuki, Fujisaki, Niwa, & Aomatsu（2013）では，3分の1が日本人で構成される医学生（他の参加者は台湾人，タイ人，インドネシア人）を対象に，自分の気持ちを表現したり，他者の気持ちに耳を傾けたりすることに関するワークショップを行うことで，ワークショップの1年後にかけて参加者の情動コンピテンスが向上することを明らかにしている。さらに，岡村（2013）では，中堅看護師を対象としてセミナーやワークを行うことにより，情動コンピテンスが向上したことを報告している。これらの研究では，いずれも統制群との比較をしていないため，結果の解釈に一定の限界はあるものの，日本人に関しても，情動コンピテンスは比較的高い年齢からでも高められることを示唆する結果となっている。

■ 1-5　既存の情動コンピテンス研究の課題と本書のアプローチ

1-5-1　外的状況と個人の動的な相互作用を捉える必要性

　ここまで概観してきたように，先行研究を通じて，情動コンピテンスが全般的な適応と関連する指標（例：幸福感，良好な人間関係の形成）に対して重要な役割を果たすとともに，トレーニングを通じて高められることが明らかにされてきた。しかし，これらの研究では，社会的な文脈の影響や個人の情報処理過程をほとんど考慮せずに，全般的な特性を記述的に検討することに留まっている（Matthews et al., 2012; Ybarra et al., 2012）。そのため，外的状況と個人が相互作用する中でどのように情動コンピテンスが育まれ，これらの能力が社会的な場面での具体的な反応や行動にどのように活かされるのかが不明なま

ままである。

　そもそも情動コンピテンスは，社会的知能の一部として捉えられていることからも分かるように，自己や他者の情動が複雑に変化しながら交錯する社会的な場面において，何かしらの解決すべき課題が生じた時に，重要な役割を果たすことが想定されている(Goleman, 1995　土屋訳　1996)。そのため，遠藤(2013)は，現在の情動コンピテンスのトレーニング研究に対して，当事者の低いオフラインで獲得した知識やスキルが，今ここでまさに情動の当事者として関わるオンラインでの解決を保証するわけではなく，教室のような情動の現場から切り離された文脈で静的に教え込もうとしても，その効果には自ずと限界がある可能性を指摘している。そして，真に機能する情動コンピテンスは，自らが喜び悲しみ怒り恐れる情動経験の当事者としてある中で，周囲の人から適切な対応をしてもらったり，自ら何らかの解決策を見いだしたりするといった実体験から生み出されるところが大きいのではないかと考察している。このような実体験が果たす役割が重要である可能性は，情動コンピテンスのトレーニングに関する先行研究でも，理論的には指摘されているところである（Kotsou et al., 2011; Nelis et al., 2011)。

　また，情動コンピテンスと適応との関連についての研究の多くは，人生満足感や良好な人間関係の構築など，個々の行動の積み重ねにより結果として生じる指標との関連を検討してきた。一方，社会的にポジティブな成果を達成する上で必要な個々の具体的な行動やその背後にある心理的なプロセスに対して，情動コンピテンスの個人差がどのように影響を及ぼすのかは十分明らかにされていない（Fiori, 2009; Matthews et al., 2012; Ybarra et al., 2012)。そのため，情動コンピテンスを高めるということが，結局どのような反応や行動の違いと結びつき，なぜ社会的にポジティブな成果の達成と結びつくのかが不明なままとなっている。

　この問題を解決する上で有効と考えられる研究手法が，実験課題を用いて参加者の具体的な反応や行動を測定し，情動コンピテンスの個人差との関連を検討する方法である（Matthews et al., 2004; Mikolajczak, Roy, Verstrynge, & Luminet, 2009)。実際に，いくつかの研究では，実験方法を用いて，情動コンピテンスの機能を検討している。たとえば，自己の情動の認識や調整に対する

情動コンピテンスの機能を検討した研究では，ビデオを視聴することで情動が喚起される状況（Petrides & Furnham, 2003）や，計算課題（Mikolajczak & Luminet, 2008; Salovey et al., 2002），失敗経験（Mikolajczak, Petrides, Coumans, & Luminet, 2009; Mikolajczak, Roy, et al., 2009），スピーチ課題（Mikolajczak, Petrides, et al., 2009; Mikolajczak, Roy, Luminet, Fillee, & de Timary, 2007; Salovey et al., 2002）など，プレッシャーのかかる難しい課題に個人が参加することでストレスが喚起される課題を用いている。また，他者の情動の認識に対する情動コンピテンスの機能を検討した研究では，顔表情写真が非常に短い時間呈示される課題（Austin, 2004）や，中立顔から6つの基本情動の表情のいずれかにコマ送りで変化する顔画像を見てなるべく速く表情の情動価を同定する課題（Petrides & Furnham, 2003）を用いている。

しかし，これらの研究では社会的な文脈から切り離された状況を用いており，情動コンピテンスが重要な役割を果たすと考えられている，自他の情動が複雑に変化しながら交錯する社会的な場面での反応や行動を捉えられていない。そのため，今後の研究では，このような対人場面を実験的に設定し，その時の反応や行動に対する情動コンピテンスの機能を明らかにしていく必要があると考えられる。

1-5-2 社会的認知理論からのアプローチ

上記の研究課題に対して有効と考えられる方法が，パーソナリティ心理学における「社会的認知理論」の視座を取り入れたアプローチである。自己報告の質問紙で測定された情動コンピテンスは，パーソナリティの階層構造の一部に位置づけられるが（Pérez-González & Sanchez-Ruiz, 2014; Petrides, Pita, et al., 2007），パーソナリティ心理学では，しばしば「特性理論（trait theory）」と「社会的認知理論（social cognitive theory）」の2つの立場からパーソナリティを捉えてきた（Fleeson & Jayawickreme, 2015; Roberts, 2009; Yang, Read, Denson, Xu, Zhang & Pedersen, 2014）。特性理論では，パーソナリティを状況間で安定した感情・認知・行動のパターンとして記述的に捉える（Fleeson & Jayawickreme, 2015; Jackson, Hill, & Roberts, 2012）。この理論では，5因子モデル（Goldberg, 1990; McCrae & Costa, 1987）に代表されるように，い

くつの次元でどのような特性語を用いると多様な個人差をシンプルかつ包括的に分類できるのかを検討するとともに，この分類に基づき測定した概念が，どの程度適応と関連する指標を予測できるのかを明らかにすることを目指している（髙橋・山形・星野，2011）。

　このように，パーソナリティの状況間で安定した静的な側面を捉えようとする特性理論に対して，パーソナリティの動的な側面を捉えようとするのが社会的認知理論である。特性理論では，個人が反応や行動する状況についての詳細な情報を欠いた質問項目を用いて測定を行うために，個々の文脈を踏まえた個人の反応や行動のパターンを捉え切れておらず，また，検討対象が反応や行動のパターンの分類に留まっているために，その反応や行動を可能にする心的過程や変化要因を明らかにできていないことが限界として指摘されてきた（Bandura, 1999）。そこで，社会的認知理論では，より動的な側面を捉えるために，パーソナリティを様々なメカニズムが協調して働くことで機能する認知－感情のシステムとして捉え，このシステムは経験を通じて発達することを想定する。そして，個人が外的状況と効果的に相互作用し，自分の行動を意味づけ，自分自身の目標や基準に従って行動を実行する際の心的メカニズムを解明することで，パーソナリティがどのように環境への適応と結びつくのかを明らかにすることを目指している（Bandura, 1999; Caprara et al., 2013; Cervone, Shadel, & Jencius, 2001; Mischel & Shoda, 1995, 1998）。

　「特性理論」と「社会的認知理論」は，どちらが優れているといった性質のものではなく，パーソナリティをどのような側面から捉えるかという違いを反映しており，どちらもパーソナリティの理解に向けて有益な示唆を与えうる。実際，近年では，両者の見方を統合し，より全般的なパーソナリティの理解に迫ろうとする研究が行われ始めている（e.g., Caprara et al., 2013; Fajkowska, 2015; Fleeson & Jayawickreme, 2015; Moeller, Robinson, & Bresin, 2010）。

　これまでの情動コンピテンス研究は，測定される概念がしばしば「特性情動知能」と呼ばれることからも窺えるように，基本的にはパーソナリティ心理学における特性理論に沿った研究であったと言える。なぜなら，パーソナリティ研究のように辞書に基づく包括的なアプローチではないものの，これまでの研究では各々の研究者たちが情動コンピテンスに含まれる要素（例：自己の情動

の調整・他者の情動の認識など）を分類し（e.g., Bar-On, 1997; Petrides & Furnham, 2003; Schutte et al., 1998; Wong & Law, 2002），この分類に基づいて調査参加者の普段の傾向を測定し，その個人差がどの程度全般的な適応と関連するかを調べてきたためである。また，情動コンピテンスのトレーニング研究でも，情動コンピテンスを高める際に，自らが情動経験の当事者として関わる場面から切り離された文脈で静的に教え込むことを想定している。これらの研究は情動コンピテンスの重要性やその変化の可能性を明らかにする上で大きな役割を果たしてきたが，パーソナリティ心理学において，特性理論に対して指摘されてきた限界は，そのまま現在の情動コンピテンス研究にも当てはまると言える。

　社会的認知理論の視座を取り入れた研究を通じて，これらの研究課題に新たに取り組むことで，外的状況と個人が相互作用する中でどのように情動コンピテンスが育まれ，この能力が社会的な場面での具体的な反応や行動にどのように活かされるのかを新たに明らかにすることが可能になる。これにより，社会的な文脈の影響や個人の情報処理過程をほとんど考慮せず，全般的な特性を記述的に検討することに留まっていた従来の情動コンピテンスの理論やモデルを発展させ，より力動的な観点を取り入れたモデルの構築という点から理論的に貢献できると考えられる。また，この点を明らかにすることで，情動コンピテンスがどのような要因で変化し，その結果としてどのような社会的な行動が可能になるのかを具体的に説明することが可能になるため，教育や経営などの現場に対して実践的な示唆を与えることも期待される。

1-5-3　自己領域と他者領域の区分

　社会的な場面では，人は自己の情動だけでなく，他者の情動も調整することが知られている（Gross, 2013; Gross & Thompson, 2007; Niven, Totterdell, & Holman, 2009; Zaki & Williams, 2013）。このことを反映して，多くの情動コンピテンスでは，自己の情動を認識し調整する能力に加えて，他者の情動を認識し調整する能力も下位要素に含めている（Brasseur et al., 2013; Mikolajczak, Brasseur, & Fantini-Hauwel, 2014; Petrides & Furnham, 2003; Salovey & Mayer, 1990；内山・島井・宇津木・大竹，2001；Tett, Fox, & Wang, 2005）。

先行研究では，情動を感じている対象が自己か他者という基準で，情動コンピテンスに含まれる要素が下位因子としてまとまることが報告されている（Brasseur et al., 2013; Mikolajczak et al., 2014）。これは，自己の情動を対象とする能力では自分自身を内省するメタ認知的な能力が求められる一方で，他者の情動を対象とする能力では自他の違いを踏まえて，他者の内面を認識し働きかける能力が求められるというように，両者には重なり合う能力だけでなく，異なる能力も必要とされるためであると考えられる。そこで，この分類に従って他の指標との関連を検討することで，「自己の情動が関連する能力」と「他者の情動が関連する能力」が持つ機能の共通点や相違点を，より深く検討することが可能になる。このような背景を受け，本書でも自己領域と他者領域の区分を重視し，研究を進める。

また，これまでの情動コンピテンス研究や情動調整研究では，主に自己の情動調整に焦点を当てて研究が行われてきた（レビューとして，Gross, 2015a; Peña-Sarrionandia, Mikolajczak, & Gross, 2015）。しかし，他者の情動調整は，他者の心的状態を直接的に変えるという点で，自己の情動調整と異なる性質を持つ。また，他者の情動調整を適切に行うことは，良好な人間関係の形成と結びつくことが示されている（Niven et al., 2012）。そのため，情動コンピテンスが高い人が，良好な人間関係を形成するため，自分自身の能力を他者に向けてどのように使っているのかを解明する上で，他者の情動調整にも着目して，研究を進めていくことが重要であると考えられる。

1-6　本書の目的と構成

本章では，情動コンピテンスに関する先行研究とその限界を概観してきた。これまでの情動コンピテンス研究は，多くが西洋の国々で行われており，情動コンピテンスが全般的な適応と関連する指標（例：幸福感，良好な人間関係の形成）に対して重要な役割を果たすとともに，トレーニングを通じて向上可能であることが明らかにされている。また，日本でも研究が行われ始めており，情動コンピテンスは日本でも適応と関連する指標に対して正に相関することが示されている。しかし，これまでの日本の研究では，異なる国で研究を進めて

いく上で前提となる，国際的なデータを用いた尺度の測定不変性の検証や，他の既存の概念との弁別性が未検討のままであった。さらに，情動コンピテンス研究全体を見ると，これまでの研究では，社会的な文脈の影響や個人の情報処理過程をほとんど考慮せずに，全般的な特性を記述的に検討することに留まっていたため，外的状況と個人が相互作用する中でどのように情動コンピテンスが育まれ，これらの能力が社会的な場面での具体的な反応や行動にどのように活かされるのかが不明なままとなっていた。

　これらの課題を解決するために，本書では，先行研究と対応づけるために情動コンピテンスの測定は既存の特性理論に基づく方法を踏襲し，この方法の日本への適用可能性を調べるとともに，社会的認知理論の視座を取り入れ，情動コンピテンスの変化を促す要因や，社会的な場面での他者の情動調整行動との関連を検討する8つの研究を行った。第2章から第4章では，これらの研究について詳細に述べる（Figure 1 - 2）。

　第2章では，日本における情動コンピテンスの位置づけを検討した。具体的には，自己の情動に関連する能力と他者の情動に関連する能力を区分して測定できる情動コンピテンスプロフィール（Brasseur et al., 2013）に着目し，原研究のベルギーのデータとの比較を行うとともに，パーソナリティ特性との弁別性を含め，この尺度の日本への適用可能性を検討した（研究1）。また，よ

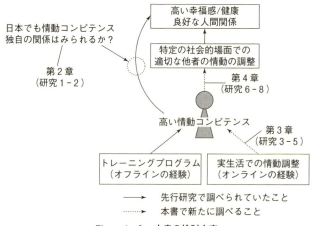

Figure 1 - 2　本書の検討内容

り短い情動コンピテンス尺度として，改訂版WLEIS（研究2）を作成し，日本人を対象として心理測定的特性を検討した。

第3章では，オンラインでの経験として，情動調整が求められる重要な場面であるストレス経験への対処に着目し，ストレスを味わう経験をした際にその情動を上手く扱う経験を積むことが，情動コンピテンスの成長につながる可能性を検討した。具体的には，最も大きなストレス経験（研究3）と，ストレスが生じる期間が一定で，特定の時期の対処内容や変化を捉えやすい大学入試期間（研究4）および定期試験期間（研究5）に着目して，調査を行った。

第4章では，情動コンピテンスと社会的な場面での他者の情動調整行動との関連を検討するために，対人関係上の問題が生じた場面として，「他者が排斥されている状況」を設定し，その時の被排斥者の情動を調整する行動に対して情動コンピテンスの個人差がどのように現れてくるのかを，実験手法を用いて調べた。具体的には，情動コンピテンスの高さは被排斥者の悲しみを和らげる行動と実際に関連するか（研究6），調整対象の情動表出の有無が情動コンピテンスの個人差と被排斥者に対する情動調整との関連を調整するか（研究7），個人の目標が情動コンピテンスの個人差と被排斥者に対する情動調整との関連を調整するか（研究8）を検討した。

第5章では，総合考察として，本書の理論的意義と実践的意義を述べるとともに，今後の検討課題について議論した。

第2章 日本における情動コンピテンス
―尺度の適用可能性の検討―

2-1 第2章の検討内容

　情動コンピテンスが適応に対して重要な役割を果たすという研究結果を受け，元々研究が進められてきた西洋の国々に加えて，近年は世界中からこの概念に関心が持たれ始めている（Ekermans, Saklofske, Austin, & Stough, 2011; Li, Saklofske, Bowden, Yan, & Fung, 2012）。日本も例外ではなく，これまで情動コンピテンス尺度の開発や適応と関連する指標との相関が検討されてきた（e.g., 阿部他，2012；豊田，2013, 2014）。しかし，これまでの日本の研究では，異なる国で研究を進めていく上で前提となる，国際的なデータを用いた尺度の測定不変性の検証や，他の概念の弁別性が未検討のままであった。
　そこで，第2章では，尺度の適用可能性を調査することにより，日本においても西洋の国々と同じように情動コンピテンスを測定することができるのか，またパーソナリティ特性といった既存の概念との弁別性が見られるかを明らかにすることで，日本における情動コンピテンスの位置づけを検討する。

2-2 〔研究1〕情動コンピテンスプロフィールの心理測定学的特性の国際比較

2-2-1 問　題

　自己の情動に関連する能力と，他者の情動に関する能力を区分して包括的に測定可能な尺度に，情動コンピテンスプロフィール（Brasseur et al., 2013）がある。この尺度には，この尺度は自己の情動と関連する能力である「情動コンピテンス自己領域」と，他者の情動と関連する能力である「情動コンピテン

ス他者領域」の2つの二次因子から構成される。さらにこの2つの二次因子は，それぞれ情動の同定，理解，表現，調整，利用の一次因子から構成されている。自己の情動と関連するコンピテンスと，他者の情動と関連するコンピテンスの2つを区分して包括的な内容を測定することができる点が，他の情動コンピテンス尺度と比較した際の，この尺度の強みである（Brasseur et al., 2013）。

　情動コンピテンスプロフィールの妥当性に関して，Brasseur et al.（2013）はベルギー人を対象に調査を行い，探索的因子分析の結果，情動コンピテンス自己領域と他者領域の2因子を区分するモデルが支持されたことを報告している。さらに，この尺度の得点は，高い幸福感，良好な対人関係，高い仕事のパフォーマンスと中程度に正に関連することが示されており，基準関連妥当性が示唆されている。また，ベルギー人とオランダ人を対象とした別の研究では，情動コンピテンスプロフィールの得点は，医者にかかった回数，入院期間，薬を飲む頻度などの客観的な指標を用いて測定した健康度に対しても正に関連することが示されている（Mikolajczak et al., 2015）。

　研究1では，この情動コンピテンスプロフィールが日本でも適用可能かどうかを検討する。初めに日本のデータと原研究のベルギーのデータ（Brasseur et al., 2013）を用いて，尺度の測定不変性と構造不変性を検討する。次に，日本とベルギー間で尺度の平均値の比較を行う。そして，日本における尺度の基準関連妥当性を検討するとともに，相関の強さを日本とベルギー間で比較する。最後に，パーソナリティ特性との弁別性を検討するために，ビッグファイブの影響を統制した上での，基準関連指標に対する増分妥当性を検討する。

　例外的に中国で開発された情動コンピテンス尺度であるWLEIS（Wong and Law Emotional Intelligence Scale; Wong & Law, 2002）については，東洋の国（シンガポール）と西洋の国（ベルギー）の間で測定不変性と構造不変性が確認されている（Libbrecht, Beuckelaer, Lievens, & Rockstuhl, 2014）。このことから，西洋の国で開発された尺度である情動コンピテンスプロフィールも，日本とベルギー間で測定不変性と構造不変性が確認されることが予想される。また，日本でも情動コンピテンスと適応と関連する指標の間に正の相関が見られていることから（e.g., 平井・橋本，2013；豊田，2013, 2014），西洋の場合と同様に，日本でも理論的に重要な変数との有意な相関が見られると予想され

る。また，この関連はビッグファイブの影響を統制しても有意なままであることが予想される。

2-2-2 方　法
参加者と手続き

　日本のデータは紙媒体もしくはオンラインの調査票により集められた[3]。いずれも調査時には，調査票のはじめのページに，調査は心理学の研究の一環として実施され参加は任意であること，調査によって得られた結果はコンピュータで統計的に処理され，個人のデータが学術研究以外の目的に使用されることは一切ないこと，回答の途中でこれ以上答えたくないと感じられた場合は，途中で回答を止めて構わないことを明記し，調査参加への同意を得た。

　紙媒体の調査票に回答した参加者は全部で277名（男性164名，女性113名，平均年齢＝21.25，SD＝3.09）であり，大学生もしくは大学院生であった。そのうち137名は，情動コンピテンスプロフィール日本語版（50項目）のみに回答し，残りの140名は「測定内容」の項目で説明するすべての尺度に回答した。さらに，再検査信頼性の検討のため，調査から6-8週間後（M＝48.74日，SD＝3.58）に，案内状の受け取りを承諾した参加者に対して調査の案内状をメールで送付し，調査参加に同意した大学生38名に再度情動コンピテンスプロフィール日本語版に回答を求めた。

　また，より幅広い参加者のデータを用いて尺度を検討するために，株式会社クロスマーケティングが保有している参加者プールの中から300名にオンライン上で回答を求めたデータも分析に用いた。オンライン調査では，年代（20-60代）と性別の比率が等しくなるように参加者の設定を行った。この参加者

　3）調査方法の違いが結果に影響を与えていた可能性を検討するため，調査方法（紙媒体による調査＝0，インターネット調査＝1）を統制変数として，情動コンピテンス自己領域もしくは他者領域とビッグファイブおよび基準関連指標間の偏相関係数を算出した。その結果，単相関分析の結果と同様に，情動コンピテンス自己領域と他者領域のいずれもが，外向性，調和性，開放性，誠実性，主観的幸福感，自尊心，人生満足度，主観的健康と正に，神経症傾向，孤独感と負に有意に関連していた。さらに偏相関分析についても，調査方法も統制変数として投入した分析を行ったが，同様の結果が得られた。このように調査方法の影響が見られなかったため，両者をまとめた結果を報告した。

のうち同じ数字のみを選択し続けていた22名は分析から除外し，最終的に278名（男性143名，女性135名，平均年齢41.50歳，SD = 12.33）のデータを分析対象とした。この参加者は，「測定内容」の項目で説明する尺度のうち，TEIQue-SF（Trait Emotional Intelligence Questionnaire Short Form）以外の尺度に回答した。

ベルギーのデータは，情動コンピテンスプロフィールの原論文に用いられたものを用いた。この論文の第一著者（Dr. Sophie Brasseur）より，日本語版開発時の妥当性の検討を目的とすることを説明し，同意を得て入手した。このデータは，参加者4307名（男性597名，女性=3710名，平均年齢40.60歳，SD = 13.78）から構成された。

測定内容

情動コンピテンスプロフィール日本語版　原著者（Prof. Moïra Mikolajczak およびDr. Sophie Brasseur）の許可を得て，情動コンピテンスプロフィールを日本語訳した。次に，原文を目にしておらず，アメリカに4年以上の留学経験があり英語に堪能な研究者1名がバックトランスレーションを行い，原文との等価性を確認した。最後に，バックトランスレーションを原著者に送り，原文との整合性を確認した。日本語版の項目をTable 2-1に示した。項目は，自己の情動の同定，自己の情動の理解，自己の情動の表現，自己の情動の調整，自己の情動の利用，他者の情動の同定，他者の情動の理解，他者の情動の表現，他者の情動の調整，他者の情動の利用を測定する5項目ずつ，計50項目から

Table 2-1　情動コンピテンスプロフィール日本語版の項目

項目	M	SD
情動コンピテンス自己領域		
自己の情動の同定		
何かに感動した時，自分が何を感じているのかがすぐに分かる	3.45	0.98
自分の中に感情が生じた時，その感情にすぐに気がつく	3.37	0.98
落ち込んでいる時，自分がどのような感情を感じているのかを正確に知ることは難しいと思う*	2.96	1.05
気分が良い時，自分に誇りを持っているからなのか，幸せだからなのか，リラックスしているからなのか，簡単に区別できる	3.35	1.01
口論している間，自分が怒っているのか悲しんでいるのかが分からない*	3.50	1.11
自己の情動の理解		
自分がなぜこのように感情的に反応しているのかが，いつも分かるわけではない*	2.90	1.11
落ち込んでいる時，自分の気持ちとその気持ちを生じさせた状況とを結びつけることは簡単だ	3.38	0.94

（次ページに続く）

2-2 〔研究1〕情動コンピテンスプロフィールの心理測定学的特性の国際比較   29

(前ページからの続き)

項目	M	SD
自分が悲しい時，その理由が分からないことが多い*	3.57	1.02
自分の中に感情が生じた時，その感情がどこから来たのかが分からない*	3.39	1.03
自分がストレスを感じている理由が，いつも分かるわけではない*	2.80	1.14
自己の情動の表現		
何かが嫌な時，何とか冷静に嫌だと言うことができる	3.12	1.04
自分の気持ちを他の人たちに説明するのは，そうしたいと思っていても難しいと思う*	2.50	1.05
他の人たちは，私が感情を表現する仕方を受け入れてくれない*	3.46	0.93
自分の気持ちを上手く説明できる	2.90	1.09
周りの人たちは，私が自分の気持ちを率直に表現していないと言う*	3.02	1.08
自己の情動の調整		
困難な経験の後でも，何とか簡単に自分を落ち着かせることができる	2.95	1.01
自分の感情を上手く取り扱うことは難しいと思う*	2.64	1.09
ストレスが多い状況では，自分を落ち着かせるのに役立つ方法でたいてい考えている	3.19	0.94
悲しい時に，自分を元気づけることは簡単だと思う	2.48	1.06
怒っている時，自分を落ち着かせることは簡単だと思う	2.67	1.06
自己の情動の利用		
自分の人生に関する選択は，決して自分の感情に基づいて行わない*	3.50	0.97
人生の選択をより良くするために，自分の気持ちを利用している	3.25	1.03
私の感情は，自分が人生で変えるべきことを知らせてくれる	3.05	0.97
困難な状況や感情から学ぼうとしている	3.56	1.01
自分にとって重要なことに注目するのに，自分の気持ちが助けになる	3.41	0.92
情動コンピテンス他者領域		
他者の情動の同定		
人が私に話しかけていなくても，その人が怒っているのか，悲しんでいるのか，喜んでいるのかが見分けられる	3.12	0.99
人の感情の状態が分からないために，その人に対して間違った態度を取ることがよくある	3.10	0.94
人の機嫌が悪いことに気がついていないために，その人の反応に驚くことが多い*	3.45	0.98
他の人たちの気持ちを感じ取るのが得意だ	3.17	0.99
人の感情の状態が頻繁に分からなくなる*	3.47	1.00
他者の情動の理解		
自分の周りにいる人たちの感情的な反応について簡単に説明することができる	2.95	0.96
自分の周りの人たちが，なぜそのような感情的な反応をするのかが理解できないことがある*	2.98	0.95
人の感情的な反応と，その人の個人的な事情とを関連づけることは難しいと感じる*	3.20	1.00
他の人たちの感情的な反応が理解できなくて，よく戸惑う*	3.26	1.00
たいていの場合，人がなぜそのような気持ちを感じているのかを理解している	3.13	0.96
他者の情動の表現		
他の人たちは，よく個人的な問題を私に打ち明けてくれる．	2.95	1.06
人が不満を言っているのを聞くことは，私には難しく感じる*	3.24	1.06
他の人たちが，その人が抱えている問題を話してくると，嫌な気持ちになる*	3.52	1.07
人が，その人が抱えている問題を話してくると落ち着かなくなるので，なるべく避けるようにしている*	3.62	1.04
他の人たちは私のことを，相談ができる友人だと言ってくれる	2.99	0.99
他者の情動の調整		
誰かが泣きながら自分のところに来たとしても，何をしていいか分からない*	3.15	1.08
たいていの場合，他の人たちの気持ちに影響を与えることができる	2.65	0.97
怒っている人と出会った時，簡単にその人を落ち着かせることができる	2.38	0.89
ストレスや不安を感じている人に会った時，その人を簡単に落ち着かせることができる	2.41	0.92
他の人たちをうまく元気づけることができる	2.90	0.95
他者の情動の利用		
自分の主張を人に納得させるには何をすればよいかを知っている	2.77	0.98
自分が望むものを他の人たちから簡単に手に入れることができる	2.03	0.90
そうしようと思えば，簡単に人を不安にさせることができる	2.82	1.08
そうしようと思えば，他の人たちの感情を自分がそうしたいように簡単に動かすことができる	2.21	1.03
人をやる気にさせるには何をすれば良いかを知っている	2.77	0.99

注) $N=555$, *は逆転項目。因子ごとに上3項目を小包1，下2項目を小包2とした。

構成され（Table 2-1），「1．全く違うと思う」—「5．非常にそう思う」の5件法で回答を求めた。

他の情動コンピテンス尺度　TEIQue-SF（Trait Emotional Intelligence Questionnaire Short Form; Petrides, 2009；日本語版：阿部他，2012）を用いた。計30項目に対して「1．全く違うと思う」—「7．強くそう思う」の7件法で回答を求めた。本研究では，クロンバックのα係数は.90だった。

ビッグファイブ　TIPI-J（Ten-Item Personality Inventory; Gosling, Rentfrow, & Swann, 2003；日本語版：小塩・阿部・カトローニ，2012）を用いた。外向性，神経症傾向，調和性，開放性，誠実性を測定する各2項目ずつから構成され，「1．全く違うと思う」—「7．強くそう思う」の7件法で回答を求めた。本研究では，2項目間の相関係数は.14から.44の範囲だった。

主観的幸福感　主観的幸福感尺度（Lyubomirsky & Lepper, 1999；日本語版：島井・大竹・宇津木・池見・Lyubomirsky, 2004）を用いた。計4項目に対して「1．まったくない」—「4．とてもある」の4件法で回答を求めた。本研究では，クロンバックのα係数は.83だった。

自尊心　ローゼンバーグ自尊感情尺度（Rosenberg, 1965；日本語版：Mimura & Griffiths, 2007）を用いた。計10項目に対して「1．全く違うと思う」—「4．強くそう思う」の4件法で回答を求めた。本研究では，クロンバックのα係数は.86だった。

人生満足度　人生満足度尺度（Diener, Emmons, Larsen, & Griffin, 1985；日本語版：Uchida, Kitayama, Mesquita, Reyes, & Morling, 2008）を用いた。計5項目に対して「1．全く違うと思う」—「5．非常にそう思う」の5件法で回答を求めた。本研究では，クロンバックのα係数は.84だった。

主観的健康　Brasseur et al.（2013）の手続きと同様に，主観的幸福感尺度の各項目の「幸福」を「健康」に，「不幸」を「不健康」に置き換えた尺度を用いた。計4項目に対して「1．まったくない」—「4．とてもある」の4件法で回答を求めた。本研究では，クロンバックのα係数は.84だった。

孤独感　改訂版UCLA孤独感尺度（Russell, Peplau, & Cutrona, 1980；日本語版：諸井，1991）を用いた。計20項目に対して「1．全く違うと思う」—「4．強くそう思う」の4件法で回答を求めた。本研究では，クロンバック

のα係数は.93だった。

2-2-3　結　果
群ごとの確認的因子分析

　日本のデータと，ベルギーのデータのそれぞれに対して別々に確認的因子分析を行い，因子構造を検討した。確認的因子分析を行う前に，下位尺度ごとに項目の小包化（parceling）を行った。小包化には，（1）ランダムな誤差はお互いに打ち消し合うため，個々の項目や下位次元を投入するよりも信頼性が担保される，（2）合計得点によって尺度得点化すると分布が正規分布に近づく，（3）モデルサイズが小さくなり，自由度が減少し，推定が安定する，といった利点がある（Little, Cunningham, Shahar, & Widaman, 2002）。そこで，情動コンピテンスプロフィールの各下位尺度を測定する5項目について，それぞれ3項目と2項目ずつに小包化を行った（Table 2-1）。確認的因子分析は，Mplus version 7.2 (Muthén & Muthén, 1998-2014) を用いて，ロバスト最尤法より行った。

　はじめに，原尺度と同じく，自己の情動の同定，理解，表現，調整，利用と他者の情動の同定，理解，表現，調整，利用の10の一次因子が対応する小包（parcel）から構成され，さらに，自己の情動の同定，理解，表現，調整，利用が情動コンピテンス自己領域という二次因子を構成し，他者の情動の同定，理解，表現，調整，利用が情動コンピテンス他者領域という二次因子を構成するモデルを想定した。2つの二次因子間には相関を仮定し，誤差間の相関は設定しなかった。群ごとの適合度指標をTable 2-2に示した。適合度指標は日本，ベルギーのどちらの場合も十分な値を示しており，2つの二次因子モデルは，よくデータに当てはまっていた。

　次に，他の因子構造のモデルとの比較を行うために，自己領域と他者領域の区分をせず情動コンピテンスという1つの二次因子を仮定するモデルについて，再度，確認的因子分析を行った。モデルの適合度指標をTable 2-2に示した。その結果，両群とも，1つの二次因子モデルの方が，2つの二次因子のモデルよりも適合度が悪くなっていた。このことから，自己の情動と関連する能力と他者の情動と関連する能力を区分して扱うことの妥当性が示唆された。

Table 2-2 国ごとの確認的因子分析における各モデルの適合度指標

モデル	χ^2	df	SRMR	RMSEA [90%CI]	CFI
2つの二次因子モデル					
日本	504.21	159	.070	.063 [.056-.069]	.901
ベルギー	1726.65	159	.042	.048 [.046-.050]	.948
1つの二次因子モデル					
日本	538.935	160	.070	.065 [.059-.071]	.891
ベルギー	3195.12	160	.065	.066 [.064-.068]	.899

日本とベルギー間の測定不変性と構造不変性

日本とベルギー間の測定不変性と構造不変性の検討のため，Chen, Sousa, & West (2005) に従い，一連の多母集団確認的因子的分析を行い，日本とベルギーのデータ間で測定不変性と構造不変性を検討した。第一ステップとして，群ごとに同じ因子構造を設定し，各パラメータは群間で等値制約を置かず自由推定するモデルを用いて，配置不変性を検討した。配置不変性が確かめられたということは，すべての群において，同じ数の因子数のモデルが最もよくモデルに適合していることを意味する。次に，一次因子の因子負荷量に群間で等値制約を置いたモデル，そして，一次因子と二次因子の両方の因子負荷量に群間で等値制約を置いたモデルを用いて，計量不変性の検討を行った。計量不変性が確かめられたということは，一次因子および二次因子が指し示す内容が両群で等しいということを意味する。そして，一次因子と二次因子の両方の因子負荷量と各小包の切片に群間で等値制約を置いたモデルを用いて，スカラー不変性を検討した。スカラー不変性が確かめられたということは，群間で評定尺度を同じように用いていたことを意味する。最後に，因子の分散と共分散に等値制約を置き，構造不変性を検討した。構造不変性が認められたということは，因子得点の分散と因子間の関連の強さが群間で同程度であることを意味する。

連続するモデルの比較を行う際には，χ^2検定は大規模サンプルの場合はわずかの差でも有意になりやすいため，CFIの変化量（ΔCFI）を検討した (Cheung & Rensvold, 2002)。本研究では，サンプルサイズが群間で大きく異なったため，Chen (2007) に従い，一般的に用いられる基準（CFIの減少が.01以上; Cheung

& Rensvold, 2002）よりも厳しく，CFIの減少が.005以上の時に，より多くの等値制約を課したモデルの適合度が悪くなったと判断した。

　各モデルの適合度指標をTable 2-3に示した。第一ステップとして，モデル比較のベースラインになる配置不変モデルを検討した。このモデルの適合度は十分な値であったため，日本のデータでもベルギーのデータでも，2つの二次因子モデルがよくデータに適合していたことが示された。次に，一次因子の因子負荷量に等値制約を置いた結果，CFIの減少度は適合度が悪くなったと判断する基準を下回っていた（ΔCFI≤.005）。さらに，一次因子と二次因子の両方に等値制約を置いても，CFIの減少度は適合度が悪くなったと判断する基準を下回っており（ΔCFI≤.005），計量不変性が支持された。次に，スカラー不変性の検討を行った。すべての切片について等値制約を置いた結果，CFIの減少度は適合度が悪くなったと判断する基準を上回り（ΔCFI>.005），完全なスカラー不変性は支持されなかった。そこで部分的なスカラー不変性を検討するために，一部の切片についてだけ等値制約を置き，他の切片については群間で自由推定するモデルを構成した。Byrne, Shavelson, & Muthén (1989) に従い，修正指標を参考に検討した結果，自己の情動の同定，自己の情動の理解，自己の情動の表現の小包について，群間で不変であることが示された。これらの切片だけ等値制約を置いた結果，CFIの減少度は適合度が悪くなったと判断する

Table 2-3　多母集団の確認的因子分析における各モデルの適合度指標

モデル	χ^2	df	SRMR	RMSEA [90% CI]	CFI	モデル比較	ΔCFI
配置不変（モデル1）	2198.07	318	.046	.049 [.047-.051]	.943	—	—
一次因子の因子負荷量が等値（モデル2）	2255.89	328	.048	.049 [.047-.051]	.941	2 vs. 1	.002
二次因子の因子負荷量が等値（モデル3）	2264.17	336	.048	.049 [.047-.050]	.941	3 vs. 2	.000
完全スカラー不変（モデル4）	3496.15	356	.073	.060 [.058-.062]	.905	4 vs. 3	.036
部分的スカラー不変（モデル5）	2441.79	342	.049	.050 [.048-.052]	.936	5 vs. 3	.005
構造不変（モデル6）	2561.74	345	.068	.051 [.050-.053]	.933	6 vs. 5	.003

基準を下回り（ΔCFI≤.005），部分的なスカラー不変性が支持された。

次に，二次因子である情動コンピテンス自己領域と情動コンピテンス他者領域の分散と共分散について，群間で等値制約を置くモデルを用いて，構造不変性の検討を行った。その結果，CFIの減少度は適合度が悪くなったと判断する基準を下回っており（ΔCFI≤.005），構造不変性が支持された。

Table 2-4に，部分的スカラー不変かつ構造不変のモデルの一次因子と二次因子の因子負荷量の標準化係数を示した。因子負荷量の標準化係数は.47-.95であり，すべて有意であった（$p<.001$）。また，情動コンピテンス自己領域と他者領域間の相関は，$r=.66$（95% CI [.61, .70]）であった（$p<.001$）。

記述統計量と信頼性

本研究で集めた日本のデータと原版のベルギーのデータについて，記述統計量，クロンバックのα係数，再検査信頼性をTable 2-5に示した。日本のサンプルでは，10のうち4つの1次因子（自己の情動の理解，自己の情動の調整，他者の情動の調整，他者の情動の利用）について，十分な値が得られた（$\alpha=.71$-.75）が，残りの一次因子については.70を下回った[4]。再検査信頼性については，すべての一次因子について，中程度から強い正の相関が得られた（$r=.57$-.84）。ベルギーのサンプルでは，すべての一次因子について，十分な値が得られた（$\alpha=.71$-.83）。二次因子のレベルでは，日本，ベルギーのデータともに十分な内的一貫性（$\alpha=.82$-.89）や再検査信頼性の値が得られた（$r=.82$-.87）。

日本とベルギー間の平均値差

日本とベルギー間の平均値差を検討するため，国の種類を独立変数，情動コンピテンス自己領域および情動コンピテンス他者領域の得点を従属変数として，t検定を行った。その結果，日本よりもベルギーの方が，情動コンピテン

---

[4] 先行研究では，他の情動コンピテンス尺度（Trait Emotional Intelligence Questionnaire）の翻訳版について，二次因子のレベルでは十分な内的整合性が見られるものの，原版と異なり一次因子のレベルでは低い内的整合性になる（$\alpha<.70$）ことが報告されている（e.g. Freudenthaler, Neubauer, Gabler, Scherl, & Rindermann, 2008; Mikolajczak, Luminet, et al., 2007）。本研究も，これらの先行研究と同様の結果となった。

Table 2-4 多母集団の確認的因子分析での国ごとの因子負荷量（標準化係数）

	日本	ベルギー
二次因子の因子負荷量		
情動コンピテンス自己領域		
自己の情動の同定	.93	.81
自己の情動の理解	.71	.84
自己の情動の表現	.95	.82
自己の情動の調整	.71	.66
自己の情動の利用	.60	.54
情動コンピテンス他者領域		
他者の情動の同定	.89	.76
他者の情動の理解	.80	.71
他者の情動の表現	.75	.82
他者の情動の調整	.76	.80
他者の情動の利用	.57	.47
一次因子の因子負荷量		
自己の情動の同定（小包1）	.79	.78
自己の情動の同定（小包2）	.67	.72
自己の情動の理解（小包1）	.91	.83
自己の情動の理解（小包2）	.85	.61
自己の情動の表現（小包1）	.81	.85
自己の情動の表現（小包2）	.78	.81
自己の情動の調整（小包1）	.91	.87
自己の情動の調整（小包2）	.69	.70
自己の情動の利用（小包1）	.79	.72
自己の情動の利用（小包2）	.79	.75
他者の情動の同定（小包1）	.77	.84
他者の情動の同定（小包2）	.80	.85
他者の情動の理解（小包1）	.74	.71
他者の情動の理解（小包2）	.81	.85
他者の情動の表現（小包1）	.87	.82
他者の情動の表現（小包2）	.79	.78
他者の情動の調整（小包1）	.91	.86
他者の情動の調整（小包2）	.78	.74
他者の情動の利用（小包1）	.81	.78
他者の情動の利用（小包2）	.75	.78

注）因子負荷量は最終モデル（部分的スカラー不変かつ構造不変モデル）に基づく。誤差分散は等値制約を設けず自由推定しているため，因子負荷量の標準化係数は群間で異なる（非標準化係数は群間で等しい）。

Table 2-5　情動コンピテンスプロフィールの記述統計量と信頼性

	日本				ベルギー			
	M^a	SD^a	クロンバック $α^a$	再検査相関係数 [95% CI]^b	M^c	SD^c	クロンバック $α^c$	再検査相関係数 [95% CI]^d
情動コンピテンス自己領域	3.14	0.44	.82	.89*** [.80, .94]	3.24	0.63	.89	-
自己の情動の同定	3.33	0.63	.60	.81*** [.65, .89]	3.53	0.82	.74	-
自己の情動の理解	3.21	0.73	.74	.75*** [.56, .86]	3.02	0.88	.74	-
自己の情動の表現	3.00	0.62	.54	.73*** [.53, .85]	3.24	0.93	.82	-
自己の情動の調整	2.79	0.71	.72	.66*** [.43, .81]	2.76	0.86	.77	-
自己の情動の利用	3.35	0.62	.63	.57*** [.31, .75]	3.66	0.81	.76	-
情動コンピテンス他者領域	2.97	0.49	.87	.84*** [.72, .92]	3.48	0.53	.89	-
他者の情動の同定	3.26	0.66	.69	.81*** [.66, .90]	3.61	0.77	.83	-
他者の情動の理解	3.11	0.64	.67	.78*** [.62, .88]	3.84	0.73	.71	-
他者の情動の表現	3.26	0.69	.68	.59*** [.33, .76]	3.64	0.69	.77	-
他者の情動の調整	2.70	0.68	.75	.81*** [.67, .90]	3.35	0.70	.77	-
他者の情動の利用	2.52	0.68	.71	.84*** [.71, .91]	2.94	0.84	.80	-

*** $p<.001$
注）$^a N=555$，$^b N=38$，$^c N=4307$．^{d}Brasseur et al.（2013）では，再検査相関係数は検討されていない。

ス自己領域（t（4860）=3.87, $p<.001$, $d=0.17$, 95% CI [0.09, 0.26]）および他者領域（t（4860）=21.18, $p<.001$, $d=0.96$, 95% CI [0.86, 1.05]）のいずれも有意に高い値を示していた。なお，t検定における効果量と95%信頼区間は，Rのcompute.esパッケージ（Del Re, 2014）を用いて計算した（以降も同じ）。

日本におけるデモグラフィック要因および基準関連指標との関連

　日本のデータについて，情動コンピテンス自己領域および他者領域と，性別，年齢との相関係数を算出した（Table 2-6）。その結果，年齢は情動コンピテンス自己領域と有意に正に相関していたが，その効果量は小さかった。他のデモグラフィック要因と情動コンピテンス間には有意な相関は認められなかった。

　次に，情動コンピテンス自己領域および他者領域と，基準関連指標との相関係数を算出した（Table 2-6）。その結果，情動コンピテンス自己領域と他者領域のいずれも，TEIQue-SFと正の相関が認められた。さらに，ビッグファイブとの関連については，先行研究（e.g., Saklofske et al., 2003）と同様に，情動コンピテンス自己領域と他者領域のいずれも，外向性，調和性，開放性，誠実性と正の相関が，神経症傾向とは負の相関が認められた。また，基準関連指標との関連については，西洋の先行研究（e.g., Saklofske et al., 2003; Schutte et al., 2002）と同様に，情動コンピテンス自己領域と他者領域のいずれも，主観的幸福感，自尊心，人生満足度，主観的健康と正の相関が，孤独感とは負の相関が認められた。以上の結果より，情動コンピテンスプロフィール日本語版の基準関連妥当性が示唆された。

日本−ベルギー間の他の指標との関連の強さの比較

　Brasseur et al.（2013）でも，情動コンピテンスプロフィールの得点と，年齢，性別，TEIQue-SF，主観的幸福感，主観的健康との相関係数が報告されている（Table 2-6）。そこで，日本とベルギー間でこれらの相関係数の大きさの比較を行った。その結果，情動コンピテンス他者領域と主観的幸福感の相関について，日本の方がベルギーよりも高い結果になった（$Z=3.25, p=.001$）。さらに，情動コンピテンス自己領域と主観的健康（$Z=5.65, p<.001$），情動コンピテンス他者領域と主観的健康間の相関係数（$Z=6.23, p<.001$）についても日本の方がベルギーよりも有意に強い結果になった。他の相関係数については有意差が認められなかった。

Table 2-6 情動コンピテンスと他の指標との相関係数

	日本			ベルギー (Brasseur et al., 2013の値)		
	N	情動コンピテンス自己領域	情動コンピテンス他者領域	N	情動コンピテンス自己領域	情動コンピテンス他者領域
年齢	418	.13** [.03, .22]	.05 [-.05, .15]	4307	.17*** [.14, .20]	.03 [.00, .06]
性別[a]	418	.05 [-.05, .14]	.04 [-.06, .13]	4307	.00 [-.03, .03]	.07*** [.04, .10]
TEIQue-SF[b]	140	.71*** [.62, .79]	.67*** [.56, .75]	44	.78*** [.63, .87]	.52*** [.26, .71]
外向性	418	.42*** [.34, .50]	.44*** [.36, .51]	-	-	-
神経症傾向	418	-.46*** [-.53, -.38]	-.32*** [-.41, -.24]	-	-	-
調和性	418	.31*** [.22, .39]	.34*** [.25, .42]	-	-	-
開放性	418	.33*** [.24, .41]	.37*** [.28, .45]	-	-	-
誠実性	418	.28*** [.19, .37]	.30*** [.21, .39]	-	-	-
主観的幸福感	418	.44*** [.36, .51]	.39*** [.30, .46]	4307	.44*** [.42, .46]	.24*** [.21, .27]
自尊心	418	.50*** [.43, .57]	.45*** [.37, .52]	-	-	-
人生満足度	418	.35*** [.26, .43]	.38*** [.29, .46]	-	-	-
主観的健康	418	.44*** [.36, .51]	.38*** [.29, .46]	4201	.18*** [.15, .21]	.08*** [.05, .11]
孤独感	418	-.44*** [-.52, -.36]	-.43*** [-.51, -.35]	-	-	-

***$p<.001$, **$p<.01$
注）[a]男性＝0，女性＝1．[b]Trait Emotional Intelligence Questionnaire short form．
角括弧内の値は95% CI．

日本のデータにおける増分妥当性

　増分妥当性の検討のため，外向性，神経症傾向，調和性，開放性，誠実性の影響を統制した上で，情動コンピテンスと基準関連指標との偏相関係数を算出

した（Table 2-7）。その結果，ビッグファイブの影響を統制した後でも，情動コンピテンス自己領域と他者領域ともに基準関連指標と有意に相関していた。また，ビッグファイブに加えて性別と年齢の影響を統制した場合でも同様の結果が得られた（Table 2-7）。偏相関の効果量は大きいとは言えない値であったが，先行研究（e.g., Saklofske et al., 2003）では，ビッグファイブを統制した後の情動コンピテンスと基準関連指標間の偏相関が本研究と同等の値（$rs=.11-.22$）であっても，増分妥当性は認められたと考察している。このような先行研究を踏まえると，本研究の情動コンピテンスプロフィール日本語版も先行研究と同程度にはビッグファイブが説明できていない基準関連指標の分散を説明できていると考えられ，尺度の増分妥当性が支持された。

2-2-4 考　察

　研究1では，情動コンピテンスプロフィールの日本への適用可能性を検討した。日本とベルギーのデータを用いた多母集団の確認的因子分析の結果より，配置不変性，計量不変性，部分的なスカラー不変性が認められた。さらに，構

Table 2-7　情動コンピテンスと基準関連指標間の偏相関係数

	情動コンピテンス自己領域	情動コンピテンス他者領域
ビッグファイブの影響を統制		
主観的幸福感	.18***[.08, .27]	.12*[.03, .22]
自尊心	.14**[.05, .23]	.10*[.00, .19]
人生満足度	.15**[.05, .24]	.18***[.09, .28]
主観的健康	.16**[.06, .25]	.10*[.00, .19]
孤独感	-.18**[-.27, -.09]	-.15**[-.24, -.06]
性別，年齢，ビッグファイブの影響を統制		
主観的幸福感	.18***[.09, .27]	.12*[.03, .22]
自尊心	.14**[.04, .23]	.10*[.00, .19]
人生満足度	.15**[.06, .25]	.19***[.09, .28]
主観的健康	.16**[.06, .25]	.10*[.00, .19]
孤独感	-.19***[-.28, -.09]	-.16**[-.25, -.06]

*$p<.05$, **$p<.01$, ***$p<.001$
注）$N=418$，角括弧内の値は95% CI。

造不変性も確認され，潜在変数間の関連の強さや分散の大きさが日本とベルギー間で同等であることが示された。これらの結果から，予想通り，日本とベルギー間で，情動コンピテンスプロフィールの測定不変性と構造不変性が確認された。

さらに，尺度得点の平均値を日本とベルギー間で比較した結果，情動コンピテンス自己領域，他者領域ともに，ベルギーの方が日本よりも高い結果になった。これらの結果は，イギリスの方が香港よりも情動コンピテンスの得点が高いことを示したGökçen, Furnham, Mavroveli, & Petrides（2014）の結果と一致している。先行研究では，西洋－東洋間での情動コンピテンスの平均値差に関して体系的な議論はされていないものの，これらの平均値差は，東洋の人よりも西洋の人の方が自己のポジティブな側面に着目するということ（e.g., Heine & Hamamura, 2007）を反映している可能性がある。今後の研究では，この平均値差が頑健であるかどうか，もし頑健であるならばどのような要因によって生じるのかを，さらに検討することが求められる。

情動コンピテンスプロフィールの得点は別の情動コンピテンス尺度（Trait Emotional Intelligence Questionnaire short form）と有意に正に相関しており，外向性，調和性，開放性，誠実性と正の，神経症傾向と負の相関が見られた。さらに，主観的幸福感，自尊心，人生満足度，主観的健康と正の，孤独感と負の相関も見られた。これらの適応と関連する指標との相関の結果は，西洋で行われてきた先行研究の結果（e.g., Saklofske et al., 2003; Schutte et al., 2002）と一致していることを踏まえると，予想通り，日本における情動コンピテンスプロフィールの基準関連妥当性が支持されたと言える。さらに，これらの相関はビッグファイブの影響を統制しても有意なままであり，日本における情動コンピテンスプロフィールの増分妥当性を支持する結果となった。

予想はしていなかったものの，情動コンピテンス他者領域と主観的幸福感との相関と，情動コンピテンス自己領域および他者領域と主観的健康との相関は，日本の方がベルギーよりも強い結果になった。平均値差と同じように，先行研究では情動コンピテンスと適応と関連する指標の間の相関の強さについて，西洋－東洋間での体系的な比較は行われていない。しかし，先行研究では，情動的なサポートを受けることは自己の価値を認めるように東洋では機能するため

に，情動的なサポートの知覚が日本人では人生満足度や健康と正に関連するのに対して，アメリカ人の場合は有意な関連が見られないことが報告されている（Uchida et al., 2008）。そのため，本研究で見られた相関の強さの差も，良好な人間関係を形成し，ひいては主観的幸福感や健康の高さを達成する上で，東洋の人にとって高い情動コンピテンスを持つことが，より重要であることを反映している可能性がある。平均値差と同様に，今後の研究では，今回見られた相関の強さの差が頑健であるかどうか，もし頑健であるならばなぜ生じるのかを，さらに検討することが求められる。

　元々研究が進められてきた西洋の国々に加えて，近年は世界中の国から情動コンピテンスに関心が持たれ始めている（Ekermans et al., 2011; Li et al., 2012）。日本でも，これまで情動コンピテンス尺度の開発や適応と関連する指標との相関が検討されてきた（e.g., 阿部他，2012；豊田，2013, 2014）。しかし，これまでの日本の研究では，異なる国で研究を進めていく上で前提となる，国際的なデータを用いた尺度の測定不変性の検証や，他の概念の弁別性が未検討のままであった。特に，情動コンピテンスの関連要素である情動の認識や調整には，西洋と東洋の間で差があることが明らかにされている（e.g., Butler, Lee, & Gross, 2007; Cohen & Gunz, 2002; De Leersnyder et al., 2013; Masuda et al., 2008; Miyamoto et al., 2014）。このことを踏まえると，西洋で提唱され研究が進められてきた情動コンピテンスの心理的測定学的特性や機能に関して，日本を含めた東洋の国でも同様の結果が見られるかを検討することは非常に重要であると言える。研究1の結果より，情動コンピテンスの測定方法は日本にも適用可能であることが測定不変性と構造不変性の観点から初めて示され，パーソナリティ特性との弁別性も認められることが新たに示された。

　研究1で検討対象とした情動コンピテンスプロフィールは計50項目と，比較的多数の項目から構成されていた。しかし，実際の研究では制約上の問題から，より項目数の少ない尺度での実施が必要になることがしばしばある。そこで，研究2では，より項目数の少ない尺度として，改訂版WLEIS（Wong and Law Emotional Intelligence Scale）を作成し，その心理測定学的特性を検討する。

■ 2-3 〔研究2〕改訂版WLEISの作成

2-3-1 問　題

　一般に介入効果の評価研究や多くの調査項目から成る研究を行う際には，時間的制約の問題や，回答者への負担を避けるために，より項目数の少ない尺度が実際上必要になることがしばしばある。多くの領域において，ごく少数の項目を用いて心理学的な構成概念を測定する試みがされており，たとえば，ビッグファイブのような幅広い概念であっても，各領域について1項目（Woods & Hampson, 2005）や2項目（Gosling et al., 2003）で測定を行う試みがされている。これらの研究と同様に，情動コンピテンスに関しても，比較的少数の項目を用いた尺度を開発する重要性は高いと考えられる。

　研究2では，自己領域と他者領域の区分に基づき，情動コンピテンスを比較的少数の項目で測定できる尺度として，改訂版WLEISを作成する。大多数の情動コンピテンス尺度は西洋の国々で開発されているが，WLEISは例外的に東洋の国である中国で開発された尺度である（Wong & Law, 2002）。そのため，同じ東洋の国である日本にも適用可能性が高いと考えられ，実際に日本語版の作成が行われている（Fukuda et al., 2011；豊田・桜井，2007；豊田・山本，2011）。さらに，この尺度は計16項目で構成されており，比較的簡便に情動コンピテンスの測定ができる点も特徴的である。

　Wong & Law（2002）は，情動コンピテンスの下位概念を「自己の情動の評価と認識」「他者の情動の評価と認識」「自己の情動の調整」「情動の利用」の4つとして定義している。しかし，McEnrue et al.（2010）はこの定義に対して，「情動の利用」には，「自分は，よくできる，がんばればできる人間だと，いつも自分自身に言い聞かせている」のように，必ずしも情動と強く関連しない質問項目を含んでいる点と，他者の情動を上手く扱う側面が欠けている点の2つの問題点を指摘している。これらの指摘を受けて本研究では，Wong & Law（2002）の定義を一部修正し，自己領域として「自己の情動の評価と認識」「自己の情動の調整」，他者領域として「他者の情動の評価と認識」「他者の情動の調整」から構成されるものとして定義する。そして，これらの概念を比較

的簡便に測定できる尺度として，改訂版WLEISを作成し，その信頼性と妥当性を検証することを目的とする。

2-3-2 方　　法
参加者と手続き

　大学生・大学院生295名が調査に参加した[5]。その中で尺度項目への回答に欠損値が見られた2名を分析から除外し，最終的に293名（男性169名，女性118名，未回答6名；平均年齢20.46歳，$SD = 1.58$[6]）のデータを分析対象とした。いずれも調査時には，調査票のはじめのページに，調査は心理学の研究の一環として実施され参加は任意であること，調査によって得られた結果はコンピュータで統計的に処理され，個人のデータが学術研究以外の目的に使用されることは一切ないこと，回答の途中でこれ以上答えたくないと感じられた場合は，途中で回答を止めて構わないことを明記し，調査参加への同意を得た。

　分析対象者のうち，152名は改訂版WLEISのみに回答し，110名は「測定内容」の項目で説明する尺度のうち情動コンピテンスプロフィール以外のすべての尺度に回答し，31名は「測定内容」の項目で説明するすべての尺度に回答した。

　さらに，再検査信頼性の検討のため，調査から6-8週間後（$M = 55.40$日，$SD = 2.11$）に，案内状の受け取りを承諾した参加者に対して調査の案内状をメールで送付し，調査参加に同意した大学生20名に，再度改訂版WLEISに回答を求めた。

測定内容

　改訂版WLEIS　　Wong & Law（2002）のWLEISを豊田・桜井（2007）が日本語訳した項目[7]について，問題部分で指摘した点を改善するために筆者

5）　研究1で大学生・大学院生の参加者と一般の参加者間で結果の違いが見られなかったため，本研究では大学生・大学院生のみを調査対象とした。
6）　分析対象者のうち，8名は年齢を未回答だったため，これらの参加者を除外した平均年齢とSDを報告した。
7）　豊田・桜井（2007）では中学生用の尺度となっているが，これはオリジナルの尺度を日本語訳する際に，表現を中学生にも分かる平易な表現を用いただけであり，大学生を対象とした本研究に用いても問題ないと判断した。

が一部改変したものを用いた。4つの下位尺度のうち、「自己の情動の評価と認識」「他者の情動の評価と認識」の項目はそのまま使用し、「自己の情動の調整」は1項目を改変したものを用いた。また、既存の尺度の「情動の利用」を測定する4項目を削除し「他者の情動の調整」を測定する4項目をオリジナルに作成し調査に用いた。項目数は元尺度と同じく計16項目であり、「1．全く当てはまらない」―「6．非常に当てはまる」の6件法で回答を求めた。

他の情動コンピテンス尺度 研究1で作成した情動コンピテンスプロフィール日本語版を用いた。自己の情動の同定、自己の情動の理解、自己の情動の表現、自己の情動の調整、自己の情動の利用、他者の情動の同定、他者の情動の理解、他者の情動の表現、他者の情動の調整、他者の情動の利用を測定する5項目ずつ、計50項目から構成され、「1．全く違うと思う」―「5．非常にそう思う」の5件法で回答を求めた。本研究では、クロンバックのα係数は情動コンピテンス自己領域で.80、情動コンピテンス他者領域で.90だった。

ビッグファイブ TIPI-J（Gosling et al., 2003；日本語版：小塩他，2012）を用いた。外向性、神経症傾向、調和性、開放性、誠実性を測定する各2項目ずつに「1．全く違うと思う」―「7．強くそう思う」の7件法で回答を求めた。本研究では、2項目間の相関係数は.21から.58の範囲だった。

主観的幸福感 主観的幸福感尺度（Lyubomirsky & Lepper, 1999；日本語版：島井他，2004）を用いた。計4項目に「1．まったくない」-「4．とてもある」の4件法で回答を求めた。本研究では、クロンバックのα係数は.81であった。

自尊心 ローゼンバーグ自尊感情尺度（Rosenberg, 1965；日本語版：Mimura & Griffiths, 2007）を用いた。計10項目に「1．全く違うと思う」―「4．強くそう思う」の4件法で回答を求めた。本研究では、クロンバックのα係数は.87であった。

人生満足度 人生満足度尺度（Diener et al., 1985; 日本語版: Uchida et al., 2008）を用いた。計5項目に「1．全く違うと思う」―「5．非常にそう思う」の5件法で回答を求めた。本研究では、クロンバックのα係数は.79であった。

主観的健康 Brasseur et al.（2013）の手続きと同様に、主観的幸福感尺

度の各項目の「幸福」を「健康」に,「不幸」を「不健康」に置き換えた尺度を用いた。計4項目に「1. まったくない」―「4. とてもある」の4件法で回答を求めた。本研究では,クロンバックのα係数は.77であった。

孤独感　改訂版UCLA 孤独感尺度（Russell, Peplau, & Cutrona, 1980；日本語版：諸井,1991）を用いた。計20項目に「1. 全く違うと思う」―「4. 強くそう思う」の4件法で回答を求めた。本研究では,クロンバックのα係数は.92であった。

2-3-3　結　果
確認的因子分析

改訂版WLEISの因子構造を確認するため,確認的因子分析を行った。分析にはR3.2.0（R Core Team, 2015）およびsemパッケージ（Fox, Nie, & Bymes., 2015）を用いて,最尤法によりパラメータの推定を行った。4項目ずつから構成される4つの一次因子があり,さらに自己の情動と関連する一次因子が情動コンピテンス自己領域という二次因子を構成し,他者の情動と関連する一次因子が情動コンピテンス他者領域という二次因子を構成するモデルを想定し,分析を行った。その結果,モデル適合度は良好であった（χ^2 (99)=224.68, $p<.001$, GFI=.913, CFI=.933, SRMR=.065, RMSEA=.066, 90% CI [.055 -.077], AIC=298.68, BIC=-337.65）。因子負荷量,各項目の平均値と標準偏差をTable 2-8に示した。

次に,自己領域と他者領域の区分をせず情動コンピテンスという1つの二次因子を仮定するモデルについて,確認的因子分析を再度行った。その結果,モデル適合度はχ^2 (100)=228.32, $p<.001$, GFI=.912, CFI=.931, SRMR=.067, RMSEA=.066, 90% CI [.055-.078], AIC=300.32, BIC=-339.69であり,AICとBICの値は二次因子に2つの因子を仮定したモデルの方が小さく,相対的に良い適合度を示していた。このことから,自己と関連する能力と他者と関連する能力を区分して扱うことの妥当性が示唆された。なお,情動コンピテンス自己領域と他者領域間の相関係数は$r=.54$（95% CI [.45, .62]）であった（$p<.001$）。以上の結果を踏まえ,情動コンピテンス自己領域と情動コンピテンス他者領域の下位尺度得点を以降の分析に用いた。

Table 2-8 確認的因子分析の結果および各項目の記述統計

	因子負荷量	M	SD
自己の情動の評価と認識（α=.82）			
私は，何か起こった時には，その時の自分の気持ちがよく分かっている	.79	3.90	1.03
私は，今すごくうれしいとかつらいとか，自分自身のいろいろな気持ちを良くわかっている	.78	4.10	1.07
私は何か起こった時に，自分がどうしてそんな気持ちになったのか，たいてい理由がわかる	.73	3.97	1.13
私は，自分の気分が良い時や，嫌だなと思う時がいつも分かっている	.61	4.11	1.06
自己の情動の調整（α=.73）			
私は自分自身の気持ちをコントロールすることが上手だ	.77	3.33	1.25
私は，難しい問題が起こった時でも，自分の気持ちを抑えて，きちんと解決できる	.75	3.53	1.16
腹が立って，気持ちが高ぶっていても，すぐに落ち着きを取り戻すことができる	.69	3.38	1.22
自分をやる気にさせることが得意だ	.41	3.38	1.20
他者の情動の評価と認識（α=.83）			
友達の行動を見れば，その友達が今どんな気持ちなのかがいつも分かる	.85	3.35	1.21
何か起こった時，周りの友達がどうしてそんな気持ちになっているのかが分かる	.79	3.66	1.04
友達の気持ちや感情を敏感に感じ取ることができる	.75	3.90	1.12
周りの友達が皆，今どんな気持ちなのかいつも皆を観察して気にかけている	.63	3.87	1.31
他者の情動の調整（α=.80）			
他の人が不安を感じている時に，その不安を取り除くことが上手だ	.73	3.12	1.06
人をやる気にさせることが得意だ	.72	3.08	1.11
友達が怒っていても上手く落ち着かせることができる	.71	3.23	1.05
他の人を喜ばせることが得意だ	.64	3.58	1.12
二次因子→一次因子			
F1：情動コンピテンス自己領域（α=.79）		3.71	0.73
自己の情動の評価と認識	.64	4.02	0.86
自己の情動の調整	.68	3.41	0.90
F2：情動コンピテンス他者領域（α=.86）		3.47	0.81
他者の情動の評価と認識	.77	3.70	0.96
他者の情動の調整	.93	3.25	0.86

注）N = 293

信頼性

内的整合性の観点から改訂版WLEISの信頼性を検討するために，下位尺度ごとにクロンバックのα係数を算出した（Table 2-8）。その結果，情動コンピテンス自己領域，他者領域ともに.70を上回る十分な値が得られた。また，再検査信頼性の検討のため，2時点での調査間の相関係数を算出した結果，相関係数は情動コンピテンス自己領域で$r=.84$（95% CI [.64, .94]），情動コンピテンス他者領域で$r=.92$（95% CI [.81, .97]）であり，強い正の相関が認められた（いずれも$p<.001$）。以上の結果より，改訂版WLEISは十分な信頼性を持つことが確認された。

デモグラフィック要因および基準関連指標との関連

改訂版WLEISの各下位尺度と他の指標との相関係数をTable 2-9に示した。

Table 2-9 情動コンピテンスと他の指標との相関係数

	N	情動コンピテンス 自己領域	情動コンピテンス 他者領域
年齢	285	-.03 [-.14, .09]	.01 [-.11, .13]
性別[a]	287	-.06 [-.18, .05]	.09 [-.03, .20]
情動コンピテンス自己領域（PEC）[b]	31	.74*** [.52, .87]	.39* [.04, .65]
情動コンピテンス他者領域（PEC）[b]	31	.45* [.11, .69]	.80*** [.62, .90]
外向性	141	.42*** [.27, .54]	.40*** [.25, .53]
神経症傾向	141	-.41*** [-.54, -.26]	-.17* [-.32, .00]
調和性	141	.35*** [.19, .48]	.36*** [.21, .50]
開放性	141	.19* [.03, .35]	.17* [.00, .33]
誠実性	141	.37*** [.21, .50]	.25*** [.09, .40]
主観的幸福感	141	.52*** [.39, .63]	.38*** [.22, .51]
自尊心	141	.55*** [.42, .65]	.36*** [.20, .49]
人生満足度	141	.44*** [.30, .57]	.34*** [.18, .48]
主観的健康	141	.45*** [.30, .57]	.33*** [.17, .47]
孤独感	141	-.43*** [-.56, -.29]	-.41*** [-.54, -.26]

*$p<.05$, **$p<.01$, ***$p<.001$
注）[a]男性＝0，女性＝1．[b]情動コンピテンスプロフィール．角括弧内の値は95% CI．

まず，年齢および性別（男性＝0，女性＝1のダミー変数）との相関は，いずれも有意ではなかった。また，情動コンピテンス自己領域と他者領域のいずれも，情動コンピテンスプロフィールの各下位尺度と有意な正の相関が認められた。重要なことに，対応する下位尺度間（自己領域間，他者領域間）の方が，そうではない場合（自己領域 - 他者領域間）よりも強い相関が認められた。

さらに，ビッグファイブとの関連について，先行研究（e.g., Saklofske et al., 2003）と同様に，外向性，調和性，開放性，誠実性と正の相関が，神経症傾向とは負の相関が認められた。また，基準関連指標との関連については，想定通り，情動コンピテンス自己領域と他者領域のいずれも，主観的幸福感，自尊心，人生満足度，主観的健康と正の相関が，孤独感とは負の相関が認められた。以上の結果より，改訂版WLEISの基準関連妥当性が示唆された。

増分妥当性

増分妥当性の検討のため，外向性，神経症傾向，調和性，開放性，誠実性の影響を統制した上で，情動コンピテンスと基準関連指標との偏相関係数を算出した（Table 2-10）。その結果，ビッグファイブの影響を統制した後でも，情動コンピテンス他者領域と主観的幸福感（$p = .066$），自尊心，主観的健康との偏相関以外については，いずれも有意な偏相関が認められた。また，ビッグファイブに加えて性別と年齢の影響を統制した場合でも同様の結果が得られた（Table 2-10）。これらの結果より，尺度の増分妥当性が支持された。

2-3-4　考　察

研究2の目的は，改訂版WLEISを作成し，その信頼性と妥当性を検討することであった。調査を通じて，想定通り，この尺度は情動コンピテンス自己領域と他者領域の2つの上位因子から構成されることが明らかになった。このように，情動コンピテンスプロフィールと同様に，自己領域と他者領域を別の因子として捉えるモデルの方が適合度が高かったことは，両者を区分して捉えることのさらなる妥当性を示唆している。また，それぞれの下位尺度は十分な信頼性を持っており，基準関連妥当性も既存の情動コンピテンス尺度，ビッグファイブ，主観的幸福感，自尊心，人生満足度，主観的健康との関連から示された。

Table 2-10 情動コンピテンスと基準関連指標間の偏相関係数

	情動コンピテンス自己領域	情動コンピテンス他者領域
ビッグファイブの影響を統制		
主観的幸福感	.33***[.17, .47]	.16*[-.01, .32]
自尊心	.27**[.11, .42]	.13 [-.04, .29]
人生満足度	.32***[.16, .46]	.20*[.04, .36]
主観的健康	.20*[.03, .36]	.10 [-.07, .26]
孤独感	-.26**[-.41, -.09]	-.17*[-.33, -.01]
性別, 年齢, ビッグファイブの影響を統制		
主観的幸福感	.33***[.17, .47]	.16*[-.01, .32]
自尊心	.27**[.11, .42]	.13 [-.04, .29]
人生満足度	.32***[.16, .46]	.20*[.03, .36]
主観的健康	.20*[.03, .36]	.10 [-.07, .26]
孤独感	-.26**[-.41, -.09]	-.17*[-.33, .00]

*p<.05, **p<.01, ***p<.001
注) N=141. 角括弧内の値は95% CI.

さらに，ビッグファイブの影響を統制した後でも，基準関連指標との有意な偏相関も認められており，尺度の増分妥当性が支持された。

本研究で作成した改訂版WLEISは，項目数が全16項目と比較的簡便に実施できる上に，情動コンピテンス自己領域と他者領域を区分して測定することが可能である。そのため，研究1で作成した情動コンピテンスプロフィールとともに，自己の情動に関するコンピテンスと，他者の情動に関するコンピテンスを区分して研究を進めていく上で，有用な尺度であると言える。

2-4 第2章のまとめ

本章では，日本における情動コンピテンスの位置づけを検討した。研究1～2の結果より，情動コンピテンス尺度は日本の対象者にも適用可能であり，適応と関連する指標に対しても情動コンピテンスは重要な役割を果たすことが示された。また，ビッグファイブとの弁別性も認められ，日本においても，独自に検討する意義がある概念であることが示唆された。これらの結果は，従来数

多くの研究が行われてきた西洋の国々と同様に，日本においても，情動コンピテンスは独自の概念として研究を進める価値がある重要な概念であることを示唆している。

第3章　ストレス経験と情動コンピテンスの成長

▌3-1　第3章の検討内容

　第3章では，情動コンピテンスの成長要因に対するオンラインでの経験の影響を検討する。第2章でも実証的に示した通り，情動コンピテンスは様々な種類の適応と関連する指標に対して重要な役割を果たすことが明らかにされている。これらの結果を受けて，近年，情動コンピテンスを高める方法に大きな関心が集められている。これまでの研究では，主に情動や情動調整の理論に関する講義・ロールプレイ・グループディスカッションなどから構成されるトレーニングプログラムの効果が検討されており，大学生や成人を対象としても，情動コンピテンスは高められることが明らかにされている（e.g., Abe et al., 2013; Kotsou et al., 2011; Nelis et al., 2011）。

　しかし，そもそも情動コンピテンスは，自己や他者の情動が複雑に変化しながら交錯する社会的な場面において，何かしらの解決すべき課題が生じた時に，重要な役割を果たすことが想定されている（Goleman, 1995 土屋訳 1996）。そのため，実際に情動を感じる場面から切り離された場所で静的に教え込もうとしても，その効果には自ずと限界があり，自らが情動経験の当事者として，実体験を通して情動コンピテンスを育んでいくことも，真に機能する情動コンピテンスを身につけていく上で重要ではないかと考えられる（遠藤，2013）。

　パーソナリティの動的な側面を捉える社会的認知理論では，パーソナリティを様々なメカニズムが協調して働くことで機能する認知 - 感情のシステムとして捉え，このシステムは経験を通じて発達することを想定する（Bandura, 1999; Caprara et al., 2013; Mischel & Shoda, 1995, 1998）。この理論に基づく

と，パーソナリティの階層の下位要素として位置づけられる情動コンピテンスに関しても，実生活で感じた情動に適切に対処するオンラインでの経験が，情動コンピテンスの成長要因として働くことが予想される。

日常生活で，情動を適切に扱うことが求められる重要な場面にストレス経験がある（Gross, 1998）。これまでの研究で，ストレス経験そのものは，その人に精神的不安などの負の影響を与えるが，それに取り組んだり，立ち直ったりする経験をすることで，他者の受容や自信の向上などの成長につながることが報告されている（e.g., Park & Fenster, 2004; Tedeschi & Calhoun, 1996；レビューとして，Jayawickreme & Blackie, 2014）。情動コンピテンスの成長という観点からも，強いストレスを味わう経験をした際に，その情動を上手く扱う方法を試行錯誤しながら模索する経験が，トレーニングのように働き，情動コンピテンスの成長に寄与する可能性がある。そこで，第3章では，最も大きなストレス経験（研究3）と，ストレスが生じる期間が一定で，特定の時期の対処内容や変化を捉えやすい大学入試期間（研究4）および定期試験期間（研究5）に着目して，この可能性を検討する。

■ 3-2 〔研究3〕最も大きなストレス経験時のレジリエンスおよびストレス経験からの成長と現在の情動コンピテンスとの関連

3-2-1 問　題

研究3では，ストレス経験からの成長や情動コンピテンスの成長を導く要因としてレジリエンスの効果を検討する。レジリエンスは「ストレスフルな状況でも精神的健康を維持する，あるいは回復へと導く心理的特性」と定義される（石毛・無藤，2006）。Dolbier, Jaggars, & Steinhardt（2010）は，レジリエンスを高める教育プログラムを用いた介入により，ストレス経験からの成長が高まることを示している。また，石毛・無藤（2005）は，高校受験期の中学3年生では，レジリエンスの高さが受験前のストレス反応の抑制および受験後の成長感の向上に寄与することを明らかにしている。これらの研究を踏まえると，レジリエンスの高さがストレス経験からの成長を導き，そして情動コンピテンスの高さと結びつく可能性が想定できる。

さらに，情動コンピテンスとレジリエンス，ストレス経験からの成長には自

己領域と他者領域の2つの側面があり，この2つの側面に基づいて関連を検討することが有効であると考えられる。まず情動コンピテンスについて，第2章でも実証的に検討した通り，「自己の情動に関連するコンピテンス」と「他者の情動に関連するコンピテンス」の2つを下位概念として持つことが示されている。また，ストレス経験からの成長に関しても，「自己への信頼」のような自己領域の側面と，「他者の受容」のような，他者との関係に関わる他者領域の側面があることが明らかにされている(Tedeschi & Calhoun, 1996)。最後に，レジリエンスにも，「個人内資源」に着目してそれを活用する側面と，家族や友人からのサポートという「環境資源」に着目しそれを活用する側面の2つが存在する (Friborg, Hjemdal, Rosenvinge, & Martinussen, 2003；井隼・中村，2008)。このように情動コンピテンス，ストレス経験からの成長，レジリエンスには自己領域と他者領域の2つの側面があり，情動コンピテンスのどの側面を高めるために，どのような取り組みを行えばよいのかを明らかにする上で，この両者を区分して検討することの意義は大きいと考えられる。

　レジリエンスとストレス経験からの成長の間には正の関連が指摘されている（石毛・無藤，2005）。さらに，McEnrue, Groves, & Shen（2009）で提唱されたモデルでは，他者のフィードバックを受け入れることと自己効力感の両方が情動コンピテンスの成長へ影響を与えるとしており，Tedeschi & Calhoun (1996) ではこれらがストレス経験からの成長により身につく要素として挙げられている。これらから，3者の関係としてFigure 3-1の仮説モデルが考えられる。本研究では，このモデルを検討することを目的とする。

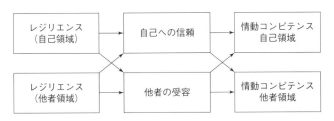

注）矢印は正の影響を示している。

Figure 3-1　本研究の仮説モデル

3-2-2 方　法
参加者と手続き
　大学生258名に対して調査を行った。そのうち，回答に不備が見られた13名を分析から除外し，最終的に245名（男性104名，女性141名，平均年齢19.31歳，$SD=1.39$）を分析対象とした[8]。授業中に質問紙を配布し，時間がある人はその場で記入を求め，時間がない人は質問紙を持ち帰ってもらい，後日回収した。

調査内容[9]
　レジリエンス　　既存の尺度で，他者領域のレジリエンスも含めて作成されたレジリエンス尺度には，Friborg et al.（2003）と，井隼・中村（2008）がある。このうちFriborg et al.（2003）の尺度は，井隼・中村（2008）も指摘するように，「私には自分を支えてくれる友人／家族がいる」という項目のように，自分の周囲にある資源の認知という点に留まっており，実際にそれらの資源をどのように活かしたのかという側面に触れられていない。本研究では活用の側面を調査することを目的としていたため，Friborg et al.（2003）の尺度は不適切であると考えられた。また，井隼・中村（2008）の尺度は全体で101項目から構成されるため，回答の時間的制約があった本研究では，そのまま用いることは難しいと考えられた。そのため，石毛（2003），井隼・中村（2008），Friborg et al.（2003），小塩他（2002）のレジリエンス尺度を参考にし，自己領域と他者領域のそれぞれを反映すると考えられる項目を計30項目作成した。「今まであなたにとって，ストレス（不安・悲しみといった心理的な負担）が最も大きかった出来事を1つ思い出してください。その出来事に関連して，以下の質問に答えてください」「その出来事に対処する際に，あなたはどのような気持ちでいたり，行動をとったりしましたか。現在どうかではなく，その当時のことを思い出して，最も当てはまる数字を1つ○で囲んでください」というリード文の後に，「1．全く当てはまらない」─「6．非常に当てはまる」の6件

---

[8]　本研究では3大学の学生を対象に調査を行った。大学別の人数の内訳は，国立A大学181名（男性94名，女性87名），私立B大学34名（男性0名，女性34名），私立C大学30名（男性10名，女性20名）だった。
[9]　調査票には他の項目も含まれていたが，分析には用いなかったため，報告を割愛した。

法で回答を求めた。

ストレス経験からの成長　ストレス経験からの成長を測定する尺度には，Tedeschi & Calhoun（1996）のPTGI（Posttraumatic Growth Inventory）がある。しかし，この尺度には，宗教に関連する項目など，文化差の影響を大きく受ける項目が含まれていると考えられたため，PTGIの中の成長としての自己への信頼を測定する「Personal Strength」因子と，成長としての他者の受容を測定する「Relating Others」因子を測る質問項目を参考に計8項目作成したものを用いた。「今までであなたにとって，ストレス（不安・悲しみといった心理的な負担）が最も大きかった出来事を1つ思い出してください。その出来事に関連して，以下の質問に答えてください」「その出来事を経験することを通じて以下のことをどの程度感じましたか。最も当てはまるものに1つ○をしてください」というリード文の後に「1．全く当てはまらない」―「6．非常に当てはまる」の6件法で回答を求めた。

情動コンピテンス　研究2で作成した，改訂版WLEISを用いた。計16項目で構成され，「次の各文を読んで，普段のあなたに最もあてはまるものに1つ○をつけてください」のリード文の後に「1．全く当てはまらない」―「6．非常に当てはまる」の6件法で回答を求めた。本研究ではクロンバックのα係数は，情動コンピテンス自己領域で.76，情動コンピテンス他者領域で.84だった。

3-2-3　結　果

因子分析

本研究で新たに作成した「レジリエンス尺度」と，「ストレス経験からの成長尺度」に関して，因子構造を確認するために初めに探索的因子分析を行い，その後確認的因子分析によりモデルの適合度を確認した。

まず，レジリエンス尺度の30項目に対して，探索的因子分析（最尤法・プロマックス回転）を行った。平行分析の結果と因子の解釈可能性から，4因子解の解釈が妥当と判断した。いずれの因子にも高い因子負荷量を示さなかった項目（「適当に見切りをつけた」「困難を克服することは意味があると考えた」）を除外し，残りの28項目に対して再度4因子解を仮定した探索的因子分析（最

尤法・プロマックス回転）を行った。その結果,「他者との共有」,「気ばらし行動」,「楽観的思考」,「問題対処」を測定する項目群がそれぞれ因子としてまとまった。回転後の因子パターン,各項目の平均値と標準偏差をTable 3-1に示した。

クロンバックのα係数は,他者との共有で.91,気ばらし行動で.86,楽観的思考で.83,問題対処で.80であり,十分な内的整合性が確認された。次に,AMOS19を用いて,確認的因子分析により,探索的因子分析により得られたモデルの適合度を分析した。最尤法によりパラメータを推定した結果,モデル適合度はCFIを除き良好であった（χ^2(344)=791.92, $p<.001$, CFI=.854, SRMR=.072, RMSEA=.073, 90% CI [.066, .080]）。先行研究では,確認的因子分析において,データがわずかに単純構造から外れている場合,CFIは過度に悪くなるのに対して,SRMRやRMSEAは頑健であるため,SRMRやRMSEAを用いる方が望ましいことが,シミュレーションの結果から示されている（Beauducel & Wittmann, 2005）。そのため,Table 3-1の因子構造の妥当性は確認されたと判断した。

次に,ストレス経験からの成長尺度の8項目に対して,探索的因子分析（最尤法・プロマックス回転）を行った。平行分析の結果と因子の解釈可能性から,2因子解が妥当と判断した。そこで2因子解を仮定した因子分析を行った結果,「他者の受容」と「自己への信頼」を測定していると考えられる項目群がそれぞれ因子としてまとまった。回転後の因子パターン,各項目の平均値と標準偏差ををTable 3-2に示した。クロンバックのα係数は,「他者の受容」で.79,「自己への信頼」で.77であり,十分な内的整合性が確認された。次に,確認的因子分析により,探索的因子分析により得られたモデルの適合度を分析した結果,モデル適合度は良好であり（χ^2(19)=42.09, $p<.001$, CFI=.963, SRMR=.050, RMSEA=.071, 90% CI [.042, .099]）,Table 3-2の因子構造の妥当性が支持された。

下位尺度間の相関係数

各下位尺度間の関係を調べるため,変数間の相関係数を算出した（Table 3-3）。特に先行研究でまだ検討されていないとストレス経験からの成長と現在

Table 3-1 レジリエンス尺度の探索的因子分析結果

	I	II	III	IV	M	SD
I．他者との共有 (α=.91)						
人といろいろな時間を共有した	.79	-.04	.06	-.06	3.68	1.46
人に何でも思うことを話して，聞いてもらった	.78	.01	-.03	-.08	3.50	1.55
人に自分のそばに一緒にいてもらった	.78	-.01	.03	-.19	3.18	1.50
人の悩みを聞き，自分だけではないとはげまされた	.75	-.01	-.06	-.03	3.37	1.64
自分の悩みを人にも聞いてもらいたいと思った	.74	.01	-.18	.05	3.96	1.59
迷っているときは人の意見も聞きたいと思った	.71	-.07	.09	-.01	3.84	1.52
自分のことを考えてくれる人がいるだけで，落ち込んでばかりはいられないと思った	.65	-.08	.10	.10	3.65	1.49
人からの助言は役に立つと考えた	.63	-.03	.15	.01	3.96	1.42
人に相談して，自分の能力・価値を認めてもらいたいと思った	.63	.06	-.02	.17	3.47	1.50
人と過ごし，1人ではないという自信を得た	.63	.09	-.04	.01	3.49	1.54
人といっしょに同じ目標に打ちこんだ	.42	-.01	.00	.23	3.07	1.48
人といっしょに，自分の長所，短所について話し合った	.41	.15	.01	.13	2.68	1.42
II．気ばらし行動 (α=.86)						
自分の好きなことを1人でして，嫌な出来事のことを忘れようとした	-.08	.87	-.04	.02	3.42	1.60
1人で好きなことを行って安心した	-.05	.85	-.05	.05	3.44	1.54
ストレスの原因となったこととは違うことに1人で熱中した	.06	.75	.01	-.07	3.10	1.61
1人で夢中になれるものに打ちこんだ	.01	.65	.10	-.01	3.46	1.64
趣味など自信のあることを行い，自分の価値や能力を確認した	.21	.46	.20	-.04	3.24	1.45
III．楽観的思考 (α=.83)						
なにごとも良い方に考えた	.07	-.09	.86	-.06	3.42	1.58
将来の見通しは明るいと考えた	.02	.01	.75	-.08	2.91	1.56
どうにかなるだろう，と開き直った	-.05	.09	.68	-.07	3.55	1.65
失敗はあまり気にしすぎないようにした	-.15	-.01	.59	.21	3.18	1.49
困ったとき，考えるだけ考えたらもう悩まないようにした	-.06	.10	.57	.04	2.94	1.51
IV．問題対処 (α=.80)						
一度失敗しても，その次は上手くいくようにしようと工夫した	.03	-.03	-.04	.77	3.47	1.49
1人で色々なことにチャレンジした	-.04	.00	.04	.67	3.18	1.56
問題やその原因について自分なりに考えた	-.02	.04	-.22	.67	4.36	1.39
困ったとき，自分ができることをまずやった	.01	-.08	.21	.56	3.96	1.31
難しいことでも解決するために，色々な方法を考えた	.01	.00	.20	.48	3.58	1.48
自分には足りない部分があることを認め，そこをおぎない高めていこうとした	.12	.05	.19	.37	3.73	1.38
寄与率（%）	27.76	9.48	6.96	4.34		

注）N=245

Table 3-2 ストレス経験からの成長尺度の探索的因子分析結果

	I	II	M	SD
I. 他者の受容 (α=.79)				
周りの人から多くのことを学べることを知った	.84	-.08	3.82	1.45
周りの人を思いやれるようになった	.66	.09	3.81	1.28
周りの人を,より受け入れられるようになった	.63	.10	3.49	1.38
周りの人により親しみを感じるようになった	.60	.00	3.14	1.43
II. 自己への信頼 (α=.77)				
自分が以前よりも強くなったことを発見した	-.13	.98	3.89	1.45
困難な出来事をうまく扱える自信がついた	.06	.64	3.33	1.37
自分をより信頼するようになった	.11	.55	3.06	1.39
自分に起こることをそのまま受け入れられるようになった	.26	.39	3.57	1.38
寄与率(%)	38.44	11.52		

注)N=245

の情動コンピテンスとの関係に着目すると,「自己への信頼」と「他者の受容」のいずれも,「情動コンピテンス自己領域」「情動コンピテンス他者領域」との間に有意な正の相関が認められた(ps<.001)。

構造方程式モデリング

 Figure 3-1のモデルを検討するため,構造方程式モデリングによる分析を行った。まず,レジリエンスとストレス経験からの成長が情動コンピテンスに与える影響過程モデルを,問題部分の仮定を考慮に入れつつ作成した。また,情動コンピテンス自己領域と有意な相関が見られた性別を統制変数としてモデルに組み込んだ。そして,Amos 19を用いて,最尤法による分析を行った。分析したモデルのパス係数,相関係数,決定係数をFigure 3-2に示した。なお,統制変数と誤差変数は図を見やすくするために省略した。モデル適合度は,χ^2 (18) =41.40, p<.01, CFI =.952, SRME =.047, RMSEA =.073, 90 % CI [.044 .102] であり,十分な適合が確認された。

 各変数関の関係を見ると,レジリエンスからストレス経験からの成長への影響について,レジリエンス(自己領域)は,自己への信頼と他者の受容の両方

Table 3-3 変数間の相関係数

	1	2	3	4	5	6	7	8	9	M	SD
1. 性別[a]										0.58	0.50
2. 年齢	-.18** [-.30, -.06]									19.31	1.39
3. 問題対処	-.03 [-.15, .10]	.02 [-.11, .15]								3.72	1.01
4. 楽観的思考	-.01 [-.14, .11]	.02 [-.11, .15]	.45*** [.35, .55]							3.20	1.20
5. 気ばらし行動	.02 [-.10, .15]	.04 [-.09, .16]	.30*** [.19, .41]	.37*** [.25, .47]						3.33	1.25
6. 他者との共有	.03 [-.10, .16]	-.03 [-.16, .10]	.41*** [.30, .51]	.33*** [.22, .44]	.30*** [.19, .41]					3.49	1.06
7. 自己への信頼	.01 [-.12, .13]	-.05 [-.18, .07]	.40*** [.29, .50]	.45*** [.35, .55]	.18** [.05, .30]	.34*** [.22, .45]				3.46	1.07
8. 他者の受容	.12 [-.01, .24]	-.13* [-.25, .00]	.33*** [.21, .44]	.29*** [.17, .40]	.15* [.03, .27]	.45*** [.34, .54]	.51*** [.41, .60]			3.56	1.09
9. 情動コンピテンス 自己領域	-.17** [-.29, -.05]	.02 [-.11, .15]	.28*** [.16, .39]	.34*** [.22, .45]	.19*** [.06, .31]	.10 [-.03, .22]	.37*** [.25, .47]	.21*** [.09, .33]		3.85	0.72
10. 情動コンピテンス 他者領域	.10 [-.02, .23]	-.07 [-.20, .06]	.23*** [.10, .34]	.21** [.08, .32]	.01 [-.11, .14]	.24*** [.12, .36]	.37*** [.26, .48]	.39*** [.27, .49]	.47*** [.36, .56]	3.54	0.74

*p<.05, **p<.01, ***p<.001
注) N＝245.[a] 男性＝0, 女性＝1. 角括弧内は95% CI。

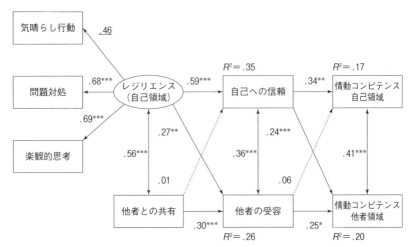

Figure 3-2　構造方程式モデリングの結果

の成長に正の影響を与えていた。また，レジリエンス（他者領域）である「他者への共有」は，他者の受容へ正の影響を与えていたが，自己への信頼へのパス係数は有意ではなかった。次に，ストレス経験からの成長から現在の情動コンピテンスへの影響について，自己への信頼は，情動コンピテンス自己領域，他者領域の両方に対して正の影響を与えていた。また，他者への受容は，情動コンピテンス他者領域には正の影響を与えていたが，情動コンピテンス自己領域へのパス係数は有意ではなかった。

3-2-4　考　察

　研究3では，自己領域と他者領域の区分に基づき，最も大きなストレス経験における，レジリエンス，ストレス経験からの成長，情動コンピテンスの関係を検討した。因子分析の結果より，予想通り，レジリエンスおよびストレス経験からの成長は，自己領域と他者領域に相当する内容から構成されることが明らかになった。そのため，この区分に基づき，構造方程式モデリングによる分析を行った結果，最もストレスが大きかった経験に対して，自己領域のレジリ

エンスを活かして取り組んだ人は，その経験を通じて自己をより信頼する成長を得て，さらにその成長を通じて，情動コンピテンスの自己領域および他者領域の両方を高める影響を与えたことが示された。また，最もストレスが大きかった経験に対して，他者領域のレジリエンスを活かして取り組んだ人は，その経験を通じて他者を受容するような成長を得て，さらにその成長を通じて，情動コンピテンス他者領域を高める影響を与えたことが示された。このように，本研究は，最も大きなストレス経験時に自らの情動に適切に対処するという実体験に基づくオンラインの経験を通じてでも，情動コンピテンスが成長しうることを，初めて実証的に示すことができた。

本研究では，「最も大きなストレス経験」のことを尋ねたため，その経験の内容を統一することができなかった。そこで，研究4では，ストレスが生じる期間が一定で，特定の時期の対処内容や変化を捉えやすい大学入試期間に着目して，調査を行う。

■ 3-3 〔研究4〕大学入試に対する認知的評価とストレス対処が情動コンピテンスの成長感に及ぼす効果

3-3-1 問　題

研究3では，情動コンピテンスの成長を導く要因として，レジリエンスを検討対象とした。しかし，レジリエンスは，人がベースラインとして持つ特性，ストレス経験時の取り組み，そして，その後の適応を含む非常に幅広い概念であり（Bonanno, Romero, & Klein, 2015），指し示す内容が曖昧であるという限界がある。一方，特に本研究で情動コンピテンスの成長要因として想定しているストレス経験時の取り組みに着目し，理論が発展してきた研究分野にストレス対処（coping）がある。そこで，研究4では，ストレス対処研究の理論を活かして検討を行うために，「ストレス対処」を情動コンピテンスの成長に影響を与えうる要因の検討対象とする。

ストレス対処は，実際の場面では常にある特定の状況や文脈に対して行われる。そのため，ストレス対処の起こり方や影響を理解するためには，ストレスが引き起こされた文脈や状況を規定しなければならない（Lazarus & Folkman, 1984）。しかし，研究3では，参加者に今までで最も大きなストレ

ス経験を1つ想起させ，その出来事へのストレス対処を尋ねたため，参加者間でストレス経験の内容が異なるという限界が存在した。そのため，ストレス対処の個人差が情動コンピテンスの成長に及ぼす影響をより詳細に明らかにするためには，ストレス経験の内容を統一した上で，検討を行う必要がある。

そこで，研究4では，ストレス経験として，受験勉強開始から試験実施日までの大学入試に関連する経験に着目する。少なくとも日本では，大学入試は自分の将来を方向づける重要な分かれ道の1つであり，大きなストレス経験となりうるものである（東，2004）。さらに，大学入試には，ネガティブな側面だけでなく，忍耐力・精神力の向上や友人関係の親密化などのポジティブな影響も指摘されている（小山，2003）。大学生活では，高校生活までと比較して，自分自身の責任で行えることの幅が広がり，より一層自律した生活を送ることが求められる。このような重要な時期を迎えるにあたり，将来を大きく方向づける重要な経験である大学入試への適切なストレス対処を見いだし，情動コンピテンスの成長のような個人の成長とのつながりを検討する社会的意義は大きいと考えられる。

ストレス対処には様々な種類があるが，代表的な分類次元の1つに接近－回避がある（Roth & Cohen, 1986）。この次元は，ストレス状況に対する関わり方に着目したものであり，ストレス状況に立ち向かおうとする「接近」と，逃れようとする「回避」の2つから構成される。接近的なストレス対処は，長期的には問題の解決を通じて自身のネガティブな情動の緩和につながるため，適応的であるとされる（Holahan & Moos, 1985）。その一方で，回避的なストレス対処は，具体的な問題解決を先送りにすることで，長期的にはストレス反応としてのネガティブな情動を強めるために，非適応的であるとされることが多かった（e.g., Holahan, Moos, Holahan, Brennan, & Schutte, 2005）。しかし，回避的なストレス対処の適応的な側面として，不快な情動を早期に緩和することで続く問題状況への効果的な対処に役立つことを指摘する研究者もいる（Roth & Cohen, 1986）。このように回避的なストレス対処の適応性は先行研究間で一致していない。

村山・及川（2005）は，回避的なストレス対処が適応的に働くか否かに影響を与える要因を説明するために，行動レベルの回避と目標レベルの回避を分離

することを提唱した。人がある回避的な行動を取っている時，その意図や目標までが回避的であるとは限らない。たとえば，ある人が気晴らしのためにカラオケで歌っていたとしても（行動レベルでの回避），その人が目標においても問題から目を逸らそうとしている（目標レベルでの回避）とは必ずしも言えない（村山・及川，2005）。それにもかかわらず，回避的なストレス対処の研究では行動レベルでの回避に焦点が当てられ，目標レベルでの回避という考え方が深く考慮されていなかったために，回避的なストレス対処の適応性について知見が一致していなかった可能性が指摘されている（村山・及川，2005）。

Lazarus & Folkman（1984）は，ストレス対処を導くためのストレス経験に対する捉え方を表す概念として「認知的評価」を提唱し，ストレス経験に対する捉え方と，実際の行動であるストレス対処を分けて捉えることの重要性を指摘した。そこで本研究では，認知的評価として「回避」と，ポジティブな情動により動機づけられる接近的な評価である「挑戦」（Lazarus & Folkman, 1984）の2つを取り上げ，ストレス対処から区分して検討を行う。

さらに，ストレス対処のもう1つの代表的な分類次元に，自分1人でストレス対処を行うか，周囲の人の助けを借りてストレス対処を行うかという，自己活用－他者活用という軸がある[10]（Latack & Havlovic, 1992）。情動コンピテンスを成長させる上で，他者からのフィードバックを受けることの重要性が指摘されている（McEnrue et al., 2009）ことを踏まえると，情動コンピテンスの成長を検討する際にも，自己活用－他者活用の軸に従ったストレス対処の分類が必要であると言える。

以上を踏まえて，本研究ではストレス対処を「接近－回避」「自己活用－他者活用」の2軸から構成されるものとして分類する。そして，認知的評価として「挑戦」「回避」を扱い，認知的評価がストレス対処を促し，そのストレス対処が情動コンピテンスの成長を促すというモデルに基づき検討を行う。

---

10) この他の代表的なストレス対処の分類次元に問題焦点－情動焦点（Lazarus & Folkman, 1984）がある。しかしこの分類次元には，特に情動焦点対処について，自分を積極的に落ち着かせようとする行動から，情動をコントロールできずに行われる情動表出まで，多様な下位概念が含まれており，概念が指し示す内容が明確でないという批判がなされている（Skinner, Edge, Altman, & Sherwood, 2003）。この批判を踏まえて，本研究では問題焦点－情動焦点を軸としたストレス対処の分類は行わなかった。

現在の日本の大学入試には，一般入試やセンター入試だけでなく，推薦入試やAO入試のように様々な入試形式が存在しており，入試形式別に，大学入学後の学業成績や学生生活の満足度などを比較した研究が行われている（西郡，2011）。学力試験が主な判断材料となる一般・センター入試と，調査書や面接が主な判断材料となる推薦・AO入試とでは，同じ大学入試でもストレス経験の質として異なる可能性がある。そこで，本研究では，認知的評価・ストレス対処・情動コンピテンスの成長の関連について，入試形式に応じた関連の仕方の違いの有無を明らかにするために，一般・センター入試群と推薦・AO入試群に分けて比較を行う。

また，現役生と浪人生を比較すると，浪人生の方がストレスを感じていることが明らかにされている（東，2004）。性差に関しても女性の方が男性よりも大学入試に関してストレスを感じていることが示されている（中畝・内田・石塚・前川，2003）。さらに，大学入試を経験してから調査に参加するまでの期間が結果に影響を及ぼす可能性がある。そのため，現役入学／浪人入学，性別，学年を統制変数として検討を行う。

3-3-2 方　法
参加者と手続き

4年制大学に通う国公私立の大学生500名を調査対象とした。後述する「入試形式」の質問に対して，帰国生入試，編入学入試，その他のいずれかのみを選んだ参加者（16名）を除外し，484名（理系の男性122名，理系の女性124名，文系の男性120名，文系の女性118名）を分析対象とした。平均年齢は21.42歳（$SD=1.46$）であり，大学の設置者別の人数内訳は，国立大学137名，公立大学39名，私立大学308名だった。調査は，株式会社クロスマーケティングが保有するサンプルを対象としてインターネット調査で行った[11]。調査時には，調査

---

11) インターネット調査を用いると，回答者は調査会社に登録した人に限られるという限界は存在するものの，様々な大学の回答者が登録しているために，より多様な大学の学生をサンプルに含めることができる利点がある。本研究では，このような利点を活かすために，インターネット調査を用いた。なお，調査票には他の項目も含まれていたが，分析には用いなかったため，報告を割愛した。

票のはじめのページに，調査は心理学の研究の一環として実施され参加は任意であること，調査によって得られた結果はコンピュータで統計的に処理され，個人のデータが学術研究以外の目的に使用されることは一切ないこと，回答の途中でこれ以上答えたくないと感じられた場合は，途中で回答を止めて構わないことを明記し，調査参加への同意を得た。

調査票の構成

デモグラフィック要因　性別，年齢，学年，現役・浪人入学の別，文系・理系の判断のために大学の専攻を尋ねた。大学の専攻を文学・史学系，哲学系，心理学系，社会学系，経済・経営学系，法学系・政治学系，教育学系，語学（外国語）系，国際関係学系のいずれかを選んだ参加者を「文系」とし，理学系，環境学系，情報学系，工学系，医学系，歯学系，薬学系，看護・福祉系，食物・栄養学系，農学・水産学・獣医学系のいずれかを選んだ参加者を「理系」とした。

入試形式　一般入試，センター入試，付属高校推薦，推薦入試，AO入試，帰国生入試，編入学，その他の中から，大学入試の際に経験したすべての入試形式を回答するように求めた。

認知的評価　大学入試に対する認知的評価を捉えるために，「挑戦」を測定する項目として3項目，「回避」を測定する項目して3項目を新たに作成したものを用いた。「受験勉強中から試験本番までの大学入試期間に，あなたは大学入試に対してどのような考えを持っていましたか。当時のことを思い出して，最も当てはまるものを1つお選びください」の文章の後に，「1．全く当てはまらない」―「6．非常によく当てはまる」の6段階で評定を求めた。

ストレス対処　接近－回避，自己活用－他者活用の2軸から構成される4つの分類に基づく尺度を再構成するために，石毛（2003），及川（2003），神藤（1998），内田・山崎（2007）を参考にして，「自己活用接近対処」「自己活用回避対処」「他者活用接近対処」「他者活用回避対処」を測定する項目を，各4項目ずつ計16項目作成した。「先の質問で回答したような大学入試時の出来事に対処する際に，あなたはどのような行動をとりましたか。当時のことを思い出して，最も当てはまるものを1つお選びください」の文章の後に，「1．全く

用いなかった」―「6．非常によく用いた」の6段階で評定を求めた。

情動コンピテンスの成長感　研究2で作成した改訂版WLEISについて，ストレス経験を通じた変化の測定に自然な表現となるように「私は」という主語の削除や，語尾を「ようになった」と変化を表す文言に修正したものを，情動コンピテンスの成長感を測定する尺度として用いた。「あなたが大学入試期間を通じて感じた，自分自身の変化についてお伺いします。この経験を通じて以下の変化をどの程度感じましたか。最も当てはまるものを1つお選びください」の文章の後に，「1．全く当てはまらない」―「6．非常に当てはまる」の6段階で評定を求めた。

3-3-3　結　果

因子分析

　本研究で用いた尺度は，すべて新たに作成したものであったため，研究3と同じく，はじめに探索的因子分析を行い，その後確認的因子分析によりモデルの適合度を評価した。

　まず，認知的評価尺度の全6項目に対して，探索的因子分析（最尤法・プロマックス回転）を行った。平行分析の結果と因子の解釈可能性から，2因子解が妥当と判断し，2因子解を仮定した因子分析を行った結果，想定した項目がそれぞれ因子としてまとまった。回転後の因子パターン，各項目の平均値と標準偏差をTable 3-4に示した。尺度作成時の想定通り，第1因子は「挑戦」，第2因子は「回避」と解釈した。α 係数は挑戦で.87，回避で.78であり，十分な内的整合性が確認された。次に，AMOS 19を用いて，確認的因子分析により，探索的因子分析により得られたモデルの適合度を分析した。最尤法によりパラメータを推定した結果，RMSEAの値がやや悪かった（χ^2 (8)=48.49, $p<.001$, CFI=.965, SRMR=.056, RMSEA=.102, 90% CI [.076, .131]）。そこで，Kline（2010）やKeefer, Holden, & Parker（2013）に従い，修正指標を参考にモデルの修正を行い，「たとえ今はつらくても，将来の成長につながるチャンスだと考えた」と「つらいだけなので早く終わってほしい経験だと考えた」の項目の誤差間に相関を仮定した。その結果，RMSEAが1つの基準である.100（Kenny, Kaniskan, & McCoach, 2014）を下回り，概ね許容できる適合度が認

Table 3-4 認知的評価尺度の探索的因子分析結果

	I	II	M	SD
I 挑戦（α=.87）				
たとえ今はつらくても，将来の成長につながるチャンスだと考えた	.89	.08	3.82	1.19
自分の将来のためになる経験だと考えた	.83	-.02	3.85	1.17
自分自身に向き合える良いチャンスだと考えた	.78	-.07	3.54	1.23
II 回避（α=.78）				
つらいだけなので早く終わってほしい経験だと考えた	.07	.80	3.57	1.26
できるだけ関わりたくない，ただつらいだけの経験だと考えた	-.11	.75	3.05	1.18
自分自身の短所が見えるので，あまり取り組みたくない経験だと考えた	.07	.68	3.01	1.11
寄与率（％）	35.1	27.9		

注）$N = 484$

められた（χ^2（7）=33.26, $p<.001$, CFI=.978, SRMR=.048, RMSEA=.088, 90% CI [.059, .119]）。

なお，誤差間相関の値は.28であり，いずれの項目にも「つらい」という単語が含まれており，大学入試のつらさの度合いが因子では説明されない相関として残ったために，有意な正の誤差間相関が生じたと考えられた。また，RMSEAの値が悪かった理由として，モデルの自由度が小さかったことも原因として考えられた（Kenny et al., 2014）ため，許容できる適合度が認められたと判断した。

次に，ストレス対処尺度の全16項目に対して，探索的因子分析（最尤法・プロマックス回転）を行った。平行分析の結果と因子の解釈可能性から，尺度作成時の想定とは異なり3因子解が妥当と判断した。回転後の因子パターン，各項目の平均値と標準偏差をTable 3-5に示した。第1因子は，他者活用接近対処と他者活用回避対処が合わさったものであり，「他者活用対処」と解釈した。また，第2因子，第3因子はそれぞれ「自己活用接近対処」「自己活用回避対処」と解釈した。α係数は，他者活用対処で.94，自己活用接近対処で.87，自己活用回避対処で.80であり，十分な内的整合性が確認された。次に，AMOS19を用いて，確認的因子分析により，探索的因子分析により得られた

Table 3-5　ストレス対処尺度の探索的因子分析結果

	I	II	III	M	SD
I　他者活用対処（a=.94)					
誰かに話を聞いてもらい，はげましてもらおうとした	.89	-.08	.01	3.19	1.23
他の人に話を聞いてもらい，気持ちをしずめようとした	.87	-.13	.07	3.27	1.27
問題を解決しようとして，誰かにアドバイスを求めた	.81	.08	-.06	3.22	1.26
問題やその原因をはっきりさせるために，他の人に相談した	.80	.03	.05	3.13	1.19
考えをまとめるために，誰かと話をした	.77	.16	-.04	3.24	1.26
自分のことを理解してくれている人と一緒にいて，安心しようとした	.75	.03	.05	3.29	1.30
他の誰かと一緒にいて，気を紛らわせようとした	.73	-.07	.10	3.27	1.26
考えが正しいかどうか，他の人に客観的な評価を求めた	.72	.10	.00	3.14	1.20
II　自己活用接近対処（a=.87)					
自分の足りない部分を，おぎない高めていこうとした	-.01	.87	-.05	3.51	1.22
反省を踏まえて，次にするべきことを考えた	-.01	.82	.06	3.49	1.13
問題解決のために，1つのものに固執せず他の考え方も取り入れた	.16	.64	.07	3.37	1.16
問題やその原因について自分なりに考えた	.09	.61	.17	3.61	1.20
III　自己活用回避対処（a=.80)					
1人で自分の好きなことをして，いやな出来事のことを忘れようとした	.00	-.11	.82	3.57	1.22
1人で他の夢中になれるものに打ち込んだ	-.06	-.01	.74	3.33	1.21
悩みと関係ないことをしたり，考えたりした	.07	.01	.68	3.62	1.27
1人で気晴らしやうさ晴らしをした	-.07	.16	.59	3.57	1.23
寄与率（%）	31.9	14.6	13.1		

注）N=484

モデルの適合度を分析した。最尤法によりパラメータを推定した結果，十分な適合度を示していた（χ^2(101)=351.70, p<.001, CFI=.950, SRMR=.039, RMSEA=.072, 90% CI [.064, .080]）[12]。

最後に，情動コンピテンスの成長感尺度の全16項目に対して，因子分析（最尤法）を行った。平行分析の結果と因子の解釈可能性から，1因子解が妥当と判断した。回転後の因子パターン，各項目の平均値と標準偏差をTable 3-6に示した。a係数は尺度全体で.96であり，十分な内的整合性が確認された。次に，AMOS19を用いて，確認的因子分析により，探索的因子分析により得られたモデルの適合度を分析した。最尤法によりパラメータを推定した結果，RMSEAの値がやや悪かった（χ^2(104)=711.88, p<.001, CFI=.912, SRMR

=.039, RMSEA =.110, 90% CI [.102, .118])。そこで，Kline (2010) に従い，修正指標を参考にモデルの修正を行い，「人をやる気にさせることが得意になった」と「他の人が不安を感じている時に，その不安を取り除くことが上手になった」の項目の誤差間，「友達の気持ちを敏感に感じ取ることができるようになった」と「友達の行動を見れば，その友達が今どんな気持ちなのかが分かるようになった」の項目の誤差間，「他の人が不安を感じている時に，その不安を取り除くことが上手になった」と「他の人を喜ばせることが得意になった」の項目の誤差間に相関を仮定した。その結果，概ね許容できる適合度が認められた (χ^2 (101)=574.65, $p<.001$, CFI=.931, SRMR =.036, RMSEA =.099, 90% CI [.091, .106])。なお，誤差間相関の値は「人をやる気にさせることが得意になった」と「他の人が不安を感じている時に，その不安を取り除くことが上手になった」間で.34,「友達の気持ちを敏感に感じ取ることができるようになった」と「友達の行動を見れば，その友達が今どんな気持ちなのかが分かるようになった」間で.31,「他の人が不安を感じている時に，その不安を取り除くことがうまくなった」と「他の人を喜ばせることが得意になった」間で.24だった。いずれの項目のペアも同じ下位尺度（他者の情動の認識／他者の情動の調整）からの項目であり，これらの関連の度合いが因子では説明されない相関として残ったために，有意な正の誤差間相関が生じたと考えられた。

---

12) 本研究で作成した認知的評価尺度とストレス対処尺度の基準関連妥当性を検討するために，本研究の参加者とは別の大学生66名に対して通常の質問紙調査を行った。参加者は，本研究で用いた認知的評価尺度とストレス対処尺度に加えて，認知的評価測定尺度（鈴木・坂野，1998）のうち「影響性」と「脅威性」，COPE (Carver, Scheier, & Weintraub, 1989；日本語版：大塚，2008) のうち「積極的コーピング」「心理的諦め」「道具的ソーシャルサポートの使用」「情緒的ソーシャルサポートの使用」に回答した。教示は本研究と同じものを用いた。尺度間のピアソン相関係数を検討した結果，まず認知的評価尺度の「挑戦」について，認知的評価測定尺度の「影響性」と有意な正の相関が認められ（$r=.50, p<.001$），「回避」について「脅威性」と有意な正の相関が認められた（$r=.50, p<.001$）。次に，ストレス対処尺度の「自己活用接近対処」について，COPEの「積極的コーピング」と有意な正の相関が認められ（$r=.73, p<.001$），「自己活用回避対処」について，COPEの「心理的諦め」と有意な正の相関が認められた（$r=.58, p<.001$）。そして，「他者活用対処」について，COPEの「道具的ソーシャルサポートの使用」および「情緒的ソーシャルサポートの使用」と有意な正の相関が認められた（$r=.84, p<.001$; $r=.74, p<.001$）。以上の結果より，尺度の基準関連妥当性が示された。

Table 3-6 情動コンピテンスの成長感尺度の探索的因子分析結果

	I	M	SD
I　情動コンピテンスの成長感（α =.96）			
何か起こった時，まわりの友達がどうしてそんな気持ちになっているのかが分かるようになった	.86	3.16	1.13
何か起こった時には，その時の自分の気持ちがよく分かるようになった	.86	3.25	1.18
友達の気持ちを敏感に感じ取ることができるようになった	.85	3.16	1.15
友達の行動を見れば，その友達が今どんな気持ちなのかが分かるようになった	.84	3.17	1.16
腹が立って気持ちが高ぶっていても，すぐに落ち着きを取り戻すことができるようになった	.83	3.19	1.14
まわりの友達が今どんな気持ちなのか，いつも気にかけるようになった	.82	3.22	1.20
何か起こった時に，自分がどうしてそんな気持ちになったのか，理由が分かるようになった	.82	3.23	1.15
他の人が不安を感じている時に，その不安を取り除くことがうまくなった	.81	2.99	1.14
他の人を喜ばせることが得意になった	.81	2.95	1.14
自分自身の気持ちをうまくコントロールできるようになった	.79	3.26	1.14
友達が怒っていてもうまく落ち着かせることができるようになった	.78	2.92	1.11
人をやる気にさせることが得意になった	.75	2.81	1.11
今すごくうれしいとかつらいとか，自分自身のいろいろな気持ちが良く分かるようになった	.75	3.12	1.10
自分の気分が良い時や，いやだなと思う時が分かるようになった	.75	3.45	1.22
難しい問題が起こった時でも，自分の気持ちを抑えて，きちんと解決できるようになった	.74	3.31	1.13
自分をやる気にさせることが得意になった	.68	3.09	1.19
寄与率（%）	63.5		

注）N = 484

入試形式による差の検討

　入試形式による差を検討するため，入試形式の質問項目に対して，一般入試かセンター入試の少なくとも1つを選択した参加者を「一般・センター入試群」（n = 345），それ以外で付属高校推薦，推薦入試，AO入試のいずれかを選択した参加者を「推薦・AO入試群」（n = 139）に分け[13]，各尺度得点に対してt検定を行った（Table 3-7）。尺度得点は合計得点を項目数で割ったものを用い

Table 3-7 下位尺度の平均, SDと大学受験の形式による差

下位尺度	一般・センター (n=345) 平均 (SD)	推薦・AO (n=139) 平均 (SD)	t (482)	d [95% CI]
挑戦	3.81 (1.07)	3.56 (1.06)	2.32*	0.23 [0.03, 0.43]
回避	3.29 (0.94)	3.00 (1.07)	2.94**	0.30 [0.10, 0.49]
自己活用接近対処	3.59 (0.92)	3.26 (1.15)	3.28**	0.33 [0.13, 0.53]
自己活用回避対処	3.66 (0.88)	3.18 (1.11)	5.03***	0.51 [0.31, 0.71]
他者活用対処	3.24 (0.99)	3.15 (1.17)	0.87	0.09 [−0.11, 0.28]
情動コンピテンスの成長感	3.21 (0.88)	2.97 (1.02)	2.53*	0.25 [0.06, 0.45]

*$p<.05$, **$p<.01$, ***$p<.001$

た。検定の結果，他者活用対処以外の尺度に有意差が認められ，いずれも一般・センター入試群の方が高かった。

情動コンピテンスの成長感に影響を及ぼす要因

認知的評価とストレス対処および情動コンピテンスの成長感の関連を検討するために，一般・センター入試群と推薦・AO入試群を対象として，多母集団の同時分析を実施した。分析に用いた各変数間の相関係数をTable 3-8に示した。

まず，認知的評価→ストレス対処→情動コンピテンスの成長感という関連を踏まえてモデルを作成し，いずれかの尺度得点と有意な相関が認められた現役入学／浪人入学，性別，学年を統制変数としてモデルに組み込んだ。なお，情動コンピテンスの成長に直接的につながるのはストレス対処であり，認知的評価はストレス対処を導くためのストレス経験に対する捉え方を表す概念であるため，認知的評価から情動コンピテンスの成長感の直接効果を示すパスは設定

---

13) 中央教育審議会（2008）の参考資料『学士課程の在り方に関する小委員会高等学校と大学との接続に関するワーキンググループ（WG）議論のまとめ』（平成20年1月23日）では，推薦入試の定義として，「原則として学力試験を課さない」とされており，推薦・AO入試において学力検査を経由した入学者は全体の5％に留まることが指摘されている。そのため，本研究では，センター試験を経由して推薦・AO入試を受けた参加者は「一般・センター入試群」とした。なお，センター試験を経由して推薦・AO入試を受けた参加者は実際には7名であり，彼らを「推薦・AO入試群」に振り分けた分析も行ったが，結果は変わらなかった。

Table 3-8 変数間の相関係数

	1	2	3	4	5	6	7	8	9	10	11
1. 性別[a]		-.06 [-.23, .11]	-.04 [-.21, .13]	-.11 [-.27, .06]	.04 [-.13, .20]	.18* [.01, .34]	.00 [-.17, .16]	.20* [.03, .35]	.24** [.08, .39]	.22** [.05, .37]	.17 [.00, .32]
2. 現役入学/浪人入学	-.09 [-.19, .02]		-.08 [-.24, .09]	.02 [-.14, .19]	.05 [-.11, .22]	.02 [-.15, .18]	.08 [-.09, .24]	.12 [-.05, .28]	.07 [-.10, .23]	.18* [.02, .34]	.12 [-.05, .28]
3. 学年	.01 [-.09, .12]	-.02 [-.12, .09]		.89 [.85, .92]	-.12 [-.28, .05]	-.19* [-.35, -.02]	-.24** [-.39, -.08]	-.10 [-.27, .06]	-.12 [-.28, .05]	-.03 [-.19, .14]	-.17* [-.33, -.01]
4. 年齢	-.07 [-.18, .04]	.39*** [.30, .47]	.74*** [.69, .79]		-.13 [-.29, .04]	-.15 [-.31, .01]	-.15 [-.31, .02]	-.08 [-.24, .09]	-.10 [-.26, .07]	-.02 [-.18, .15]	-.14 [-.30, .02]
5. 文系/理系[b]	.00 [-.11, .10]	-.02 [-.12, .09]	.06 [-.04, .17]	.04 [-.07, .14]		.04 [-.13, .21]	-.16 [-.32, .01]	.02 [-.15, .18]	.12 [-.04, .28]	.04 [-.13, .21]	.00 [-.17, .16]
6. 挑戦	.04 [-.07, .14]	.06 [-.04, .17]	-.05 [-.15, .06]	-.01 [-.11, .10]	.03 [-.08, .13]		.29*** [.13, .44]	.66*** [.56, .75]	.54*** [.41, .65]	.57*** [.45, .67]	.48*** [.34, .60]
7. 回避	-.10 [-.20, .01]	.08 [-.03, .18]	-.08 [-.19, .02]	.00 [-.10, .11]	-.01 [-.12, .09]	-.23*** [-.33, -.13]		.28*** [.12, .43]	.39*** [.24, .52]	.29*** [.13, .44]	.36*** [.20, .49]
8. 自己活用接近対処	.06 [-.04, .17]	.18*** [.07, .28]	.00 [-.11, .10]	.07 [-.04, .17]	.01 [-.09, .12]	.57*** [.49, .64]	-.13* [-.23, -.03]		.77*** [.69, .83]	.78*** [.70, .83]	.67*** [.56, .75]
9. 自己活用回避対処	.02 [-.09, .13]	.07 [-.03, .18]	-.04 [-.14, .07]	-.03 [-.13, .08]	-.05 [-.16, .05]	.17** [.06, .27]	.18*** [.08, .28]	.36*** [.26, .45]		.60*** [.49, .70]	.56*** [.43, .66]
10. 他者活用対処	.14** [.04, .25]	.02 [-.08, .13]	-.03 [-.13, .08]	-.06 [-.16, .05]	-.05 [-.16, .05]	.41*** [.32, .50]	-.02 [-.12, .09]	.63*** [.56, .69]	.39*** [.30, .47]		.70*** [.60, .77]
11. 情動コンピテンスの成長感	.07 [-.03, .18]	.09 [-.02, .19]	-.08 [-.18, .03]	-.08 [-.18, .03]	-.01 [-.11, .10]	.50*** [.42, .58]	.00 [-.11, .10]	.55*** [.47, .62]	.31*** [.21, .40]	.58*** [.51, .65]	

*p<.05, **p<.01, ***p<.001

注)左下半分は一般センター入試群（n=345），右上半分は推薦・AO入試群（n=139）。角括弧内は95% CI。[a]"男性 = 0，女性 = 1。[b]"文系 = 0，理系 = 1

しなかった。そして，群間の等質性を検討するために，「群間で制約を課さないモデル」「すべてのパス係数に等値制約を課すモデル」「すべてのパス係数と誤差分散に等値制約を課すモデル」「すべてのパス係数，誤差分散，共分散に等値制約を課すモデル」の4つを作成し，モデル適合の比較を行った。その結果，AICは順に，192.15，183.53，176.71，178.71であり，「すべてのパス係数と誤差分散に等値制約を課すモデル」が最もモデルに適合していたため，このモデルを採用した。このモデルは，群間で各変数が他の変数に及ぼす影響が等しいことを意味する。

採用したモデルのパス係数，相関係数，決定係数をFigure 3-3に示した。なお，統制変数と誤差変数は図を見やすくするために省略した。モデル適合度は，χ^2 (47)=90.71, p<.001, CFI=.960, SRMR=.042, RMSEA=.044, 90% CI [.030, .057] であり，十分な適合が確認された。

各変数間の関係を見ると，認知的評価からストレス対処への影響について，挑戦は，自己活用接近対処，自己活用回避対処，他者活用対処のすべてのストレス対処に正の影響を与えていた。また，回避は，自己活用回避対処，他者活

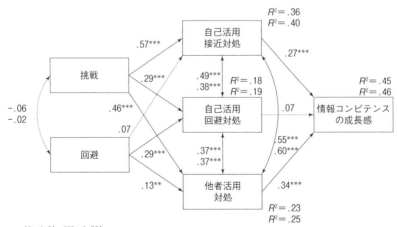

**p<.01, ***p<.001
注）上段の値は一般・センター入試群，下段の値は推薦・AO入試群。
　　実線は有意なパス。点線は有意ではないパス。
　　パス係数の値は非標準化係数，双方向のパスの値は相関係数。
　　誤差変数および統制変数（性別，現役入学／浪人入学，学年）からのパスは省略した。

Figure 3-3　多母集団の同時分析結果

用対処へ正の影響を与えていたが，自己活用接近対処へのパス係数は有意ではなかった。次にストレス対処から情動コンピテンスの成長感への影響について，自己活用接近対処，他者活用対処は，情動コンピテンスの成長感に対して正の影響を与えていた。しかし，自己活用回避対処から情動コンピテンスの成長感へのパス係数は有意ではなかった。

自己活用回避対処から情動コンピテンスの成長感への間接効果

目標レベルで回避的でなければ，回避的なストレス対処も，不快な情動を早期に緩和することで，続く問題状況への対処に役立つことが指摘されている（村山・及川，2005）。このことを踏まえると，自己活用回避対処は，自己活用接近対処や他者活用対処を促すことで，間接的に情動コンピテンスの成長感の向上につながり，この間接効果の強さは認知的評価により調整されている可能性が考えられた。そこで，自己活用回避対処を独立変数，情動コンピテンスの成長感を従属変数，自己活用接近対処もしくは他者活用対処を媒介変数，回避もしくは挑戦を調整変数とする分析（moderated mediation; Preacher, Rucker, & Hayes, 2007）を行った。分析は，現役／浪人および性別を統制変数とし，Preacher et al.（2007）に従い，各変数は中心化した値（各変数からその変数の平均値を引いた値）を用いた。

まず，回避を調整変数，自己活用接近対処を媒介変数とする分析を行った。その結果，自己活用回避対処から自己活用接近対処へのパスの交互作用が有意（$B=-.17$, $p<.001$）であった。Preacher et al.（2007）に従い，回避について±1SDの値を「回避高」「回避低」とし，各パスの単純傾斜を算出した（Figure 3-4）。その結果，回避的な評価が低いほど，自己活用回避対処から自己活用接近対処への単純傾斜の値が大きくなることが示された。また，ブートストラップ法（ブートストラップ標本数5000）による間接効果の検定の結果，回避高，回避低のどちらの場合も間接効果は有意だった（回避高：95% CI [.08, .26], 回避低：95% CI [.26, .47]）。

次に，回避を調整変数，他者活用対処を媒介変数とする分析を行った。その結果，自己活用回避対処から他者活用対処へのパスの交互作用（$B=-.13$, $p<.001$）と自己活用回避対処から情動コンピテンスの成長感へのパスの交互作

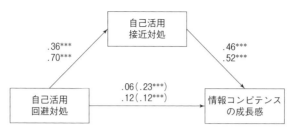

Figure 3-4　回避を調整変数，自己活用接近対処を媒介変数とした調整媒介分析結果

用（$B = -.09, p <.01$）が有意であった。回避について±1 SDの値を「回避高」「回避低」とし，各パスの単純傾斜を算出した（Figure 3-5）。その結果，回避的な評価が低いほど，自己活用回避対処から他者活用対処と情動コンピテンスの成長感への単純傾斜の値が大きくなることが示された。また，ブートストラップ法（ブートストラップ標本数5000）による間接効果の検定の結果，回避高，回避低のどちらの場合も間接効果は有意だった（回避高：95% CI [.10, .28]，回避低：95% CI [.18, .33]）。

最後に，挑戦を調整変数とし，自己活用接近対処もしくは他者活用対処を媒介変数とする分析も行ったが，いずれの場合も挑戦の交互作用は有意ではなく，間接効果の強さは挑戦によっては変わらないことが示された。

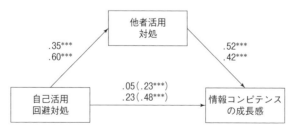

Figure 3-5　回避を調整変数，他者活用対処を媒介変数とした調整媒介分析結果

3-3-4 考　察

　研究4では，自分の将来を方向づける重要な分かれ道の1つであり，大きなストレス経験となりうる経験である大学入試期間における，認知的評価，ストレス対処，情動コンピテンスの成長感の関連を検討した。まず，本研究で作成した尺度のうち，ストレス対処尺度について，作成時には，他者活用対処は接近と回避の2つに分かれることを想定していたが，因子分析の結果，全体が1つの因子として抽出された。東（2004）は，大学入試期間では，接近的な「道具的サポート」と，回避的な「情緒的サポート」の間の相関係数は.75であり，強い相関関係があることを明らかにしている。大学入試場面では，この両者が不可分であったために，1つの因子にまとまったと考えられる。また，情動コンピテンスの成長感尺度の構成は1因子構造を示した。このことは，大学入試期間を通じて，情動コンピテンスの下位概念のうちどれか1つや2つのみが変化するのではなく，すべての下位概念が個人内で同様に変化したために，相関が大きくなり，1つの因子にまとまったと考えられる。大学入試期間では，合否への不安を和らげ勉強に取り組むために自己の情動を認識し調整することが求められる。さらに，大学入試のポジティブな影響の1つに友人関係の親密化がある（小山，2003）ことから推察されるように，同じく大学入試を経験している友人の不安を和らげ，ともに合格に向けて頑張るなど，他者の情動を認識し調整する機会でもある。大学入試期間のこのような経験を通じて，自己と他者の両方の情動を認識し調整する能力が同じように成長することが示唆された。

　次に，入試形式による差を検討した結果，挑戦，回避，自己活用接近対処，自己活用回避対処および情動コンピテンスの成長感について，一般・センター入試群の方が推薦・AO入試群より高い結果となった。一般にストレスが大きいほど，ストレスに対する解釈や対処がより強く必要とされる。また，Seery, Holman, & Silver（2010）が指摘するように，大きすぎるものでなければ，ストレスが大きくなるに従い，その後のストレス対処能力は向上する。以上を踏まえると，これらの結果は，一般・センター入試を受ける生徒の方が推薦・AO入試を受ける生徒と比較して，強いストレスを感じている傾向を反映したものだと考えられる。

さらに，多母集団の同時解析によりモデル比較を行った結果，一般・センター入試群と推薦・AO入試群で，パス係数に等値制約を置いたモデルが最も適合度が良かった。このことから，認知的評価，ストレス対処，情動コンピテンスの成長感の関連の仕方は，入試形式によって変わらないことが示された。さらに，他のストレス対処の影響を統制した上でも，自己活用接近対処と他者活用対処は情動コンピテンスの成長感に正の影響を与えていた。このように，入試形式により認知的評価・ストレス対処・情動コンピテンスの成長感の関連の違いが見られなかったことから，この関連はストレス経験の質にかかわらず一般性を持つ可能性が示された。

　また，自己活用回避対処は，自己活用接近対処や他者活用対処を促す形で，間接的に情動コンピテンスの成長感の向上に貢献していた。さらに，この間接効果は回避の認知的評価により調整されており，回避的な認知的評価をしていないほど，自己活用回避対処は，自己活用接近対処および他者活用対処を促すことが示された。この結果は，回避的なストレス対処は，必ずしも不適切なストレス対処ではなく，回避的な目標が高くなければ，続く問題状況への効果的な対処に役立つ点で適応的な側面を持つという村山・及川（2005）と一致している。ストレス経験により生じたネガティブな情動が大きすぎる場合には，問題解決に向かうような接近的なストレス対処を常に行うよりも，回避的なストレス対処を行うことでネガティブな情動を早期に緩和することができ，長期的に見ると問題状況への効果的な対処を行うことができる（Roth & Cohen, 1986）。このように，自身の状況に合わせて，必要とされるストレス対処を柔軟に切り替えて用いる経験が，情動コンピテンスの成長を促す可能性が示唆された。

　このように，研究3，4を通じてストレス経験時に自己の情動を適切に扱う経験を積むことが，情動コンピテンスの成長につながる可能性が示された。しかし，これらの研究では1時点の横断的な調査しか行っていないため，因果関係の特定ができないという限界が存在する。また，他者の情動を適切に調整する経験を積むことにより，情動コンピテンスが高められる可能性が検討できていない。そこで研究5では，縦断調査により，日常場面で自己や他者の情動を調整する経験が，情動コンピテンスの成長につながる可能性を検討する。

■ 3-4 〔研究5〕定期試験期間の自他の情動調整行動が情動コンピテンスの変化に及ぼす影響

3-4-1 問題

　研究5では，1時点の横断的な調査に留まっていた研究3，4を発展させ，縦断調査により因果関係の検討を行う。また，研究3，4では，自己の情動を調整する行動のみに焦点を当てた。これは，レジリエンス研究やストレス対処研究では自己の情動の調整のみを扱ってきたためである。一方，ストレスにより生じたネガティブな情動を緩和する行動は，周囲の人の力を借りて行われることもある（Marroquin, 2011）。この状況は，サポートの受け手の立場から見ると，周囲の人の力を借りてネガティブな情動の調整を行っていることになるが，サポートの与え手の立場から見ると，ネガティブな情動を感じている他者に対して情動調整のサポートを行っていることになる。このように私たちは日々の生活で，自己のネガティブな情動を調整するだけでなく，他者がネガティブな情動を感じている際に，その情動調整を助けることもある。

　行動レベルで情動調整の個人差を検討してきた研究では，このような他者の情動調整行動も検討対象としてきた。たとえば，Niven, Totterdell, Stride, & Holman（2011）では，自己の情動調整行動と他者の情動調整行動の両方を含む尺度を作成し，その信頼性・妥当性を確かめている。日々の生活で情動を適切に扱う経験がトレーニングのように働き，情動コンピテンスが変化するのであれば，自己の情動を調整する経験は，自己の情動と関連する情動コンピテンス自己領域の変化とより強く関連し，他者の情動を調整する経験は，他者の情動と関連する情動コンピテンス他者領域の変化とより強く関連する可能性がある。そこで，研究5では，自己と他者の情動を調整する行動の両方を扱うために，「情動調整行動」を情動コンピテンスの変化に影響を与えうる要因の検討対象とする。

　情動調整行動は様々な種類に分類されることが指摘されている（e.g., Parkinson & Totterdell, 1999）。しかし，Niven et al.（2011）の尺度ではこのような情動調整行動の多次元性を踏まえられていない。そのため，どのような種類の情動調整行動が，どのような結果と結びつくのかを明らかにするために

は，情動調整行動の多次元性を考慮に入れた尺度の作成が必要である。情動調整時の他者の関わりについて議論しているMarroquin（2011）では，他者が重要な役割を果たしうる情動調整行動として，肯定的再解釈と気晴らしを取り上げている。さらに，Marroquin（2011）では，情動調整時に他者が役割を果たす際に，ネガティブな情動を共有することの重要性も指摘されており，ネガティブな情動を表出する方略である情動の表出は，情動の共有という点で重要な役割を果たすと考えられる。そのため，本研究では自他の情動調整行動として，肯定的再解釈，気晴らし，情動の表出を取り上げる。

肯定的再解釈は，ネガティブな情動を和らげるために，起こっている出来事を良く解釈したり，良い面を見たりする方略である（Gross, 1998）。Gross & John（2003）では，肯定的再解釈は，抑うつと負に相関し，人生満足度と正に相関することを明らかにしており，適応的な方略であることを示している。さらに，ストレス経験下にいる人に対して，起きている状況の良い面に気づかせることで，他者が肯定的再解釈を行うことをサポートすることもできる（Marroquin, 2011）。

気晴らしは，注意をストレス経験から逸らすことで，経過する時間が自然にネガティブな情動を緩和させる方略である。気晴らしは，抑うつの原因となる自己に向いた過度の注意を逸らすことができるため，積極的な目標を保持していれば，適応的な方略であるとされる（Nolen-Hoeksema, Wisco, & Lyubomirsky, 2008）。また，一緒に別の楽しいことをするなどの関わりを持つことで，他者が気晴らしを行うことをサポートすることもできる（Marroquin, 2011）。

情動の表出は，紙に書き出したり，愚痴を言ったりすることで自分が抱えているネガティブな情動を表出する方略である（Stanton et al., 2000）。Stanton et al.（2000）は，乳がんの患者を対象として，情動の表出の効果を検討しており，情動の表出を多く行った人ほど，苦痛や健康への悪影響が小さいことを明らかにしている。情動の表出が効果的に働く理由として，ネガティブな情動を繰り返し表出することで，状況に対して感じていたネガティブな情動に慣れることができ，前向きに捉えられる余裕が生まれるためであるとされている（Stanton et al., 2000）。また，愚痴を聞くなどの方法で，他者が情動の表出を行うことをサポートすることもできる。

さて，ストレス対処研究では，ストレス対処をある特定のストレス経験に対する行動である状況的なものと，普段の行動傾向である特性的なものに区分している（Carver & Scheier, 1994）。Carver & Scheier（1994）は定期試験をストレス経験として取り上げ，特性的なストレス対処と状況的なストレス対処のそれぞれが，ストレス反応とどの程度関連するかを検討している。その結果，特性的なストレス対処と状況的なストレス対処の間には中程度の相関が認められたものの，特性的なストレス対処はストレス反応とほとんど関連せず，状況的なストレス対処がストレス反応と関連することを明らかにしている。この結果より，ストレス反応を予測する変数として，特性的なストレス対処を用いることの意義について疑問を呈している。情動調整行動に関しても，ストレス対処と同じように状況的なものと特性的なものに区分できる。しかし，多くの調査研究では特性的なものが扱われており（e.g., Gross & John, 2003; Niven et al., 2011），両者の影響を同時に検討した研究は見当たらない。さらに，情動コンピテンスの変化に対する両者の影響の比較も検討されていない。Carver & Scheier（1994）の結果を踏まえると，情動コンピテンスの変化に対しても，状況な情動調整行動の方が，特性的な情動調整行動よりも強く関連すると考えられる。本研究では，この可能性の検討を行う。

　定期試験は大学生のストレス経験の1つである（佐藤，2009）。定期試験は，ストレス源となる試験が終わる時期が明確であるため，特定の期間での行動やそれによる影響を捉えやすい。そのため，本研究では定期試験をストレス経験として取り上げる。そして，試験前と試験後の2時点で情動コンピテンスを測定するとともに，試験後に定期試験期間に行った自他の情動調整行動を測定することで，自他の情動調整行動が情動コンピテンスの自己領域および他者領域の変化と正に関連する可能性を縦断調査により検討する。また，定期試験がストレス経験であると捉えられていたことを確認するために，試験前に参加者の定期試験に対する認知を測定する。さらに，Carver & Scheier（1994）を踏まえて，試験前に特性的な情動調整行動を測定し，状況的な情動調整行動，特性的な情動調整行動，定期試験に対してストレスフルと認知する程度のうち，どの変数が情動コンピテンスの変化と強く関連しているのかを検討する。

　情動調整行動の多次元性を考慮に入れて上記の検討を行うために，肯定的再

解釈，気晴らし，情動の表出について自他の両方の情動調整行動を測定できる尺度の作成を行う。また，ストレス対処と人生満足感の測定を行い，尺度の妥当性の検討を行う。自己の情動の調整行動はそれと類似したストレス対処と正に相関することが予想される。さらに，自分がよく用いる方略を相手にも行うように働きかけると考えられるため，他者の情動調整行動もそれと類似したストレス対処と正に相関することが予想される。また，自他の情動調整行動を適切に行うことは適応につながるとされており（Niven et al., 2011），特に接近的な方略である肯定的再解釈やそのサポートは，人生満足感の変化と正に相関すると予想される。

以上より，本研究では，多次元性を考慮に入れて行動面で自他の情動調整行動を測定できる尺度を作成し，定期試験期間の自他の情動調整行動が，情動コンピテンスの変化と正に関連する可能性を検討することを目的とする。

3-4-2 方　法

参加者と手続き

調査は2回に分けて行い，1回目の縦断調査には51名（男性28名，女性23名）が参加した。そして，2回目の縦断調査には別の50名（男性33名，女性17名）が参加した。そのため，合計で大学生101名（平均年齢20.01歳，$SD=1.59$）の回答を分析対象とした。学年別の人数の内訳は，1年生43名，2年生30名，3年生19名，4年生以上9名であった。いずれも受ける定期試験の数が3つ以上の人が調査に参加した。参加者は，はじめの定期試験の1週間前（試験前）と最後の定期試験を受けた1日後（試験後）に調査票のリンク先のアドレスを掲載したメールを受け取り，オンライン上で質問に回答した。調査票の初めに，調査の参加は任意であり途中で回答を辞めても構わないこと，回答は統計的に処理され，個人の情報や回答内容が特定されることはないことを明記し，調査参加の同意の確認と倫理的な配慮を行った。

参加者のうち1名は試験前の調査票のみに回答し，試験後の調査票は回答しなかった。そのため，試験後のデータが関連する部分では，この参加者の回答は含めずに分析を行った。

質問項目

自他の情動調整行動　尺度項目を作成するために，縦断調査の参加者とは別の大学生20名（男性10名，女性10名，平均年齢19.7歳，$SD = 2.54$）に面接調査を行った。自己の情動調整に関する行動を尋ねるため，「普段の生活で，ストレスを感じる出来事に直面したとします。そのような時に，自分のイライラや不安を和らげるためにどのようなことをしていますか？　思いついたもの何でも構わないので，教えてください」，他者の情動調整に関する行動を尋ねるために「たとえば，学校のテストのように，複数の人が同じ内容を同時に経験するストレス場面に置かれたとします。そのような時に，他の人を励ましたり，落ち着かせたりするためにどのようなことをしますか？　思いついたもの何でも構わないので，教えてください」という内容の質問を行った。質問の順番は参加者間でカウンターバランスした。面接調査の結果得られた内容は，本研究で扱う情動調整行動のカテゴリ（自己の情動調整行動として，肯定的再解釈・気晴らし・情動の表出，他者の情動調整行動として，肯定的再解釈のサポート・気晴らしのサポート・情動の表出のサポート）に基づき分類および整理を行い，尺度項目を作成した。

本研究では，試験前の調査では特性的な行動を，試験後の調査では対試験ストレスの行動を尋ねた。具体的には，試験前の調査では，自己の情動調整行動について「ストレスの原因に対応する方法はたくさんあります。ここでは，あなたが困った出来事やいやな出来事を経験したときに，あなた自身が普段どのように感じたり，対応したりしているかをお聞きします。もちろん，出来事が異なれば対応の仕方も異なります。しかし，いやな出来事に直面している時に，あなたがいつもどのように対応しているかを考えてお答え下さい」，他者の情動調整行動について「他の人が困った出来事やいやな出来事を経験したときに，その人に対して，あなた自身が普段どのように対応しているかをお聞きします。もちろん，出来事が異なれば対応の仕方も異なります。しかし，他の人がいやな出来事に直面しているときに，あなたがいつもどのように対応しているかを考えてお答え下さい」のリード文の後に，「1．まったくそうしない」―「6．いつもそうする」の6件法で回答を求めた。

試験後の調査では質問項目を過去形に変更した上で，自己の情動調整行動に

ついては「前回アンケート回答時点から現在までに，あなたが定期試験に関連するストレスを感じた時にどのように対応したかをお聞きします。」，他者の情動調整行動については「前回アンケート回答時点から現在までに，他の人が定期試験に関連するストレスを感じていた時に，あなたがその人に対してどのように対応したのかをお聞きします」のリード文の後に，「1．まったくそうしなかった」—「6．いつもそうした」の6件法で回答を求めた。

ストレス対処　COPE（Carver et al., 1989；日本語版 大塚，2008）の下位尺度のうち，「肯定的再解釈と成長」，「心理的諦め」，「感情の焦点化と感情表出」の各4項目ずつを用いた。自他の情動調整行動尺度と同様に，試験前の調査では特性的な行動を，試験後の調査では対試験ストレスの行動を尋ね，試験前は「1．まったくそうしない」—「4．いつもそうする」，試験後は「1．まったくそうしなかった」—「4．いつもそうした」の4件法で回答を求めた。本研究では，クロンバックのα係数は，肯定的再解釈と成長が試験前で.81，試験後で.76，心理的諦めが試験前で.51，試験後で.56，感情の焦点化と感情表出が試験前で.71，試験後で.82であった。

情動コンピテンス　研究2で作成した，改訂版WLEISを用いた。計16項目で構成され，試験前，試験後に，「現在のあなたに最もよく当てはまる数字を1つ選んでください」のリード文の後に「1．全く当てはまらない」—「6．非常によく当てはまる」の6件法で回答を求めた。本研究では，クロンバックのα係数は，情動コンピテンス自己領域が試験前で.79，試験後で.84，情動コンピテンス他者領域が試験前で.85，試験後で.86だった。

人生満足度　人生満足度尺度（Diener et al., 1985；日本語版：Uchida et al., 2008）の5項目を用いた。試験前，試験後に，「現在のあなたに最もよく当てはまる数字を1つ選んでください」のリード文の後に「1．全くそうでない」—「5．非常にそうだ」5件法で回答を求めた。クロンバックのα係数は，試験前で.70，試験後で.79だった。

定期試験に対する認知　定期試験に対する認知を測定するため，脅威を測定する3項目（次の定期試験が不安だ，次の定期試験が心配だ，次の定期試験が怖い），自信を測定する3項目（次の定期試験が楽しみだ，次の定期試験で良い結果を出す見込みがある，次の定期試験に対して自信がある），コントロー

ル感を測定する1項目（次の定期試験の結果は，自分の頑張り次第だと思う）を用いた。試験前の調査時に「次の定期試験に対する気持ちについて，あなたの気持ちに最もよくあてはまる数字を1つ選んでください」のリード文の後に「1．全く当てはまらない」―「5．非常によく当てはまる」の5件法で回答を求めた。本研究では，クロンバックの α 係数は，脅威で.85，自信で.73だった。

3-4-3 結　果
定期試験に対する認知

　定期試験がどのような出来事として認知されていたのかを検討するため，定期試験に対する認知の各項目について，中点（3）と有意に離れているかを t 検定で検討した。分析の結果，脅威（$M=3.82, SD=1.00$），コントロール感（$M=4.43, SD=0.68$）は，いずれも中点より有意に高かった（脅威：$t(100)=8.25, p<.001, d=0.82$, 95% CI [0.59, 1.04]，コントロール感：$t(100)=20.97, p<.001, d=2.09$, 95% CI [1.73, 2.43]）。また，自信（$M=2.36, SD=0.81$）は中点より有意に低かった（$t(100)=-7.91, p<.001, d=-0.79$, 95% CI [-1.01, -0.56]）。以上の結果より，定期試験はコントロール可能かつ脅威が大きく自信が低いストレス経験として，一般的に認知されていたことが確認された。

自己の情動調整行動および他者の情動調整行動尺度の構成

　本研究で新たに作成した，自他の情動調整行動および他者の情動調整行動尺度の構成を確認するため，研究3，4と同様に，はじめに探索的因子分析を行い，その後確認的因子分析によりモデルの適合度を評価した。

　まず，自己の情動調整行動を測定する項目に関して，探索的因子分析（最尤法・プロマックス回転）を，特性の回答と対試験ストレスの回答のそれぞれについて行った。平行分析の結果と因子の解釈可能性から，3因子解が妥当と判断し，3因子解を仮定した因子分析を行った。気晴らしの1項目（ネガティブな感情を和らげるために，自分の感情を深く考え込みすぎないようにする／した）について，因子負荷量の値（特性で.26, 対試験ストレスで.20）が低かったため，この項目を除外して再度分析を行った。その結果，特性と対試験スト

レスのいずれも，想定した項目がそれぞれ因子としてまとまった。回転後の因子パターン，各項目の平均値と標準偏差をTable 3-9 に示した。尺度作成時の想定通り，第1因子は「肯定的再解釈」，第2因子は「情動の表出」，第3因子は「気晴らし」と解釈した。さらにクロンバックのα係数を算出したところ，いずれの下位尺度についても十分な内的整合性が確認された（Table 3-9）。次に，R 3.2.0（R Core Team, 2015）およびsemパッケージ（Fox et al., 2015）

Table 3-9 自己の情動調整行動尺度の探索的因子分析結果

	I	II	III	M	SD
I 肯定的再解釈（α=.88/.90）				3.95/3.70	1.18/1.21
ポジティブな感情を感じるために，その体験から何かを学ぼうとする／した	.88/.90	.02/.03	-.10/.01	4.09/3.73	1.33/1.32
ネガティブな感情を和らげるために，その出来事をいい経験だと思うようにする／した	.83/.87	-.10/.02	.03/-.02	3.81/3.55	1.37/1.43
ネガティブな感情を和らげるために，乗り越えれば自分のためになる経験だと考える／考えた	.78/.81	.00/-.15	-.12/-.05	4.08/3.96	1.44/1.36
ポジティブな感情を感じるために，自分に起きている状況の良いところを探す／した	.78/.78	-.03/.09	.06/.00	3.83/3.56	1.36/1.37
II 情動の表出（α=.76/.72）				3.34/3.33	1.00/0.91
ネガティブな感情を和らげるために，自分のネガティブな感情を表に出せることをする／した	-.10/-.06	.82/.71	.02/-.21	3.15/2.97	1.43/1.37
ポジティブな感情を感じるために，自分のネガティブな感情を吐き出せることをする／した	-.04/.02	.81/.79	.04/-.04	3.45/3.15	1.28/1.23
ネガティブな感情を和らげるために，ネガティブな感情を自分の中に抑え込まないようにする／した	.17/.00	.62/.51	-.08/.16	3.28/3.49	1.30/1.11
ポジティブな感情を感じるために，ネガティブな感情を自分の中にため込まないようにする／した	.03/.11	.39/.49	.01/.13	3.49/3.72	1.23/1.22
III 気晴らし（α=.81/.78）				4.55/4.29	0.98/1.04
ネガティブな感情を和らげるために，気晴らしになることをする／した	-.13/-.06	.02/.10	.99/.72	4.61/4.35	1.10/1.35
ポジティブな感情を感じるために，自分が好きなことをする／した	.08/-.03	.04/-.10	.74/.92	4.64/4.15	1.14/1.23
ポジティブな感情を感じるために，他の楽しいことを考える／考えた	.16/.08	-.02/-.12	.56/.59	4.40/4.36	1.23/1.15
寄与率（%）	24.8/26.0	17.0/15.4	16.8/16.3		

注）$N=101/100$．斜線の左側の値は特性，右側の値は対試験ストレスの結果。

を用いて，確認的因子分析により，探索的因子分析で得られたモデルの適合度を分析した。最尤法によりパラメータを推定した結果，モデル適合度は，特性で $\chi^2 (41) = 62.11$, $p = .018$, SRMR=.067, CFI=.952, RMSEA=.072, 90% CI [.030, .106], 対試験ストレスで $\chi^2 (41) = 72.91$, $p = .002$, SRMR=.078, CFI=.928, RMSEA=.089, 90% CI [.054, .121] であり，対試験ストレスでRMSEAの値がやや高いものの，概ね十分な適合が確認された。

次に，他者の情動調整行動を測定する項目に関して，探索的因子分析（最尤法・プロマックス回転）を，特性の回答と対試験ストレスの回答のそれぞれについて行った。平行分析の結果と因子の解釈可能性から，3因子解が妥当と判断し，3因子解を仮定した因子分析を行った。その結果，特性と対試験ストレスのいずれも，想定した項目がそれぞれ因子としてまとまった。回転後の因子パターン，各項目の平均値と標準偏差をTable 3-10に示した。尺度作成時の想定通り，第1因子は「情動の表出のサポート」，第2因子は「肯定的再解釈のサポート」，第3因子は「気晴らしのサポート」と解釈した。さらにクロンバックの α 係数を算出したところ，いずれの下位尺度についても十分な内的整合性が確認された（Table 3-10）。

次に，確認的因子分析により，探索的因子分析により得られたモデルの適合度を分析した。最尤法によりパラメータを推定した結果，モデル適合度は，特性で $\chi^2 (51) = 76.61$, $p = .012$, SRMR=.062, CFI=.953, RMSEA=.071, 90% CI [.034, .102], 対試験ストレスで $\chi^2 (51) = 92.27$, $p < .001$, SRMR=.067, CFI=.922, RMSEA=.090, 90% CI [.060, .120] であり，対試験ストレスでRMSEAの値がやや高いものの，概ね十分な適合が確認された。

以上より，自己の情動調整行動は，肯定的再解釈，気晴らし，情動の表出の3因子から構成され，他者の情動調整行動は，肯定的再解釈のサポート，気晴らしのサポート，情動の表出のサポートの3因子から構成されることが確認された。

自他の情動調整行動尺度の妥当性の検討

自他の情動調整行動尺度の妥当性の検討を行うため，COPEとの相関分析を行った（Table 3-11）。

Table 3-10 他者の情動調整行動尺度の探索的因子分析結果

	I	II	III	M	SD
I 情動の表出のサポート（α=.89/.86）				4.55/3.44	1.00/1.12
相手のネガティブな感情を和らげるために，相手の話を聞いてネガティブな感情を吐き出させる／した	.89/.85	.02/-.13	-.05/-.11	4.55/3.15	1.20/1.39
相手のポジティブな感情を高めるために，相手がネガティブな感情を外に出せるように話を聞く／聞いた	.84/.69	.03/.13	-.02/.07	4.73/3.64	1.09/1.31
相手のポジティブな感情を高めるために，その人がネガティブな感情を吐き出せるように話を聞く／聞いた	.82/.76	-.16/.07	.17/-.01	4.74/3.64	1.14/1.24
相手のネガティブな感情を和らげるために，その人がネガティブな感情を外に出せるように手助けする／した	.70/.83	.09/-.03	-.05/-.02	4.18/3.33	1.22/1.41
II 肯定的再解釈のサポート（α=.84/.81）				4.00/3.16	1.13/1.08
相手のネガティブな感情を和らげるために，起きている状況のいい面を相手が探せるように話をする／した	-.05/.03	.98/.74	-.09/.00	3.81/3.09	1.45/1.32
相手のネガティブな感情を和らげるために，乗り越えればいい経験になると相手が思えるように手助けする／した	-.01/.17	.78/.58	-.05/-.12	3.84/3.09	1.45/1.39
相手のポジティブな感情を高めるために，その人が抱えている問題の良い面を伝える／伝えた	.07/-.14	.70/.82	-.05/.13	4.02/3.22	1.35/1.33
相手のポジティブな感情を高めるために，相手が起きている状況への見方を変えられるように接する／接した	.13/.03	.47/.72	.18/-.04	4.32/3.24	1.24/1.34
III 気晴らしのサポート（α=.71/.80）				3.87/3.11	0.91/1.12
相手のポジティブな感情を高めるために，一緒に遊ぶ／遊んだ	.09/-.09	-.16/-.09	.91/.88	4.05/3.06	1.29/1.50
相手のネガティブな感情を和らげるために，相手にとって気晴らしになることをする／した	-.07/.29	-.01/.04	.81/.46	4.09/3.17	1.18/1.37
相手のポジティブな感情を高めるために，相手が好きなことをする／した	-.12/-.05	.27/.23	.45/.75	3.90/3.18	1.21/1.36
相手のネガティブな感情を和らげるために，その人が抱えている問題とは関係ないことを一緒にする／した	.02/.09	.00/-.05	.36/.55	3.44/3.04	1.30/1.43
寄与率（％）	22.7/21.8	19.4/18.7	15.3/16.2		

注）N=101/100．斜線の左側の値は特性，右側の値は対試験ストレスの結果．

Table 3-11 自己と他者の情動調整行動尺度とCOPEの相関係数

	COPE		
	肯定的再解釈と成長	心理的諦め	感情の焦点化と感情表出
特性 ($N=101$)			
自己の情動調整行動			
肯定的再解釈	.81***[.72, .86]	.09 [-.11, .28]	-.05 [-.25, .14]
気晴らし	.12 [-.08, .31]	.61***[.47, .72]	.03 [-.16, .23]
情動の表出	.02 [-.17, .22]	.01 [-.18, .21]	.56***[.41, .68]
他者の情動調整行動			
肯定的再解釈のサポート	.39***[.21, .55]	.17 [-.02, .36]	-.08 [-.27, .12]
気晴らしのサポート	.05 [-.15, .24]	.34***[.15, .50]	-.01 [-.20, .19]
情動の表出のサポート	.17 [-.02, .36]	.23*[.04, .41]	.24*[.04, .41]
対試験ストレス ($N=100$)			
自己の情動調整行動			
肯定的再解釈	.81***[.73, .87]	-.15 [-.34, .05]	.03 [-.16, .23]
気晴らし	.00 [-.19, .20]	.64***[.50, .74]	-.11 [-.30, .08]
情動の表出	.19†[-.01, .37]	.15 [-.05, .33]	.56***[.41, .68]
他者の情動調整行動			
肯定的再解釈のサポート	.55***[.39, .67]	.03 [-.16, .23]	.05 [-.15, .24]
気晴らしのサポート	.17 [-.03, .35]	.38***[.19, .53]	.12 [-.08, .31]
情動の表出のサポート	.28**[.09, .45]	.21*[.01, .39]	.19†[-.01, .37]

†$p<.10$, *$p<.05$, **$p<.01$, ***$p<.001$
注) 角括弧内の値は95% CI。

　まず，特性的な自他の情動調整行動との相関分析に関して，予想通り，肯定的再解釈，気晴らし，情動の表出は，それぞれCOPEの肯定的再解釈と成長，心理的諦め，感情の焦点化と感情表出と有意な正の相関が認められた。また，肯定的再解釈のサポート，気晴らしのサポート，情動の表出のサポートは，COPEの肯定的再解釈と成長，心理的諦め，感情の焦点化と感情表出と予想通り有意な正の相関が認められた。
　次に，対試験ストレスの自他の情動調整行動との相関分析に関して，予想通り，肯定的再解釈，気晴らし，情動の表出は，それぞれCOPEの肯定的再解釈と成長，心理的諦め，感情の焦点化と感情表出と有意な正の相関が認められた。さらに，肯定的再解釈のサポートと気晴らしのサポートは，COPEの肯定的再

解釈と成長，心理的諦めと予想通り有意な正の相関が認められた。また，情動の表出のサポートは，COPEの感情の焦点化と表出と10％水準で有意な（$p=.059$）の正の相関が認められた。以上の結果より尺度の妥当性が確かめられた。

対試験ストレスの情動調整行動と特性的な情動調整行動との相関

対試験ストレスの情動調整行動と特性的な情動調整行動との相関を検討した結果，相関係数は，肯定的再解釈で$r=.64$, $p<.001$, 95% CI [.51, .75]，気晴らしで$r=.43$, $p<.001$, 95% CI [.26, .58]，情動の表出で$r=.35$, $p<.001$, 95% CI [.17, .52]，肯定的再解釈のサポートで$r=.53$, $p<.001$, 95% CI [.37, .65]，気晴らしのサポートで$r=.33$, $p<.001$, 95% CI [.14, .50]，情動の表出のサポートで$r=.38$, $p<.001$, 95% CI [.20, .54]であり，対試験ストレスの行動と特性的な行動の間には中程度の相関が認められた。

対試験ストレスの自他の情動調整行動と情動コンピテンスおよび人生満足度の変化との関連

対試験ストレスの自他の情動調整行動と，情動コンピテンスおよび人生満足度の変化との関連を検討するために，偏相関分析を行った（2時点データに同様の分析を行っている論文としてBaker & Berenbaum (2007) を参照）。試験後の情動コンピテンス自己領域との相関を分析する際は試験前の情動コンピテンス自己領域，試験後の情動コンピテンス他者領域との相関を分析する際は試験前の情動コンピテンス他者領域，試験後の人生満足度との相関を分析する際は試験前の人生満足度の影響を取り除いた[14]。さらに統制変数として，性別と年齢の影響も取り除いた偏相関係数を算出した（Table 3-12）。

まず，試験後の情動コンピテンス自己領域に対しては，肯定的再解釈，気晴らし，肯定的再解釈のサポート，情動の表出のサポートと有意な正の偏相関が認められた。次に，試験後の情動コンピテンス他者領域に対しては，肯定的再

---

14) 2時点で測定した変数の平均値と標準偏差は，情動コンピテンス自己領域について試験前で$M=3.93$, $SD=0.76$, 試験後で$M=3.88$, $SD=0.84$, 情動コンピテンス他者領域について試験前で$M=3.43$, $SD=0.79$, 試験後で$M=3.56$, $SD=0.84$, 人生満足度について試験前で$M=3.09$, $SD=0.69$, 試験後で$M=3.19$, $SD=0.77$だった。

Table 3-12 自己と他者の情動調整行動と情動コンピテンスおよび人生満足度との偏相関係数

	情動コンピテンス 自己領域（試験後）	情動コンピテンス 他者領域（試験後）	人生満足度 （試験後）
肯定的再解釈	.22*[.02, .40]	.37***[.19, .53]	.23*[.03, .41]
気晴らし	.22*[.02, .40]	.21*[.01, .39]	.04[-.16, .24]
情動の表出	.03[-.17, .23]	.06[-.14, .25]	.04[-.16, .24]
肯定的再解釈のサポート	.48***[.31, .62]	.36***[.18, .53]	.28**[.09, .45]
気晴らしのサポート	.19†[-.01, .37]	.35***[.17, .52]	.11[-.09, .31]
情動の表出のサポート	.45***[.28, .60]	.42***[.24, .57]	.29**[.09, .46]

†p<.10, *p<.05, **p<.01, ***p<.001
注）N=100, 試験前の値，性別，年齢の影響を取り除いた。角括弧内の値は95% CI。

解釈，気晴らし，肯定的再解釈のサポート，気晴らしのサポート，情動の表出のサポートと有意な正の偏相関が認められた。さらに，試験後の人生満足度に対しては，肯定的再解釈，情動の表出のサポート，肯定的再解釈のサポートと有意な正の偏相関が認められた。

情動コンピテンスの変化に対する状況的および特性的な情動調整行動と試験ストレスの影響の比較

情動コンピテンスの変化に対する状況的および特性的な情動調整行動と試験ストレスの影響を比較する分析を行った。まず，定期試験に対する認知に基づき参加者を群分けするため，脅威，自信，コントロール感の得点に基づき，Ward法によるクラスター分析を行った。その結果，解釈可能な2つのクラスターに分かれた。クラスター間の比較を行った結果，クラスターⅠはクラスターⅡに比べて，脅威が高く（t(99)=11.64, p<.001, d=2.37, 95% CI [1.85, 2.89]），自信が低かった（t(99)=-7.66, p<.001, d=-1.56, 95% CI [-2.02, -1.10]）。コントロール感は有意差がなかった（t(99)=0.88, p=.379, d=0.18, 95% CI [-0.22, 0.58]）。以上より，クラスターⅠ（N=40）を試験ストレス高群，クラスターⅡ（N=61）を試験ストレス低群と解釈した。

次に，対試験ストレスおよび特性的な自己の情動調整行動と試験ストレスが情動コンピテンスの変化に及ぼす効果を比較するために，重回帰分析を行った。

独立変数として，性別（男性＝0，女性＝1），年齢，従属変数の試験前の値，試験ストレス（高群＝0，低群＝1），対試験ストレスおよび特性の肯定的再解釈，気晴らし，情動の表出を用いた。従属変数は，試験後の情動コンピテンス自己領域と情動コンピテンス他者領域を用いた。分析の結果をTable 3-13に示す。情動コンピテンス自己領域，情動コンピテンス他者領域のそれぞれに対して，偏相関分析の結果と同様に，対試験ストレスの肯定的再解釈と気晴らしの効果がそれぞれ正の値で有意だった。一方，特性的な情動調整行動と試験ストレスに関しては，情動コンピテンス他者領域に対して気晴らしのみが負の値で有意だった。

次に，他者の情動調整行動に関して同様の分析を行った。分析の結果をTable 3-14に示す。まず，試験後の情動コンピテンス自己領域に対して，偏相関分析の結果と同様に，対試験ストレスの肯定的再解釈のサポート，情動の表出のサポートが正の値で有意だった。試験後の情動コンピテンス他者領域に

Table 3-13 自己の情動調整を独立変数とした重回帰分析結果

独立変数／従属変数	情動コンピテンス自己領域（試験後）		情動コンピテンス他者領域（試験後）	
	β	95% CI	β	95% CI
性別[a]	-.03	[-.14, .08]	.05	[-.05, .15]
年齢	.06	[-.06, .18]	-.03	[-.14, .08]
情動コンピテンス自己領域（試験前）	.79***	[.67, .91]		
情動コンピテンス他者領域（試験前）			.77***	[.65, .89]
試験ストレス[b]	.02	[-.10, .14]	-.02	[-.12, .09]
肯定的再解釈（特性）	-.12	[-.27, .04]	-.06	[-.21, .08]
気晴らし（特性）	-.05	[-.18, .07]	-.12*	[-.24, -.01]
情動の表出（特性）	-.03	[-.15, .10]	-.01	[-.13, .10]
肯定的再解釈（対試験ストレス）	.21**	[.05, .36]	.27***	[.13, .42]
気晴らし（対試験ストレス）	.15*	[.03, .27]	.16**	[.05, .27]
情動の表出（対試験ストレス）	.01	[-.12, .14]	.01	[-.11, .13]
R^2	.73***		.77***	

*$p<.05$, **$p<.01$, ***$p<.001$
注）$N=100$. [a]男性＝0，女性＝1. [b]ストレス高群＝0，ストレス低群＝1

第3章 ストレス経験と情動コンピテンスの成長

Table 3-14 他者の情動調整を独立変数とした重回帰分析結果

独立変数／従属変数	情動コンピテンス自己領域（試験後）		情動コンピテンス他者領域（試験後）	
	β	95% CI	β	95% CI
性別[a]	-.06	[-.16, .04]	.03	[-.07, .13]
年齢	.10 †	[-.01, .20]	.05	[-.06, .16]
情動コンピテンス自己領域（試験前）	.79 ***	[.69, .89]		
情動コンピテンス他者領域（試験前）			.75 ***	[.63, .87]
試験ストレス[b]	.02	[-.08, .12]	-.01	[-.11, .10]
肯定的再解釈のサポート（特性）	-.13 †	[-.27, .01]	-.07	[-.21, .08]
気晴らしのサポート（特性）	-.03	[-.15, .09]	-.01	[-.14, .11]
情動の表出のサポート（特性）	.07	[-.04, .19]	-.02	[-.15, .10]
肯定的再解釈のサポート（対試験ストレス）	.26 ***	[.12, .39]	.12 †	[-.02, .27]
気晴らしのサポート（対試験ストレス）	-.05	[-.17, .07]	.11 †	[-.01, .24]
情動の表出のサポート（対試験ストレス）	.16 *	[.04, .29]	.16 *	[.03, .29]
R^2	.79 ***		.78 ***	

*p<.05，**p<.01，***p<.001
注）N=100．[a]男性=0，女性=1．[b]ストレス高群=0，ストレス低群=1

対しては，対試験ストレスの情動の表出のサポートが正の値で有意だった。また，対試験ストレスの肯定的再解釈のサポート，気晴らしのサポートは有意な傾向の正の関連が見られた（肯定的再解釈のサポートがp=.090，気晴らしのサポートがp=.076）。一方，特性的な情動調整行動と試験ストレスに関しては，情動コンピテンス自己領域に対して肯定的再解釈のサポートのみに有意な傾向（p=.062）の負の関連が見られた。

以上の結果より，情動コンピテンスの変化に対して，特性的な情動調整行動や定期試験に対するストレス度よりも，対試験ストレスの情動調整行動が正に関連していることが示された。

3-4-4 考　察

研究5では，定期試験期間の自他の情動調整行動が情動コンピテンスの変化と正に関連する可能性を検討した。そのために，多次元性を考慮して自他の情

動調整行動の両方を測定できる尺度を開発した。因子分析の結果，予想通り，自己の情動調整行動と他者の情動調整行動ともに3因子の構造が確認され，尺度の因子的妥当性が認められた。また，各自他の情動調整行動はそれぞれ類似したストレス対処と正の相関を示していた。さらに，定期試験期間の肯定的再解釈，肯定的再解釈のサポート，情動の表出のサポートは人生満足度の変化と正の関連を示していた。前述した通り，肯定的再解釈は本研究では状況に適した方略であったと考えられる。さらに，他者の情動調整行動が人生満足度の変化と正に相関していたことは，他者の情動調整行動を適切に行うことは自身の適応につながるとする研究（e.g., Niven et al., 2011）と一致している。以上のように人生満足度の変化と正の関連が見られたことは，尺度のさらなる妥当性を示す結果として捉えることができる。

さらに，本研究の主要な検討対象であった，自他の情動調整行動と情動コンピテンスの変化との関連を見てみると，まず，自己の情動調整行動のうち，肯定的再解釈と気晴らしが情動コンピテンス自己領域の変化と正に関連していた。本研究で取り上げた3種類の情動調整行動のうち，肯定的再解釈は接近的な方略とされる（Parkinson & Totterdell, 1999）。定期試験に対する認知の結果より，試験ストレスはコントロール可能なものとして捉えられていたことを踏まえると，接近的な方略である肯定的再解釈は，試験ストレスに対して適応的な方略であったと考えられる。また，気晴らしは，接近的な目標を保持していれば，ネガティブな情動を緩和して続く効果的なストレス対処を促す適応的な方略とされている（Nolen-Hoeksema et al., 2008）。本研究においても，ネガティブな情動を緩和し，具体的なテストに対する準備を促すという点で気晴らしは適応的な役割を果たしていたと考えられる。そのため，肯定的再解釈や気晴らしを行う経験がトレーニングのように働き，情動コンピテンス自己領域の変化と正に関連したと考えられる。

次に，他者の情動調整行動のうち，肯定的再解釈のサポート，気晴らしのサポート，情動表出のサポートのすべてについて，情動コンピテンス他者領域の変化と正に関連していた。自己の情動調整行動と同じように，他者の情動を調整する行動もトレーニングのように働き，情動コンピテンス他者領域の変化と正に関連したと考えられる。

さらに，自己の情動調整行動のうち，気晴らしと肯定的再解釈は情動コンピテンス他者領域の変化とも正に関連していた。また，他者の情動調整行動のうち，肯定的再解釈のサポートと情動の表出のサポートは情動コンピテンス自己領域の変化とも正に関連していた。これらの結果は，自己の情動を調整する経験を他者の情動を上手く扱うことに応用したり，逆に他者の情動を調整する経験を自己の情動を上手く扱うことに応用したりするというように，自他の情動を扱うことの間に相互作用が存在することを示唆するものである。研究1～2でも示した通り，情動コンピテンス自己領域と他者領域の間には正の相関が認められている。このことを踏まえて結果を解釈すると，自己に対する情動調整と他者に対する情動調整の両方の背後には，情動に関する知識などの共有した要素があると考えられる。そして，自己の情動調整行動も他者の情動調整行動もこのような共通要素に影響を及ぼしたため，自己の情動調整行動が情動コンピテンス他者領域の変化とも正に関連し，反対に他者の情動調整行動が情動コンピテンス自己領域の変化とも正に関連したと考えられる。

さらに，情動コンピテンスの変化に対して，状況的および特性的な情動調整行動と試験ストレスの影響を比較した結果，特性的な情動調整行動や定期試験に対するストレス度よりも，対試験ストレスの情動調整行動が正に関連していることが示された。これは，ストレス反応を従属変数としていたCarver & Scheier（1994）と一致する結果であり，情動コンピテンスの変化に対しても，状況的な情動調整行動が重要な役割を果たすことが示された。また，定期試験に対するストレス度の影響が認められなかったのは，あくまで試験ストレスの度合いではなく，実際に自他の情動を調整する行動の程度が情動コンピテンスの変化と関連するためであると考えられる。

本研究では，定期試験を受けない群を統制群として置かず，一定数の定期試験を受ける人のみを調査対象者とした。これは本研究の目的が，試験ストレスを経験することにより情動コンピテンスが成長する可能性を検討するのではなく，あくまで，試験ストレスを経験した際に自他の情動調整行動を行う程度の個人差が情動コンピテンスの変化と関連する可能性を検討することにあったためである。そのため，たとえ試験ストレスを経験した人であっても，自他の情動調整行動をあまり行わなかった人では情動コンピテンスの評定値が下がって

いる。これは試験ストレスに上手く対処できなかったために，情動を上手く扱う能力に対する自信が低下したことを反映している可能性が考えられる。また，本研究では定期試験終了後の翌日に2回目の情動コンピテンスの測定を行ったが，その後の情動コンピテンスの測定は行うことができなかった。今後は中長期的な期間を設定した上で，複数の測定時点を設けて縦断研究を行うことで，自他の情動調整行動を行った事により情動コンピテンスが変化したことが，中長期的に持続するかどうかを検討することが求められる。

3-5 第3章のまとめ

情動コンピテンスを高める方法を検討した先行研究では，トレーニングプログラムを用いて，その効果を検討してきた (e.g., Abe et al., 2013; Kotsou et al., 2011; Nelis et al., 2011)。しかし，トレーニングを受ける機会は限られていることや，トレーニングの効果を定着していく上での日常経験に基づくフィードバックの重要性を踏まえると，情動コンピテンスがオンラインでの経験を通じて成長する可能性を検討することは重要である。また，このような研究は，社会的認知理論に基づき，外的状況と個人が相互作用する中でどのように情動コンピテンスが育まれるのかを明らかにすることにもつながる。本章では，3つの研究を通じて，ストレス経験時に，自他の情動に適切に対処する経験が情動コンピテンスの成長と結びつくことを明らかにした。

ただし，Tedeschi & Calhoun (2004) が指摘する通り，ストレス経験そのものはその人に精神的不安等の負の影響を与えることを忘れてはならない。そもそもストレスを経験するような出来事は，自ら望んで経験するものではなく，生活の中で不可避に出会うものである。だからこそ，教育の受け手に対して無理にストレスをかけるのではなく，ストレス負荷の高い出来事への対処法を育むような教育が，結果として情動コンピテンスを高めることを示唆していると解釈するべきである。つまり本研究の結果は，ストレスに対して強い特性を育むことの重要性を，単にストレスを乗り越えるためだけでなく，自分や他者の情動をより上手く扱えるようになるという，さらなる成長を促すことからも示唆していると考えるべきである。

第4章　情動コンピテンスと被排斥者に対する情動調整行動

4-1　第4章の検討内容

　第4章では，実験手法を用いて，情動コンピテンスと社会的な場面での他者の情動を調整する行動との関連を検討する。社会的認知理論では，個人が外的状況と効果的に相互作用し，自分の行動を意味づけ，自分自身の目標や基準に従って行動を実行する際の心的メカニズムを解明することで，どのように環境への適応と結びつくのかを明らかにしようとする（Bandura, 1999; Caprara et al., 2013; Cervone et al., 2001; Mischel & Shoda, 1995, 1998）。情動コンピテンス研究では，社会的認知理論で扱われているような，社会的にポジティブな成果を達成する上で必要な個々の具体的な行動やその背後にある心理的なプロセスが十分扱われていないことが，かねてから限界として指摘されていた（Fiori, 2009; Matthews et al., 2012; Ybarra et al., 2012）。そのため，情動コンピテンスを高めるということが，結局どのような反応や行動の変化の違いと結びつき，なぜ社会的にポジティブな成果の達成と結びつくのかを明らかにし，情動コンピテンスが社会的な場面での具体的な反応や行動に活かされる力動的な過程を明らかにしていくことが求められている。

　この問題を解決する上で有効と考えられる研究手法が，実験課題を用いて参加者の具体的な反応や行動を測定し，情動コンピテンスの個人差との関連を検討する方法である（Matthews et al., 2004; Mikolajczak, Roy, et al., 2009）。実際に，いくつかの研究では，実験方法を用いて，情動コンピテンスの機能が検討されている。しかし，これらの研究では，計算課題やスピーチ課題のようなプレッシャーのかかる難しい課題に個人が参加することでストレスが喚起され

る状況 (e.g., Mikolajczak & Luminet, 2008; Salovey et al., 2002) や，顔表情写真が非常に短い時間呈示される課題（Austin, 2004）など，社会的な文脈から切り離された状況を用いてきており，情動コンピテンスが重要な役割を果たすと考えられている，自他の情動が複雑に変化しながら交錯する社会的な場面での反応や行動を捉えられていない。

また，社会的な場面では，人は自己の情動だけでなく，他者の情動も調整する（Gross, 2013; Niven et al., 2009; Zaki & Williams, 2013）。これまでの情動コンピテンスの実験研究では，主に自己の情動調整に焦点を当ててきており (e.g., Mikolajczak, Roy, et al., 2007; Salovey et al., 2002)，対をなす他者の情動調整は検討対象とされてこなかった。しかし，他者の情動調整は，他者の心的状態を直接的に変えるという点で，自己の情動調整と異なる性質を持つ。また，他者の情動調整を適切に行うことは，良好な人間関係の形成と結びつくことが示されている（Niven et al., 2012）。そのため，情動コンピテンスが高い人が，良好な人間関係を形成するため，自分自身の能力を他者に向けてどのように使っているのかを明らかにする上で，他者の情動調整にも着目して研究を進めていくことが重要であると考えられる。

本章では，情動コンピテンスが活かされうる状況として，「社会的排斥 (ostracism)」に着目する。社会的排斥は「無視と排除を受けることであり，しばしば被害者に対して無視や排除を行う理由の説明がされず，表立った否定的な注意は向けられずに生じる」と定義される（Williams, 2007, p.429）。社会的動物である人間にとって，他者とのつながりを持つことは重要な意味を持ち，集団への所属は人間が持つ基本的な欲求の1つとされている（Baumeister & Leary, 1995; Maslow, 1968）。社会的排斥はこの所属の欲求を脅かす出来事であり，被害者に対して危機的な影響を与える状況である。実際に，実験的に社会的排斥の有無を操作した先行研究では，排斥を受けると，怒り・悲しみなどのネガティブな情動が増加し，楽しみなどのポジティブな情動が減少することが繰り返し示されている（e.g., Chow, Tiedens, & Govan, 2008; Wesselmann, Wirth, Mroczek, & Williams, 2012; Williams, Cheung, & Choi, 2000; Zadro, Williams, & Richardson, 2004）。

近年の研究では，他者が排斥されている状況を見た時の，参加者の反応や行

動が検討されている。これらの研究では，単に他者が排斥されているのを見るだけで，自分が排斥された場合と同様に，観察者にネガティブな情動が引き起こされることが示されている（e.g., Wesselmann, Bagg, & Williams, 2009）。さらに，観察者は，排斥の被害者に共感し，被排斥者の苦痛を和らげようとすることも明らかにされており，たとえば，排斥を観察した後，被排斥者にメールを書く機会が与えられると，より被排斥者を励ますような内容のメールを書くことが示されている（Masten, Morelli, & Eisenberger, 2011）。また，4名のプレイヤーでキャッチボールをオンライン上でする課題（サイバーボール課題；Williams et al., 2000）において，他の2名のプレイヤーが，残り1名の他のプレイヤーにボールを投げないという意味で排斥している時，参加者はその排斥の被害者に対して同情し，ボールをより多く投げて仲間に入れることで苦痛を和らげようとすることも示されている（Riem, Bakermans-Kranenburg, Huffmeijer, & van Ijzendoorn, 2013; Wesselmann, Wirth, Pryor, Reeder, & Williams, 2013）。

このように，排斥は情動が強く関連する経験であり，また排斥の被害者の情動を調整する行動が先行研究では見られている。そこで，第4章では，対人関係上の問題が生じた場面として，「他者が排斥されている状況」を設定し，その時の被排斥者の情動を調整する行動に対して情動コンピテンスの個人差がどのように現れてくるのかを，実験手法を用いて調べる。具体的には，情動コンピテンスの高さは被排斥者の悲しみを和らげる行動と実際に関連するか（研究6），調整対象の情動表出の有無が情動コンピテンスの個人差と被排斥者の情

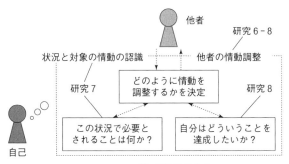

Figure 4-1　第4章の検討内容

動調整との関連を調整するか（研究7），個人の目標が情動コンピテンスの個人差と被排斥者の情動調整との関連を調整するか（研究8）を検討する（Figure 4-1）。

■ 4-2 〔研究6〕情動コンピテンスと被排斥者の悲しみを調整する行動との関連

4-2-1 問　題

　他者の情動調整の前段階である他者の情動理解に関しては，情動コンピテンスとの関連が実験手法を用いて調べられている（e.g., Austin, 2004; Edgar, McRorie, & Sneddon, 2012; Petrides & Furnham, 2003）。しかし，共感的な反応はコストを伴うため（Hodges & Klein, 2001），他者のネガティブな情動の理解は，必ずしもその人に対する共感やネガティブな情動を和らげる行動には結びつかない（Decety & Lamm, 2006）。そのため，より直接的に情動コンピテンスと他者の情動を調整する行動との関連を調べていく必要がある。

　Austinらは，質問紙調査により，情動コンピテンスが高い人ほど，向社会的な他者の情動調整方略である，向上（enhance；援助や安心を与える）や気晴らし（divert；冗談を言ったり，楽しい活動を用意したりする）を普段行っていることを明らかにしている（Austin & O'Donnell, 2013; Austin, Saklofske, Smith, & Tohver, 2014）。しかし，これらの研究では，他者の情動調整を自己報告の質問紙で測定しているために，実際の社会的な場面で情動コンピテンスが高い人が本当に他者の情動調整を試みるかは不明なままである。パーソナリティ心理学における基本的な問いの1つに，質問紙を通じて測定されたパーソナリティ特性が，プレッシャーがかかり自らの行為が実際の結果を生み出すような状況での実際の行動と関連するかというものがある（Fleeson & Gallagher, 2009）。質問紙で測定された情動コンピテンスについても同様に，情動コンピテンスの個人差が特定の社会的な行動として現れるかどうかということも，理論的に基本的な問いとして捉えることができる。

　そこで，研究6では，情動コンピテンスの高さが実際に被排斥者の悲しみを和らげる行動と関連するのかを検討する。仮説としては，情動コンピテンスのうち，他者の情動と関連するコンピテンスである情動コンピテンス他者領域が

高い人ほど，より被排斥者の悲しみを和らげようとすることが予想される。

4-2-2 方　法
参 加 者

　大学生，大学院生40名が実験に参加した。このうち，他のプレイヤーの行動がコンピュータのプログラムで操作されていることに完全に気がついた1名を除外し，最終的に39名を分析対象とした（男性21名，女性18名，M_{age} = 21.33，SD = 3.32）。

実験装置

　コンピュータ（ディスプレイ15.6インチ），テンキー，イヤーマフを参加者1名につき1組ずつ，4人分を用いた。また，他にコンピュータ1台を実験者用に用いた。

手続き

　実験の約1週間前（M = 6.18日，SD = 2.10），参加者は情動コンピテンス尺度にオンライン上で回答した。実験当日は，参加者は初対面の人どうしが4人同時に実験に参加した。参加者が3名だった場合は，実験補助者が参加者のふりをして実験に参加した。実験室では，参加者は仕切りで分けられた個別のブースに1人ずつ座り，実験中は互いの姿が見えないようになっていた（部屋の配置はFigure 4-2を参照）。

　実験参加に関する説明書および同意書の記入の後，参加者は社会的望ましさ尺度に回答した。なお，社会的望ましさ尺度および課題後のすべての質問項目は，尺度項目や質問文がコンピュータの画面に1つずつ提示され，それに対して参加者が数字を選ぶ形式で回答した。尺度項目や質問文の順番は参加者間でランダマイズした。実験課題はJavaを用いてプログラムを作成した。

　社会的望ましさ尺度に回答した後，サイバーボール課題の説明として，「続いて，この部屋にいる4人の方でキャッチボールゲームに取り組んでもらいます。ゲームが始まると，手前・向かい側・左・右に4名のプレイヤーが表示されます。手前のプレイヤーがあなたです。自分のところにボールが来たら，

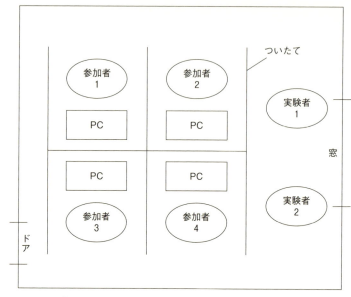

注）実験室の広さは16㎡。ついたては高さ180cmで隣の人の様子は見えない。音はイヤーマフで遮断した。

Figure 4-2　部屋の配置

左のプレイヤーに投げる場合は「1」向かい側のプレイヤーに投げる場合は「2」右のプレイヤーに投げる場合は「3」を押して，ボールを投げる相手を選択してください。キーを押すと，自動的にそのプレイヤーに向けてボールが投げられます。一定回数の投球が終わると，ゲーム終了となります。この課題で重要なことは，ゲームから心の中にイメージを鮮明に思い浮かべることです。他のプレイヤーが何を考えているのか，どのような人なのかを，実際に現実場面で経験している時のように，なるべく鮮明に思い描くように努めてください」という教示を受けた。さらに参加者は，課題に集中するためという説明を受け，イヤーマフを装着した。その本当の目的は，他のプレイヤーの操作音を聞こえなくするためであった。

　その後，実験者の操作で画面が切り替わり，参加者は，練習試行，本試行の順でサイバーボール課題に取り組んだ。課題終了後，他のプレイヤーの悲しみを和らげる動機についての質問に回答した。そして，デブリーフィングを行い，

実験の本当の目的，他のプレイヤーの行動はコンピュータでプログラミングされていたこと，結果を歪めないために異なる目的や手続きを伝える必要があったことを説明し，了解を得た。本研究の手続きは京都大学大学院教育学研究科心理学研究倫理審査委員会に事前の承認を受けて実施した。

材　料

情動コンピテンス　　研究1で作成した，情動コンピテンスプロフィール日本語版を用いた。情動コンピテンス自己領域と情動コンピテンス他者領域の2つの二次因子で構成されており，これらの二次因子は，それぞれ，同定，理解，表現，調整，利用という5つの一次因子ずつで構成されていた。各一次因子は5項目ずつで構成されており，これら計50項目に対して，「1. 全く違うと思う」—「5. 非常にそう思う」の5件法で回答を求めた。本研究では，クロンバックのα係数は，情動コンピテンス自己領域が.85，情動コンピテンス他者領域が.84であった。

社会的望ましさ　　社会的望ましさ尺度（Marlowe-Crowne Social Desirability Scale; Crowne & Marlowe, 1960；日本語版：北村・鈴木，1986）を用いた。計33項目に対して，2件法（はい／いいえ）で回答を求めた。本研究では，クロンバックのα係数は.73であった。

サイバーボール課題　　被排斥者の悲しみを和らげる行動を測定する課題として，コンピュータの画面上でキャッチボールを行う課題であるサイバーボール課題（Williams et al., 2000）を用いた。本研究では4人でキャッチボールを行うものを用いた。課題の間，画面上では4人のプレイヤーがひし形（手前，向かい側，左側，右側）に配置され，手前のプレイヤーを参加者自身と想定させた（Figure 4-3）。プレイヤーはボールを受け取った時，左のプレイヤーに投げる場合は1を，向かい側のプレイヤーに投げる場合は2を，右側のプレイヤーに投げる場合は3を押して，投球相手を決定した。キーを押すと，自動的に選択したプレイヤーに向けてボールが投げられるアニメーションが呈示され，キャッチボールが続けられた。練習試行では，参加者は実際に同時に入室した他の参加者とキャッチボールを行い，全部で10投球した後に課題は終了した。続く本試行では，参加者には，画面上の他の3人のプレイヤーは他の参

第4章 情動コンピテンスと被排斥者に対する情動調整行動

Figure 4-3 サイバーボール課題中の画面（原著者より許可を得て転載）

加者だと伝えていたものの，実際にはコンピュータのプログラミングで投球が操作されていた。本研究では，Wesselmann et al.（2013）と同様に，3名のうち2名のプレイヤー（排斥者）が残り1名のプレイヤー（被排斥者）を仲間はずれにするように，他のプレイヤーの投球があらかじめ実験者により設定されていた。具体的には，排斥者はもう1人別の排斥者か参加者に対して等しい確率でランダムに投球し，被排斥者には投球しないようになっていた。被排斥者は他のすべてのプレイヤーに対して等しい確率でランダムに投球した。なお，被排斥者の位置（左側／向かい側／右側）は参加者ごとにランダムに設定した。この状況で「参加者が被排斥者に対してボールを投げた割合」を，被排斥者の悲しみを和らげる行動として分析に用いた。

他プレイヤーの悲しみを和らげる動機　「あなたは，課題中に左側（向かい側／右側）のプレイヤーの悲しみの感情を和らげようとした」「あなたは，課題中に左側（向かい側／右側）のプレイヤーの楽しみの感情を高めようとした」の2種類計6項目に，7件法で回答を求めた。この2種類の項目は有意に正に相関していたため（被排斥者に対する評定で $r=.62$, $p<.001$, 95% CI [.38, .78]，排斥者に対する評定で $r=.54$, $p<.001$, 95% CI [.27, .73]），合計得点を分析に用いた。

4-2-3 結　果
行動指標の意味の確認

　相関分析の結果，参加者が被排斥者に対してボールを投げた割合は，被排斥者に対する悲しみを和らげる動機の評定と有意に正に相関していた（$r=.32, p=.050, 95\% \text{ CI } [.00, .57]$）。また，参加者の回答傾向の影響を統制するため，排斥者に対する悲しみを和らげる動機を統制変数として偏相関分析を行っても，同様の結果が得られた（$r=.32, p=.047, 95\% \text{ CI } [.00, .58]$）。これらの結果より，参加者が被排斥者に対してボールを投げた割合は，被排斥者に対する悲しみを和らげる行動として解釈できることが示された。なお，排斥者に対する悲しみを和らげる動機を統制変数として偏相関分析を行った結果，被排斥者の悲しみを和らげる動機は，社会的望ましさとの関連は弱く（$r=.04$），情動コンピテンス他者領域とは中程度に関連していた（$r=.30$）。

被排斥者にボールを投げた割合の平均値

　被排斥者にボールを投げた割合の平均値（$M=41.41\%, SD=10.06$）は，有意にチャンスレベル（33.33%）よりも離れていた（$t(38)=5.01, p<.001, d=0.80, 95\% \text{ CI } [0.44, 1.16]$）。このことから，参加者は平均的にはボールをより多く投げることで被排斥者の悲しみを調整しようと試みていたことが示された。

情動コンピテンスと被排斥者にボールを投げた割合との関連

　情動コンピテンスと被排斥者にボールを投げた割合との関連を検討するため，相関分析を行った。情動コンピテンス，被排斥者にボールを投げた割合，統制変数間の相関係数をTable 4-1に示した。分析の結果，情動コンピテンス他者領域は被排斥者にボールを投げた割合と有意に正に相関していた（$r=.32, p=.047, 95\% \text{ CI } [.01, .58]$）。しかし，情動コンピテンス自己領域と被排斥者にボールを投げた割合との間には有意な相関は認められなかった（$r=.04, p=.819, 95\% \text{ CI } [-.28, .35]$）。さらに，性別と社会的望ましさを統制した偏相関分析を行っても，情動コンピテンス他者領域と被排斥者にボールを投げた割合との相関は有意なままであった（$r=.33, p=.044, 95\% \text{ CI } [.02, .59]$）。一方，情動コンピテンス自己領域と被排斥者にボールを投げた割合と

Table 4-1　統制変数，情動コンピテンス，参加者が被排斥者にボールを投げた割合間の相関係数

	1	2	3	4	M	SD
1．性別[a]					0.46	0.51
2．社会的望ましさ	.12 [−.20, .42]				10.18	4.55
3．情動コンピテンス自己領域	.09 [−.23, .39]	.50** [.22, .71]			3.13	0.51
4．情動コンピテンス他者領域	.10 [−.22, .40]	.49** [.20, .70]	.72*** [.52, .84]		2.97	0.47
5．参加者が被排斥者にボールを投げた割合	.18 [−.14, .47]	.06 [−.26, .37]	.04 [−.28, .35]	.32* [.01, .58]	41.41	10.06

*$p<.05$, **$p<.01$, ***$p<.001$
注）$N=39$．[a]男性＝0，女性＝1のダミー変数。角括弧内の値は95% CI。

の間には有意な相関は認められないままであった（$r=.01, p=.977$, 95% CI [−.31, .32]）。これらの結果より，情動コンピテンス他者領域が高い人ほど，被排斥者の悲しみを和らげようとすることが示された。

4-2-4　考　察

　研究6では，情動コンピテンスの高さが，実際に他者の情動を調整する行動と関連するのかを検討した。仮説通り，情動コンピテンス他者領域が高い人ほど，被排斥者の悲しみを和らげる行動を実際に行うことが示された。さらに，この関連は性別や社会的望ましさの影響を統制しても有意なままであった。

　ある人が被排斥者の悲しみを和らげようとした場合，排斥者は元々の被排斥者に加えて，援助を行った人も罰として排斥の対象にする可能性がある（Wesselmann et al., 2013）。このリスクを踏まえると，排斥を目撃した際に，被排斥者に対して情動を調整しようと試みる程度には個人差があると考えられる。質問紙を通じて測定されたパーソナリティ特性が，実際にプレッシャーがかかり，自らの行為が実際の結果を生み出すような状況での，実際の行動と関連するかということは，パーソナリティ心理学における基本的な問いの1つとされており（Fleeson & Gallagher, 2009），これは質問紙で測定された情動コンピテンスについても同様に基本的な問いとして考えられる。本研究の結果より，情動コンピテンスが高い人ほど，実際に被排斥者の悲しみを和らげようと

することが示された。

　なお，被排斥者にボールを投げた割合は，被排斥者に対する悲しみを和らげる動機の評定と有意に正に相関していたが，相関の強さは中程度に留まった。先行研究では，Wesselmann et al.（2013）にて，被排斥者への投球行動と，同情心（$r=.36$）や補償の動機づけ（$r=.27$）との関連は中程度であったことが報告されている。したがって，本研究の相関の強さも先行研究で報告されているものと同程度であった。このように相関の強さが中程度に留まったのは，「意図と行動のずれ」（Sheeran, 2002）を反映している可能性がある。たとえば，排斥者が罰として今度は参加者を排斥し始めるリスクがあるために（Wesselmann et al., 2013），参加者が被排斥者の悲しみを和らげようとしていたと報告したとしても，実際には十分にそうしていなかった可能性がある。このようなずれは意図と行動間の相関を弱めることになる（Sheeran, 2002）。本研究では参加者が何を意図していたかというよりも，実際にどのように振る舞ったかという点に焦点を当てたため，先行研究と同様に，被排斥者に対する投球行動は被排斥者の悲しみを和らげる行動として解釈した。

　本研究では，状況に関する要因操作を行っていないため，他者の情動調整に対して，どのような状況で情動コンピテンスの個人差がより重要な役割を果たすのかは不明なままである。そこで，研究7では，他者の情動調整を実行する上で重要な手がかりとなる，被排斥者の情動表出の有無を操作し，この問題に取り組む。

4-3 〔研究7〕情動コンピテンスと被排斥者の悲しみを調整する行動との関連―被排斥者の悲しみ表出の調整効果―

4-3-1 問　題

　研究7では，被排斥者の悲しみ表出の有無に応じて，研究6で見られた情動コンピテンスと被排斥者の悲しみを和らげる行動との関連の強さが変わる可能性を検討する。先行研究では，状況に応じて，パーソナリティ特性が行動に反映される強さが異なることが示されている（Ching et al., 2014）。このような研究を踏まえると，情動コンピテンスはある状況では他者の情動調整に対して重要な役割を果たすが，別の状況ではそこまで重要ではない可能性が考えられ

る。

　排斥の被害者は，排斥時に常に自分の感じている情動を表出するわけではないことが知られている。先行研究では，自分が弱く見られるのを避けるために，本当は自分の情動を表出したいと思っていても，情動表出を抑制する人もいることが示されている (Joseph, Williams, Irwing, & Cammock, 1994; King & Emmons, 1990; Spokas, Luterek, & Heimberg, 2009)。そのため，共感の理論では，共感的な反応を生じさせる経路として以下の2種類を提案している。1つ目は，「刺激への反応による，知覚ベースの経路」であり，対象の心的状態の情報が十分ある時に用いられる。もう1つは，「より抽象的な，推測ベースの経路」であり，他者の心的状態の情報が十分なく，文脈の情報を使うことが必要な時に用いられる (Engen & Singer, 2013; Singer & Lamm, 2009)。この2つの経路は，共感の個人差を検討する際に考慮すべき重要な要因とされている (Singer & Lamm, 2009)。

　それでは，どちらの経路を用いる時に，情動コンピテンスの個人差はより問題になるのだろうか。この問いに対して，2つの可能性が考えられる。1つ目は，被排斥者が悲しみを表出している時に，情動コンピテンスの個人差は強く現れてくるという可能性である。この場合，排斥の観察者は，共感的な反応を生み出す際に，刺激への反応による，知覚ベースの経路を用いることになる (Engen & Singer, 2013)。実際に，先行研究では，情動コンピテンスが高い人は，低い人に比べて，情動的な刺激に対して敏感であることが示されている (Petrides & Furnham, 2003)。この敏感性が，悲しみを表出している被排斥者に向けた情動調整を促進する可能性がある。この想定に基づけば，被排斥者が悲しみを表出している時に，情動コンピテンスが高い人ほど，被排斥者の悲しみを調整しようとすることが予想される。

　2つ目の可能性は，被排斥者が悲しみを表出していない時に，情動コンピテンスの個人差は，より強く現れてくるという可能性である。この場合，排斥の観察者は，共感的反応を生み出す際に，より抽象的な，推測ベースの経路を用いることになり (Engen & Singer, 2013)，被排斥者の情動を状況の手がかりに基づいて推測しなければならない（例：他者がある人を仲間はずれにしようとしている）。理論的には，情動コンピテンスが高い人は，状況の手がかりに

基づき，他者の情動を推測する能力が高いことが想定されている（Saarni, 1999 佐藤監訳 2006）。もし，情動コンピテンスが高い人のみ，顕著な情動表情が無くても，被排斥者の悲しみを深く理解することができるのであれば，被排斥者が悲しみを表出していない時に，情動コンピテンスの個人差は強く現れてくることが予想される。

　以上の背景を踏まえ，研究7では，上記2つのどちらの可能性がより妥当であるのかを検討するために，被排斥者の情動表出の有無（悲しみ／中立）を操作し，情動コンピテンスと被排斥者の悲しみを和らげる行動との関連に及ぼす影響を調べる。また研究6で用いた性別，社会的望ましさに加えて，研究1，2と同様にビッグファイブも統制変数に加えて検討を行う。

4-3-2　方　　法

参加者

　大学生，大学院生124名が実験に参加した。このうち，他のプレイヤーの行動がコンピュータのプログラムで操作されていることに完全に気がついた4名を除外し，最終的に120名を分析対象とした。参加者は男女比のバランスがほぼ等しくなるように，悲しみ表出条件（男性40名，女性20名，M_{age} = 20.55, SD = 1.81）と中立条件（男性39名，女性21名，M_{age} = 20.40, SD = 1.59）のどちらかにランダムに割り当てられた。

実験装置

　研究6と同様に，コンピュータ（ディスプレイ15.6インチ），テンキー，イヤーマフを参加者1名につき1組ずつ，4人分を用いた。また，他にコンピュータ1台を実験者用に用いた。

手続き

　基本的な手続きは研究6と同じであった。実験の約1週間前（M = 8.02日，SD = 2.86），参加者は情動コンピテンス尺度とビッグファイブ尺度にオンライン上で回答した。実験当日は，参加者は初対面の人どうしが4人同時に実験に参加した。参加者が3名だった場合は，実験補助者が参加者のふりをして実験

に参加した。実験室では，参加者は仕切りで分けられた個別のブースに1人ずつ座り，実験中は互いの姿が見えないようになっていた（部屋の配置は研究6と同じ）。実験参加に関する説明書および同意書の記入の後，参加者は社会的望ましさ尺度に回答し，サイバーボール課題に取り組み，操作チェックと他のプレイヤーの悲しみを和らげる動機の質問に回答した。その後，デブリーフィングを行い，実験の本当の目的，他のプレイヤーの行動はコンピュータでプログラミングされていたこと，結果を歪めないために異なる目的や手続きを伝える必要があったことを説明し，了解を得た。なお，本研究の手続きは京都大学大学院教育学研究科心理学研究倫理審査委員会に事前の承認を受けて実施した。

材　料

情動コンピテンス　　研究1で作成した，情動コンピテンスプロフィール日本語版を用いた。計50項目に「1．全く違うと思う」—「5．非常にそう思う」の5件法で回答を求めた。本研究では，クロンバックのα係数は，情動コンピテンス自己領域が.84，情動コンピテンス他者領域が.89であった。

ビッグファイブ　　TIPI-J（Gosling et al., 2003；日本語版：小塩他，2012）を用いた。外向性，神経症傾向，調和性，開放性，誠実性を測定する各2項目ずつから構成され，「1．全く違うと思う」—「7．強くそう思う」の7件法で回答を求めた。2項目間の相関係数は.27-.63であった。

社会的望ましさ　　社会的望ましさ尺度（Crowne & Marlowe, 1960；日本語版：北村・鈴木，1986）を用いた。計33項目に対して，2件法（はい／いいえ）で回答を求めた。本研究では，クロンバックのα係数は.74であった。

サイバーボール課題　　被排斥者の悲しみを和らげる行動を測定する課題として，サイバーボール課題（Williams et al., 2000）を用いた。研究6と同様に，練習試行では，参加者は実際に同時に入室した他の参加者とキャッチボールを行い，全部で10投球した後に課題は終了した。しかし，続く本試行では，参加者には画面上の他の3人のプレイヤーは他の参加者だと伝えていたものの，実際にはコンピュータのプログラミングで投球が操作されていた。他のプレイヤーの投球は，研究6およびWesselmann et al. (2013) と同様に，3名のう

ち2名のプレイヤー（排斥者）が残り1名のプレイヤー（被排斥者）を仲間はずれにするように設定していた。具体的には，排斥者はもう1人別の排斥者か参加者に対して等しい確率でランダムに投球し，被排斥者には投球しないようになっていた。被排斥者は他のすべてのプレイヤーに対して等しい確率でランダムに投球した。被排斥者の位置（左側／向かい側／右側）は参加者ごとにランダムに設定した。

さらにこれらの内容に加えて，参加者は自分のプレイヤーの顔表情を変化させることができた。画面上の各プレイヤーのそばには顔表情のイラストが表示されており（Figure 4-4），ゲーム開始時は中立の表情が表示されていること，ゲーム中に感情の変化があれば，その自分の感情と対応するキーを押して，自分のプレイヤーの顔イラストを変えられることが説明された。中立表情に変える時はnを，悲しみ表情に変える時はsを，怒り表情に変える時はaを，喜び表情に変えるときはhを押してイラストの変化を行った。

そして，条件間で被排斥者の顔表情を操作した。悲しみ表出条件では，参加者が10投球した後に，被排斥者の表情が中立から悲しみに変化した。中立表情条件では，被排斥者の表情は，はじめから終わりまで中立のままであった。どちらの条件でも，排斥者の表情ははじめから終わりまで中立のままであった。

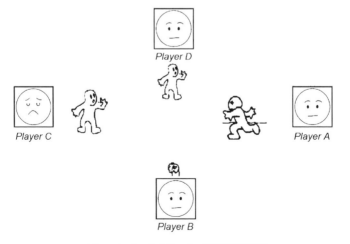

Figure 4-4　サイバーボール課題中の画面

本研究で用いた各情動の表情イラストをFigure 4-5に示した。これらの表情イラストの妥当性の検討のため、本実験とは異なる参加者41名（男性25名、女性16名、平均年齢20.51歳、$SD = 1.31$）を対象として、各情動の表情イラストを1枚ずつ呈示し、それぞれについて、悲しみ、怒り、楽しみ、中立の情動をどの程度表しているかを7件法で評定した（同様の手続きを用いている先行研究として、de Melo, Carnevale, Read, & Gratch, 2014）。この予備調査の結果をTable 4-2に示した。分散分析の結果、すべての種類の評定した情動について、表情イラスト間の主効果が見られた。Ryan法による多重比較の結果、すべての種類の表情イラストについて、対応する情動の評定値が最も高いことが示された（$ps<.001$）。これらの結果より、各情動の表情イラストは、想定通りの情動を表していることが確かめられた。

Figure 4-5　各情動の表情イラスト

Table 4-2　情動の表情イラストに対する評定値

評定した情動	表情イラスト				
	悲しみ	怒り	楽しみ	中立	
	M (SD)	M (SD)	M (SD)	M (SD)	F
悲しみ	6.29 (0.71)	3.24 (1.59)	1.71 (1.19)	3.00 (1.77)	106.85***
怒り	2.71 (1.60)	6.85 (0.42)	1.95 (1.38)	2.22 (1.44)	139.78***
楽しみ	1.17 (0.44)	1.22 (0.47)	6.88 (0.33)	3.76 (1.49)	391.74***
中立	2.54 (1.58)	1.71 (1.17)	3.85 (1.87)	6.20 (0.94)	95.03***

***$p<.001$
注）$N = 41$

操作チェック
　被排斥者の顔表情の操作が有効であったことを確認するため，「左側（向かい側／右側）のプレイヤーは課題中に悲しみの感情を感じていた」の1種類計3項目に7件法で回答を求めた。また，実験者の意図を目立たなくするため，各プレイヤーが課題中に楽しみの感情を感じていた程度についても，同様に回答を求めた。

　他プレイヤーの悲しみを和らげる動機　「あなたは，課題中に左側（向かい側／右側）のプレイヤーの悲しみの感情を和らげようとした」「あなたは，課題中に左側（向かい側／右側）のプレイヤーの楽しみの感情を高めようとした」の2種類計6項目に7件法で回答を求めた。この2種類の項目は有意に正に相関していたため（被排斥者に対する評定で $r=.65$, $p<.001$, 95% CI [.53, .74]，排斥者に対する評定で $r=.44$, $p<.001$, 95% CI [.28, .57]），合計得点を分析に用いた。

4-3-3　結　果
操作チェック
　参加者の被排斥者の悲しみの評定値について，悲しみ表出条件（$M=5.90$, $SD=1.30$）の方が中立条件（$M=3.48$, $SD=2.05$）よりも有意に高かった（$t(118)=7.70$, $p<.001$, $d=1.41$, 95% CI [0.83, 1.99]）。この結果より，操作は有効であったことが示された。

行動指標の意味の確認
　相関分析の結果，研究6と同じく，参加者が被排斥者に対してボールを投げた割合は，被排斥者に対する悲しみを和らげる動機の評定と有意に正に相関していた（$r=.46$, $p<.001$, 95% CI [.30, .59]）。また，参加者の回答傾向の影響を統制するため，排斥者に対する悲しみを和らげる動機を統制変数として偏相関分析を行っても，同様の結果が得られた（$r=.46$, $p<.001$, 95% CI [.30, .59]）。これらの結果より，参加者が被排斥者に対してボールを投げた割合は，被排斥者に対する悲しみを和らげる行動として解釈できることが示された。

被排斥者にボールを投げた割合の平均値

被排斥者にボールを投げた割合の平均値は，悲しみ表出条件（$M=42.42\%$, $SD=14.10$）でも中立条件（$M=39.92\%$, $SD=12.94$）でも，有意にチャンスレベル（33.33%）よりも離れていた（悲しみ表出条件：$t(59)=4.99$, $p<.001$, $d=0.64$, 95% CI [0.36, 0.92]；中立条件：$t(59)=3.94$, $p<.001$, $d=0.51$, 95% CI [0.24, 0.78]）。このことから，平均的には，参加者はどちらの条件でもボールをより多く投げることで被排斥者の悲しみを調整しようと試みていたことが示された。被排斥者にボールを投げた割合の平均値の条件差は有意ではなかった（$t(118)=1.01$, $p=.31$, $d=0.18$, 95% CI [-0.40, 0.76]）。

情動コンピテンスと被排斥者にボールを投げた割合との関連

情動コンピテンスと被排斥者にボールを投げた割合との関連を検討するため，相関分析を行った。情動コンピテンス，被排斥者にボールを投げた割合，統制変数間の相関係数をTable 4-3に示した。

研究6と同様に，情動コンピテンス他者領域は被排斥者にボールを投げた割合と有意に正に関連していた（$r=.24$, $p=.007$, 95% CI [.07, .40]）。また，予想に反して，情動コンピテンス自己領域も，被排斥者にボールを投げた割合と有意に正に関連していた（$r=.24$, $p=.008$, 95% CI [.07, .40]）[15]。

次に，他の要因を統制した上で，条件に応じて情動コンピテンスと被排斥者へボールを投げた割合が異なる可能性を検討するため，階層的重回帰分析を

---

[15] 情動コンピテンス自己領域が被排斥者へボールを投げる行動とどの程度関連していたのかを条件ごとに検討するために，性別，社会的望ましさ，ビッグファイブを統制した偏相関分析を行った。その結果，情動コンピテンス自己領域は悲しみ表出条件では被排斥者へボールを投げる行動と有意に正に関連していたが（$r=.33$, $p=.017$, 95% CI [.06, .55]），中立条件では両者の関連は有意ではなかった（$r=.16$, $p=.253$, 95% CI [-.12, .41]）。つまり，予期していなかった情動コンピテンス自己領域と被排斥者へボールを投げる行動との有意な関連は，主に悲しみ表出条件での相関によるものだった。共感研究では，他者のネガティブな情動を知覚した際，自己の情動調整は自分自身の苦痛を和らげ，自分本位ではない状態で相手のことを思いやる上で重要な役割を果たすことが示唆されている（Decety & Lamm, 2006）。つまり，刺激への反応による，知覚ベースの経路を用いて，他者の情動調整を行う際には，被排斥者の心的状態に注意を向けるため，自分自身の不快な情動を理解し調整することに，情動コンピテンス自己領域が重要な機能を果した可能性がある。しかし，重回帰分析において，情動コンピテンス自己領域と条件の交互作用は有意ではなかったため，この結果の解釈には注意が必要である。

4-3 〔研究7〕情動コンピテンスと被排斥者の悲しみを調整する行動との関連—被排斥者の悲しみ表出の調整効果—

Table 4-3 統制変数，情動コンピテンス，参加者が被排斥者にボールを投げた割合間の相関係数

	1	2	3	4	5	6	7	8	9	10	M	SD
1. 性別[a]											0.34	0.48
2. 社会的望ましさ	.14 [-.04, .32]										11.28	4.69
3. 外向性	-.02 [-.20, .16]	.14 [-.04, .31]									3.76	1.53
4. 調和性	.03 [-.15, .21]	.29** [.11, .44]	-.03 [-.21, .15]								4.61	1.28
5. 誠実性	.02 [-.16, .20]	.15 [-.03, .32]	.25** [.08, .41]	.04 [-.14, .22]							3.35	1.28
6. 神経症傾向	.18* [.01, .35]	-.13 [-.31, .05]	-.17 [-.34, -.01]	-.18 [-.35, .00]	-.24** [-.41, -.07]						4.37	1.34
7. 開放性	-.07 [-.24, .11]	.14 [-.04, .31]	.45*** [.30, .58]	.10 [-.08, .27]	.35*** [.18, .50]	-.22* [-.38, -.04]					4.19	1.38
8. 条件[b]	-.02 [-.19, .16]	-.02 [-.20, .15]	.06 [-.12, .24]	-.19* [-.36, -.01]	.08 [-.10, .26]	-.10 [-.27, .08]	-.01 [-.19, .17]				0.50	0.50
9. 情動コンピテンス 自己領域	.05 [-.13, .23]	.25** [.08, .41]	.39*** [.22, .53]	.28** [.10, .43]	.25** [.08, .41]	-.54*** [-.66, -.40]	.39*** [.22, .53]	-.06 [-.23, .12]			3.14	0.50
10. 情動コンピテンス 他者領域	-.02 [-.20, .16]	.34*** [.18, .49]	.47*** [.32, .60]	.22* [.04, .39]	.41*** [.24, .55]	-.35*** [-.50, -.19]	.38*** [.22, .53]	-.07 [-.25, .11]	.66*** [.55, .75]		2.98	0.57
11. 被排斥者にボールを投げた割合	.20* [.03, .37]	.13 [-.05, .31]	.16 [-.02, .33]	-.06 [-.24, .12]	.13 [-.06, .30]	-.03 [-.21, .15]	.00 [-.18, .18]	.09 [-.09, .27]	.24** [.07, .40]	.24** [.07, .40]	41.17	13.53

$p<.05$, ** $p<.01$, *** $p<.001$
注) $N=120$．[a]男性 = 0，女性 = 1．[b]中立 = 0，悲しみ表出 = 1

行った。Aiken & West（1991）に従い，結果を解釈しやすくするため，すべての連続変数の独立変数は中心化した値を用いた。第1ステップでは，統制変数として，性別（男性＝0，女性＝1），社会的排斥，外向性，調和性，神経症傾向，開放性，誠実性を投入した。第2ステップでは，条件（中立条件＝0，悲しみ表出条件＝1），情動コンピテンス自己領域，情動コンピテンス他者領域を投入した。第3ステップでは，情動コンピテンス自己領域×条件の交互作用を投入し，第4ステップでは，情動コンピテンス他者領域×条件の交互作用を投入した。結果をTable 4-4に示した。予想通り，情動コンピテンス他者領域×条件の交互作用の係数が有意であったため，下位検定として，単純傾斜

Table 4-4　階層的重回帰分析の結果

独立変数	B	95% CI	t	ΔR^2
第1ステップ				.10
切片	38.33	[34.56, 42.09]	20.19***	
性別[a]	4.02	[-1.22, 9.25]	1.52	
社会的望ましさ	0.22	[-0.33, 0.77]	0.79	
外向性	0.48	[-1.39, 2.34]	0.51	
調和性	-1.61	[-3.68, 0.47]	-1.53	
誠実性	0.48	[-1.60, 2.56]	0.46	
神経症傾向	1.47	[-0.75, 3.69]	1.31	
開放性	-1.53	[-3.55, 0.50]	-1.50	
第2ステップ				.07*
条件[b]	2.73	[-2.10, 7.55]	1.12	
情動コンピテンス自己領域	2.71	[-6.66, 12.09]	0.57	
情動コンピテンス他者領域	9.30	[1.03, 17.57]	2.23*	
第3ステップ				.00
情動コンピテンス自己領域×条件	9.89	[-2.67, 22.45]	1.56	
第4ステップ				.03*
情動コンピテンス他者領域×条件	-11.80	[-22.95, -0.65]	-2.10*	
Total R^2				20*

*p<.05, ***p<.001
注）N=120，係数は最終モデルの非標準化係数。[a]男性＝0，女性＝1，[b]中立＝0，悲しみ表出＝1

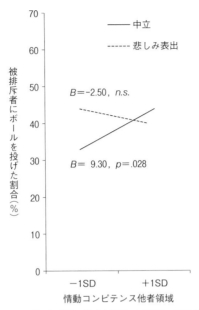

Figure 4-6　被排斥者へボールを投げた割合に対する情動コンピテンス他者領域と条件の交互作用の効果

の分析を行った (Figure 4-6)。その結果, 中立条件では, 情動コンピテンス他者領域は被排斥者にボールを投げた割合と有意に関連していた ($B=9.30, p=.028, 95\%$ CI [1.03, 17.57])。一方, 悲しみ表出条件では両者の間に有意な関連は見られなかった ($B=-2.50, p=.557, 95\%$ CI [-10.91, 5.91])。これらの結果より, 被排斥者の表情が中立のままの時に, 情動コンピテンス他者領域の個人差は被排斥者の悲しみを調整する行動に対して強く現れることが示された。

4-3-4　考　察

研究7では, 被排斥者の悲しみ表出の有無に応じて情動コンピテンスと被排斥者の悲しみを和らげる行動との関連の強さが変わる可能性を検討した。実験の結果, 被排斥者が悲しみ情動を表出していない時に, 情動コンピテンスの個人差は, その人の悲しみを和らげる行動として強く現れてくることが示された。

情動コンピテンスと関連した分野である共感研究では, 共感的な反応を生み

出す経路として，対象の心的状態の情報が十分ある時に用いられる刺激への反応による知覚ベースの経路と，他者の心的状態の情報が十分ない時に用いられる抽象的な推測ベースの経路の2つが提案されている（Engen & Singer, 2013; Singer & Lamm, 2009）。悲しみが表出されていない時，参加者は抽象的な推測ベースの経路を用いて，状況の情報（例：2人のプレイヤーが対象にボールを投げていない）に基づき，被排斥者の情動を推測しなければならない。このような状況では，人はメンタライジングのようなトップダウンの過程を用いて，他者の情動の推測を行うことになる（Singer & Lamm, 2009）。情動コンピテンス他者領域が高い人は，状況の情報に基づいて他者の感情を推測する能力が高かったために，被排斥者が悲しみを表出していない状況で重要な役割を果たしたと考えられる。それに対して，被排斥者が悲しみを明示的に表出している時は，参加者は，刺激への反応による知覚ベースの経路を用いて，共感的反応を生み出していたと考えられる。先行研究では，人が他者の情動に関する感覚情報を知覚した時は，それと同じ情動を自動的に感じることで，他者の情動を認識することが示唆されている（Decety & Lamm, 2006）。この自動的な過程はトップダウンの処理ではないために，情動コンピテンス他者領域が低い人であっても，被排斥者へ向けた情動調整を十分促進するほどに，被排斥者の悲しみを感じ取ることができた可能性が高い。そのため，悲しみ表出条件では，情動コンピテンス他者領域と行動指標との間に有意な関連が見られなかったと考えられる。

情動コンピテンスと他者の情動調整との関連を検討した先行研究（Austin & O'Donnell, 2013; Austin et al., 2014）では，質問紙を用いて，他者の情動調整の全般的な傾向を測定していたために，どのような状況で，情動コンピテンスの個人差がより問題になるかを検討することができていなかった。本研究は，共感研究の理論に基づき，被排斥者の情動表出の有無を操作することで，どのような状況で他者の情動調整に対して情動コンピテンスの個人差が問題になるのか，その一端を明らかにすることができた。研究8では，状況要因から個人内要因に研究の焦点を切り替え，個人が持つ目標が，情動コンピテンスと他者の情動調整に及ぼす影響を検討する。

4-4 〔研究8〕情動コンピテンスと被排斥者の報復行動に対する関与の仕方との関連―報復の意図の高低に応じた検討―

4-4-1 問　題

　個人が持つ目標は，情動をどのように調整するかということに対して大きな影響を及ぼす。近年の研究では，情動コンピテンスが高い人は，一般的に望ましいとされる結果を達成するためではなく，自己の目標に応じてそれを達成するように情動を調整する可能性が示唆されている（Austin, Farrelly, Black, & Moore, 2007; Kilduff, Chiaburu, & Menges, 2010; Nagler, Reiter, Furtner, & Rauthmann, 2014; O'Connor & Athota, 2013）。しかし，これらの研究では，自己愛傾向，マキャヴェリアニズム，調和性など，パーソナリティ特性を測定することで間接的に個人の目標を測定しており，また従属変数も自己報告による全般的な行動傾向を尋ねている。そのため，対人的な場面で参加者が持つ特定の目標や他者の情動調整行動が直接測定できていない。そこで，研究8では，行動指標を測定するとともに，参加者の行動の意図を尋ねることで，情動コンピテンスが高い人は，自己の目標に応じてそれに従い他者の情動的な行動を調整しようとする可能性を直接検討する。

　Williams（2009）は，今後の社会的排斥研究の課題として，2人以上の人が同時に排斥される状況における，個人の反応や行動を検討することを挙げている。この状況では，被排斥者は互いに慰め合うこともできる一方で，より簡単に排斥者に対する怒りを高めることもできる。排斥経験後には，被排斥者の報復行動が増加することが先行研究では繰り返し示されているが（e.g., Leary, Twenge, & Quinlivan, 2006; Lelieveld, Moor, Crone, Karremans, & van Beest, 2012; Twenge, Baumeister, Tice, & Stucke, 2001; Will, Crone, & Guroglu, 2015），報復は怒りなどの情動と関連するため，他者の情動調整という観点から見ると，他の被排斥者が報復行動を試みている際に，その人の報復行動に関与する仕方に対して，情動コンピテンスが影響を及ぼす可能性がある。

　以上を踏まえ，研究8では，個人が持つ目標が，情動コンピテンスと他者の情動調整との関連に及ぼす影響を検討する。具体的な仮説としては，社会的排斥を経験した後に，情動コンピテンス他者領域の高さは，報復の意図が低い人

では他者の報復行動を抑制する関与に結びつくが，報復の意図が高い人では他者の報復行動を支持する関与に結びつくという内容を検討する。

4-4-2 方　　法

参加者

　大学生，大学院生81名が実験に参加した。このうち，他のプレイヤーの行動がコンピュータのプログラムで操作されていることに気がついた1名を除外し，最終的に80名を分析対象とした。参加者は排斥条件（男性26名，女性14名；平均年齢20.5歳，$SD = 2.17$）か，受容条件（男性26名，女性14名；平均年齢20.3歳，$SD = 2.98$）に男女比が同じになるように無作為に割り当てられた。

実験装置

　研究6，7と同じく，コンピュータ（ディスプレイ15.6インチ），テンキー，イヤーマフを参加者1名につき1組ずつ，4人分を用いた。また，他にコンピュータ1台を実験者用に用いた。

手続き

　参加者は初対面の人どうしが4人同時に実験に参加した。参加者が3名だった場合は，実験補助者が参加者のふりをして実験に参加した。参加者は別室に集められた後に，実験室に移動し，仕切りで分けられた個別のブースに1人ずつ座った（実験室の配置は研究6，7と同じ）。その後，実験者から実験の概要の説明を受けた後に，情動コンピテンス尺度に回答し，サイバーボール課題の説明を受けた。さらに，本研究では一通り参加者に説明がされた後，「いま，何人かのプレイヤーに追加の指示を送りました。画面の下部にメッセージが出ていれば，その人は，指示を受けたプレイヤーです。その人は，声に出さずに指示を読んでください。なお，この指示に従うかどうかは強制ではなく，参加者の自由です」という説明を受けた。実際には誰に対しても指示はないが，後に生ずる排斥の原因帰属の可能性を高めることを意図して，この手続きを行った[16]。その後，参加者はイヤーマフを装着し，実験者の合図で参加者はサイバーボール課題を始め，練習試行，本試行に順番に取り組んだ。課題終了後，参加

者は，操作の確認とサイバーボール課題中の情動を尋ねる質問に回答した[17]。

次に，参加者は勧告ゲームに参加した。勧告ゲームの説明として，画面に提示されるプレイヤー名と配置はさきほどのゲームと同じであること，ゲームのルールが伝えられた後に，ゲームを開始した。ゲーム終了後，参加者はゲーム中の報復の意図を測定する質問に回答した。その後，デブリーフィングを行い，実験の本当の目的，他のプレイヤーの行動はコンピュータでプログラミングされていたこと，結果を歪めないために異なる目的や手続きを伝える必要があったことを説明し，了解を得た。本研究の手続きは京都大学大学院教育学研究科心理学研究倫理審査委員会に事前の承認を受けて実施した。

課　題

サイバーボール課題　　社会的排斥を操作する課題としてサイバーボール課題（Williams et al., 2000）を用いた。本研究では 4 人でキャッチボールを行うものを用いた。参加者には画面上の他の 3 人のプレイヤーは同時に入室した他の参加者だと伝えられたが，実際にはコンピュータのプログラミングで投球が操作されていた。画面では 4 人のプレイヤーがひし形（手前，向かい側，左側，右側）に配置され，手前のプレイヤーを参加者自身と想定させた。参加者は練習試行，本試行の順に課題に参加した。練習試行では，どちらの条件でも他のプレイヤーはランダムにボールを投げた。本試行では，排斥条件でははじめに 2 回ずつ参加者と向かい側のプレイヤーにボールが投げられるが，残りの投球は左右両側の 2 人のプレイヤー間のみでボールが投げられた。受容条件では，

---

16) 参加者がこの手続きに対して排斥が起こる原因を帰属したことを確認するため，勧告ゲーム後に報復の意図を回答した後に，「キャッチボール課題の練習試行の後に，一部のプレイヤーに対して追加の指示が送られました。この指示の内容は具体的にどのようなものだったのかを推測してお書きください。」という質問に自由記述で回答を求めた。記述内容を分析した結果，排斥条件 40 名のうち 34 名が，「左右のプレイヤーが途中から互いにボールを投げ続けること」に触れていた。この結果より，本研究で用いた追加の指示を与える手続きは，後に生ずる排斥の原因帰属の可能性を高めることに対して有効に働いたと言える。

17) キャッチボール課題の目的がイメージを心に思い浮かべる経験がもたらす影響の検討であると参加者が信じる可能性を高めるため，この他に参加者は他のプレイヤーについてイメージに最も近い色（赤，青，黄，緑，白，黒）と動物（ライオン，オオカミ，シマウマ，ウサギ，イヌ，ネコ）を選択する質問に回答した。この質問は，あくまで参加者に実験者が説明した目的を信じさせる可能性を高めるためのものであったため，結果の報告は割愛する。

他のプレイヤーはランダムにボールを投げた。練習試行は10回，本試行は40回ボールが投げられた後に課題は終了した。

勧告ゲーム　自己の報復行動と他者の報復行動への関与を測定する課題として，最後通牒ゲーム（Güth, Schmittberger, & Schwarze, 1982）をもとに独自に作成した勧告ゲームを用いた。プログラムはJavaを用いて作成した（ゲーム中の画面はFigure 4-7を参照）。この課題では，はじめにくじにより，1名が分配役，1名が被分配役，2名が勧告役に割り当てられた。次に，分配役が被分配役との1000ポイントの分配割合を100ポイント単位で1～9の数字を1つ選んで決定した。そして，被分配役が「受諾」（分配役が提案した分配内容で分配役と被分配役がポイントを受け取る）か，「拒否」（分配役の提案を受諾せず，両者ともポイントはもらえない）のどちらかを仮決定した。次に仮決定を受けて，勧告役が被分配役に受諾すべきか拒否すべきかを勧告し，この勧告を踏まえて被分配役が受諾か拒否を最終決定した。この一連の流れを1試行とし，12試行（分配役，被分配役が各3試行，勧告役が6試行）行った。各選択はすべて15秒以内に行い，各プレイヤーの決定内容は，その後に選択を行うプレイヤーのみが知ることができた。具体的には，分配役の提案内容は被分配役と勧告役，被分配役の1回目の選択は勧告役，勧告役の勧告内容は被分配役が知ることができ，被分配役の2回目の選択はゲーム終了時まで他のプレ

Figure 4-7　勧告ゲーム中の画面

イヤーが知ることはできなかった。なお，実際には他のプレイヤーはすべてプログラムで操作されていた。また，獲得したポイントは，ゲーム終了時点での獲得額の多さに応じて，最大500円までの追加報酬になることが教示の段階で参加者に伝えられた。実際には，すべての参加者が500円の基本報酬に加えて，最大金額の500円の追加報酬を受けとった。

　本研究では，以下の状況を，参加者が報復行動を試みている被排斥者に対してどのように関与するのかを測定する状況として用いた（Table 4-5の1，2の状況）。初めに，左か右側のプレイヤー（排斥条件では排斥者）が分配役，向かい側のプレイヤーが被分配役（排斥条件では，もう1名の被排斥者）左か右側のプレイヤーのうち分配役ではない方の人と参加者が勧告役に割り当てられた。そして，分配役が1000ポイントのうち，400ポイントを渡す提案を被分配役に対して行った。この分配額の提案は，「公平」であると捉えられることが先行研究で示されている（Harle & Sanfey, 2007; Koenigs & Tranel, 2007; Takahashi et al., 2012）。次に，被分配役である向かい側のプレイヤーはこの提案に対して，「拒否」の選択をした。この行動は，分配役が追加のポイントを得ることを妨げることで，被分配役が分配役に対して報復を行っている状況であると認識できる（Crockett, Clark, Tabibnia, Lieberman, & Robbins, 2008; Pillutla & Murnighan, 1996; Takahashi et al., 2012）。そして，次の勧告者としての参加者の選択を，行動指標の測定対象とした。もしこの状況で参加者が被分配役に対して提案を「受諾」するように勧告した場合，この行動は被分配役に報復を止めてポイントを最大化した方が得であることを気づかせる行動になる。一方，この状況で，参加者が被分配役に対して提案を「拒否」するように勧告した場合，この行動は被分配役の報復行動を支持する関与になる。このように，この状況で，参加者が被分配役に対して提案を受諾するように勧告するか，拒否するように勧告するかを，報復行動を試みている他者の情動を調整する行動として，分析に用いた。

　参加者は，上記の2試行（分配役が左側のプレイヤーの場合と右側のプレイヤーの場合）に加えて，Table 4-5の3〜12に示した他の状況の試行（例：参加者が分配役に割り当てられる）にも取り組んだ。これらの状況における他のプレイヤーの行動は，向かい側のプレイヤーが左右のプレイヤーに対して損

Table 4-5 勧告ゲームで設定した条件一覧

	プレイヤーの配役					各プレイヤーの行動内容			
	分配役	被分配役	勧告役1	勧告役2	分配役の分配内容	被分配役の選択	勧告役1の勧告内容	勧告役2の勧告内容
参加者が勧告役								
1	左側	向かい側	参加者	右側	600：400	拒否	参加者が選択	―
2	右側	向かい側	参加者	左側	600：400	拒否	参加者が選択	―
3	向かい側	左側	参加者	右側	800：200	拒否	参加者が選択	―
4	向かい側	右側	参加者	左側	800：200	受諾	参加者が選択	―
5	左側	右側	参加者	向かい側	600：400	受諾	参加者が選択	―
6	右側	左側	参加者	向かい側	600：400	受諾	参加者が選択	―
参加者が被分配役								
7	左側	参加者	右側	向かい側	600：400	参加者が選択	受諾	拒否
8	右側	参加者	左側	向かい側	600：400	参加者が選択	受諾	拒否
9	向かい側	参加者	左側	右側	600：400	参加者が選択	受諾	拒否
参加者が分配役								
10	参加者	左側	右側	向かい側	参加者が選択	―	―	―
11	参加者	右側	左側	向かい側	参加者が選択	―	―	―
12	参加者	向かい側	左側	右側	参加者が選択	―	―	―

をするような行動をする点と，左右のプレイヤーは公平に近い振る舞いをすることを考慮して決定した。プレイヤーの配役の順番（12通り）は参加者間でランダムに設定した。参加者が分配役か被分配役の時の左右のプレイヤーへの行動は自己の報復行動を反映しており，参加者が勧告役の時の向かい側のプレイヤーへの勧告は前述した通り他者の報復行動への関与を反映していた。また，参加者が分配役の場合は提案内容のうち自分の取り分が多いほど報復行動の強さを反映し，参加者が被分配役か勧告役の場合は，受諾が報復行動の抑制を，拒否が報復行動を反映しているとした。

質問項目

情動コンピテンス　研究2で作成した改訂版WLEISを用いた。計16項目に「1．全く当てはまらない」―「6．非常によく当てはまる」の6件法で回答を求めた。本研究では，クロンバックの α 係数は，情動コンピテンス自己領域で.81，情動コンピテンス他者領域.82だった。

操作の確認　「あなたは全体の試行のうちで何％ボールを受け取りましたか（Zadro et al., 2004; 0-100の数字で回答）」「あなたはゲーム中に他のプレイヤーから仲間に入れてもらえた（Zadro et al., 2004;「1．全く当てはまらない」―「7．非常によく当てはまる」の7件法）」「向かい側のプレイヤーはゲーム中に他のプレイヤーから仲間に入れてもらえた（「1．全く当てはまらない」―「7．非常によく当てはまる」の7件法）」の3項目に回答した。

サイバーボール課題中の情動　「あなた（左側／向かい側／右側のプレイヤー）はゲーム中に怒りの感情を感じていた」「あなた（左側／向かい側／右側のプレイヤー）はゲーム中に悲しみの感情を感じていた」「あなた（左側／向かい側／右側のプレイヤー）はゲームを楽しみの感情を感じていた」の12項目に「1．全く当てはまらない」―「7．非常によく当てはまる」の7件法で回答した。

勧告ゲームでの報復の意図　「次の各文の内容は，あなたがゲームで選択を行った際の気持ちにどの程度当てはまりますか？」のリード文の後に，「さっき仲間はずれにされた仕返しをしようと思った」「さっき仲間はずれにされたことを意識して振る舞った」「他のプレイヤーを仲間はずれにしたプレイヤー

も，そうでないプレイヤーも，同じ扱いをしようと思った（逆転項目）」の3項目（$\alpha=.76$）に「1．全く当てはまらない」—「7．非常によく当てはまる」の7件法で回答した。

4-4-3 結　果

操作の確認

　社会的排斥の操作が有効であったことを確認するために，操作の確認の質問に対する回答の条件差をt検定で検討した。その結果，排斥条件の参加者（$M=2.15, SD=1.03$）は，受容条件の参加者（$M=4.33, SD=1.77$）よりも有意に低く仲間に入れてもらえたと回答した（$t(78)=6.71, p<.001, d=1.51$, 95% CI [1.00, 2.00]）。さらにボールを受け取った割合も，排斥条件の参加者（$M=10.85\%, SD=6.46$）の方が受容条件の参加者（$M=23.35\%, SD=7.56$）よりも有意に少なかったと回答した（$t(78)=7.95, p<.001, d=1.78$, 95% CI [1.25, 2.30]）。最後に，向かい側のプレイヤーについても，排斥条件（$M=2.00, SD=1.01$）の方が受容条件（$M=5.22, SD=1.29$）よりも有意に低く仲間に入れてもらえたと回答した（$t(78)=12.43, p<.001, d=2.78$, 95% CI [2.16, 3.40]）。以上の結果より，社会的排斥の操作は有効であったことが確認された。

サイバーボール課題中の情動

　怒り，悲しみ，楽しみの各項目について，条件差を検討した。各項目の平均値と標準偏差はTable 4-6に示した。

　怒　り　怒りについて，2（条件：排斥，受容）× 4（プレイヤー：参加者，向かい側，左側，右側）の分散分析を行った結果，交互作用が有意であった（$F(3, 234)=7.05, p<.001, \eta_p=.08$）。プレイヤーごとの単純主効果の検定の結果，参加者と向かい側のプレイヤーは排斥条件の方が受容条件よりも評定値が高かった。また，左側と右側のプレイヤーは条件間で有意差は認められなかった。

　悲しみ　悲しみについて，2（条件：排斥，受容）× 4（プレイヤー：参加者，向かい側，左側，右側）の分散分析を行った結果，交互作用が有意であった（$F(3, 234)=8.29, p<.001, \eta_p=.10$）。プレイヤーごとの単純主効果の

Table 4-6 サイバーボール課題中の情動の平均値および標準偏差

	排斥条件 ($n=40$)	受容条件 ($n=40$)	t (78)	d [95% CI]
怒り				
参加者	3.65 (1.75)	2.58 (1.80)	2.71**	0.60 [0.15, 1.06]
向かい側	4.48 (1.62)	2.56 (1.45)	5.54***	1.24 [0.75, 1.72]
左側	2.48 (1.40)	2.30 (1.29)	0.58	0.13 [-0.32, 0.58]
右側	2.80 (1.74)	2.73 (1.80)	0.19	0.04 [-0.40, 0.49]
悲しみ				
参加者	4.25 (1.88)	3.10 (1.88)	2.74**	0.61 [0.16, 1.07]
向かい側	4.95 (1.34)	2.88 (1.60)	6.28***	1.40 [0.91, 1.90]
左側	2.27 (1.32)	2.12 (1.24)	0.52	0.09 [-0.33, 0.56]
右側	2.35 (1.25)	1.92 (1.23)	1.53	0.35 [-0.11, 0.79]
楽しみ				
参加者	2.65 (1.42)	4.00 (1.45)	-4.20***	-0.94 [-1.41, -0.47]
向かい側	2.10 (1.30)	4.17 (1.55)	-6.49***	-1.45 [-1.95, -0.95]
左側	4.92 (1.65)	4.28 (1.20)	2.01*	0.44 [0.00, 0.90]
右側	4.95 (1.50)	4.80 (1.26)	0.48	0.11 [-0.34, 0.55]

*$p<.05$, **$p<.01$, ***$p<.001$
注）括弧内の値は標準偏差

検定の結果，参加者と向かい側のプレイヤーは排斥条件の方が受容条件よりも評定値が高かった。左側と右側のプレイヤーは排斥条件と受容条件で有意差は認められなかった。

楽しみ 楽しみについて，2（条件：排斥，受容）× 4（プレイヤー：参加者，向かい側，左側，右側）の分散分析を行った結果，交互作用が有意であった（$F(3, 234)=21.60$, $p<.001$, $\eta_p=.22$）。プレイヤーごとの単純主効果の検定の結果，参加者と向かい側のプレイヤーは排斥条件の方が受容条件よりも評定値が低かった。左側のプレイヤーは排斥条件の方が受容条件よりも評定値が高かった。右側のプレイヤーは条件間で有意差は認められなかった。

情動コンピテンスがサイバーボール課題中の情動に及ぼす影響

情動コンピテンスがサイバーボール課題中の情動の評定値に影響を及ぼして

いた可能性を検討するために，性別（男性 = - 1, 女性 = 1）情動コンピテンス自己領域，情動コンピテンス他者領域，実験条件（排斥条件 = 1, 受容条件 = - 1），情動コンピテンス自己領域×実験条件の交互作用，情動コンピテンス他者領域×実験条件の交互作用を独立変数とし，プレイヤーごとの各情動（プレイヤー4×情動3の12種類）を従属変数とした重回帰分析を行った。連続変数の独立変数は中心化した値（各変数からその変数の平均値を引いた値）を用いた（Aiken & West, 1991）。分析の結果，向かい側の悲しみに対してのみ，情動コンピテンス自己領域×実験条件の交互作用が有意だった（B = -0.08, p = .006, 95% CI [-0.13, -0.02]）。単純傾斜を検討した結果，受容条件で情動コンピテンス自己領域の単純傾斜が有意（B = 0.10, p = .019, 95% CI [0.02, 0.17]）だったが，排斥条件では有意ではなかった（B = -0.06, p = .121, 95% CI [-0.14, 0.02]）。以上より，情動コンピテンスと社会的排斥による情動の強さの評定値との関連は認められなかった。

情動コンピテンスと報復を試みている他者への関与との関連

本研究では，左もしくは右のプレイヤーから公平な提案を受けているにもかかわらず，向かい側のプレイヤーが「拒否」を選択した状況を見て，参加者が向かい側のプレイヤーに「受諾」を勧告した割合を，報復を試みている他者への関与の仕方を表す行動指標として用いた。この受諾勧告率は条件間で有意な差は見られなかった（排斥条件 56.25%；受容条件 53.75%；Mann-Whitney U test, z = 0.32, p = .75）。この条件を含めた勧告ゲームでの参加者の行動の平均値をTable 4-7に示した。

次に，情動コンピテンスが報復を試みている他者への関与の仕方に及ぼす影響を検討するために，一般化線形混合モデリングを用いて分析を行った。分析には，R3.2.0 および lme4パッケージ（Bates, Maechler, Bolker, & Walker, 2014）を用いた。リンク関数はロジットを使用し，従属変数は受諾 = 1, 拒否 = 0でダミー変数化した指標を用いた。参加者の効果はランダム効果として取り扱い，連続変数の独立変数は中心化した値を使用し，推定法は制限付き最尤法を用いて分析した。そして，固定効果の独立変数として，性別（男性 = - 1, 女性 = 1），実験条件（排斥条件 = 1, 受容条件 = - 1）×情動コンピテン

Table 4-7　勧告ゲームでの参加者の行動の平均値

	排斥条件	受容条件
参加者が勧告役の時		
左／右側の提案に対する向かい側の選択への受諾勧告率	56.25%	53.75%
向かい側の提案に対する左／右側の選択への受諾勧告率	28.75%	20.00%
左／右側の提案に対する右／左側の選択への受諾勧告率	60.00%	65.00%
参加者が被分配役の時		
左／右側からの提案に対する1回目の受諾率	70.00%	77.50%
左／右側からの提案に対する2回目の受諾率	92.50%	96.25%
向かい側からの提案に対する1回目の受諾率	82.50%	82.50%
向かい側からの提案に対する2回目の受諾率	97.50%	97.50%
参加者が分配役の時		
左／右側への分配時の自分の取り分	5.71 (0.97)	5.96 (0.92)
向かい側への分配時の自分の取り分	5.65 (1.49)	5.88 (1.07)

注）括弧内の値は標準偏差

ス自己領域×報復の意図の交互作用，実験条件×情動コンピテンス他者領域×報復の意図の交互作用とその下位要素を用いて分析を行った。その結果，情動コンピテンス他者領域×報復の意図の交互作用（$B=-0.026, p=.037, 95\%$ CI $[-0.051, -0.002]$）と，実験条件×情動コンピテンス他者領域×報復の意図の交互作用の偏回帰係数が有意だった（$B=-0.031, p=.014, 95\%$ CI $[-0.057, -0.006]$）。他の偏回帰係数は有意ではなかった（$ps>.054$）。

有意な交互作用が見られたため，Jaccard（1991）の手続きに従い，報復の意図について±1SDの値を報復の意図高，報復の意図低とし，単純傾斜を検討した（Figure 4-8）。その結果，排斥条件で報復の意図が低い時には情動コンピテンス他者領域の単純傾斜が正の値で有意（$B=0.155, p=.040, 95\%$ CI $[0.007, 0.302]$）だった。また，排斥条件で報復の意図が高い時には情動コンピテンス他者領域の単純傾斜が負の値で有意（$B=-0.307, p=.008, 95\%$ CI $[-0.532, -0.082]$）だった。受容条件では，報復の意図の高低に関わらず情動コンピテンス他者領域の単純傾斜は有意ではなかった（$ps>.772$）。以上より，社会的排斥を経験した後に，情動コンピテンス他者領域の高さは，報復の意図が低い人

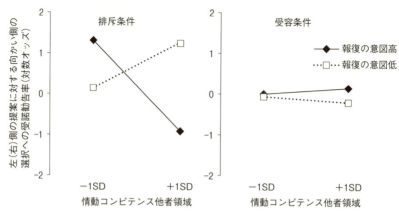

Figure 4-8 左／右側の提案に対する向かい側の選択への受諾勧告率に及ぼす情動コンピテンス他者領域と報復の意図の交互作用の効果

では他者の報復行動を抑制する関与に結びつくが，報復の意図が高い人では他者の報復行動を支持する関与に結びつくことが示された。

情動コンピテンスと報復の意図との関連

情動コンピテンスと報復の意図との関連を検討するために，排斥条件の参加者を対象として相関分析を行った。その結果，情動コンピテンス自己領域（$r=.10$, $p=.536$, 95% CI [−.22, .40]），情動コンピテンス他者領域（$r=.21$, $p=.196$, 95% CI [−.11, .49]）のいずれも報復の意図との有意な相関が認められなかった。

追加分析

排斥条件において，情動コンピテンスが高い人は，他の役割（例：分配役・被分配役）の場合でも自分の報復の意図に応じて，それに合わせて行動していたのかを検討するために，追加分析を行った。

参加者が被分配役の時 排斥条件の参加者を対象として，左側／右側のプレイヤーからの提案に対する選択内容を従属変数とし，性別，情動コンピテンス自己領域×報復の意図の交互作用，情動コンピテンス他者領域×報復の意図の交互作用とその下位要素を固定効果の独立変数として分析を行った結果，1

回目，2回目の選択ともに，いずれの情動コンピテンスの主効果，交互作用も有意ではなかった（$ps>.276$）。向かい側のプレイヤーからの提案に対する選択内容についても同様の分析を行った結果，1回目，2回目の選択ともに，いずれの情動コンピテンスの主効果，交互作用も有意ではなかった（$ps>.110$）。

参加者が分配役の時　　左側／右側のプレイヤーへの分配内容について，従属変数が2値ではなく連続変数であることを考慮してidentityをリンク関数に使用して同様の分析を行った結果，いずれの情動コンピテンスの主効果，交互作用も有意ではなかった（$ps>.312$）。また，向かい側のプレイヤーへの分配内容についても，いずれの情動コンピテンスの主効果，交互作用も有意ではなかった（$ps>.088$）。

4-4-4　考　　察

　研究8では，個人が持つ目標が，情動コンピテンスと他者の情動調整との関連に及ぼす影響を検討した。仮説通り，社会的排斥を経験した後に，情動コンピテンス他者領域の高さは，報復の意図が低い人では他者の報復行動を抑制する関与に結びついていた。一方，報復の意図が高い人では，情動コンピテンス他者領域の高さは他者の報復行動を支持する関与に結びついていた。つまり，情動コンピテンス他者領域が高い人は，自分の報復の意図に応じて，それに合わせて他者の報復行動に関与することが示された。

　本研究の結果は，情動コンピテンスが高い人は，一般的に望ましいとされる結果を達成するためではなく，自己の目標に応じてそれを達成するように情動を調整する可能性を示唆する近年の研究結果と一致している（Austin et al., 2007; Kilduff et al., 2010; Nagler et al., 2014; O'Connor & Athota, 2013）。しかし，これらの研究では，自己愛傾向，マキャヴェリアニズム，調和性など，パーソナリティ特性を測定することで間接的にしか個人の目標を測定できておらず，また従属変数も自己報告による全般的な行動傾向の測定に留まっていた。本研究では，これらの限界を克服するために，参加者の行動の意図を尋ねるとともに，行動指標を用いて他者の情動調整を測定することで，より直接的に上記の可能性を実証的に明らかにした。このように実験手法を用いて，初めて直接的に，情動コンピテンスが高い人は自己の目標に応じて他者の情動調整を行

うことを示した点に，本研究の意義がある。

　情動コンピテンスは，自己領域と他者領域ともに，報復の意図とは有意な相関が見られなかった。本研究では，参加者は初対面の人どうしであり，実験終了後もその後の対人関係が続くわけではなかった。そのため，参加者は報復を抑制して排斥の加害者と協力することで自分自身の報酬を最大化することも，被排斥者に罰を与えることも，どちらも妥当な行動であると考えた可能性がある。このような理由のため，情動コンピテンスと報復の意図との間に有意な相関が見られなかったと考えられる。本研究では，報復に対する参加者の価値観（例：報復はいつも抑制すべき／報復は相手の行動を是正できるため重要な機能もある）を尋ねていないため，今後はこのような価値観と情動コンピテンスとの関連を調べていくことが求められる。

　情動コンピテンスは，排斥経験時の各プレイヤーの情動の評定値とは有意に関連していなかった。情動には，日常生活において適応的な反応を促す機能がある。たとえば，怒りは脅威刺激からの防衛につながり（Levenson, 1999），悲しみには，何か良くない出来事が生じているのをその人に伝える機能がある（Schwarz, 1990）。このように，排斥経験の直後には，ネガティブな情動は適応的に働いていたために，情動コンピテンスが高い人であっても，ネガティブな情動を調整する必要性は低かったと考えられる。さらに，本研究の排斥状況は，サイバーボール課題の手続きに従い，左右のプレイヤーが互いにボールを投げ合うという顕著な状況を用いた。このような顕著な状況では，参加者は比較的容易に排斥された他者の悲しみを推察することができたために，情動コンピテンスの個人差の影響が見られなかったと考えられる。

　最後に，本研究の主な検討対象ではないものの，勧告ゲーム時の参加者の分配役・被分配役の行動に関しても分析を行ったが，情動コンピテンスとの間に有意な関連が認められなかった。分配役時の行動に関して，本研究で用いた勧告ゲームでは，最後通牒ゲーム（Güth et al., 1982）と同じく，相手が拒否権を持っていたため，あまりに利己的な分配内容を提案した場合は，相手に拒否される可能性が存在した。そのため，相手に拒否されることで自分の追加報酬が少なくなる可能性を考慮したために，情動コンピテンスの個人差にかかわらず，利己的な分配方法を抑制したと考えられる。また，参加者が被分配役の時

も，情動コンピテンスと左右のプレイヤーからの提案に対する選択内容の間に関連は見られなかった。多くの研究で，6：4の提案に対しては大多数が受諾を選択することが示されている（e.g., Harle & Sanfey, 2007; Koenigs & Tranel, 2007; Takahashi et al., 2012）。本研究でも，たとえ排斥の加害者からの提案であっても，大多数が受諾を選択しており，拒否を選択して自分の追加報酬を放棄して相手に報復するよりも，自分の追加報酬を増加させることを優先させたと考えられる。このように，指標に天井効果が見られたために，情動コンピテンスと選択内容の関連が認められなかったと考えられる。

4-5　第4章のまとめ

　第4章では，情動コンピテンスと社会的な場面での他者の情動調整行動との関連を検討するために，対人関係上の問題が生じた場面として，「他者が排斥されている状況」を設定し，その時の被排斥者の情動を調整する行動に対して情動コンピテンスの個人差がどのように現れてくるのかを検討した。実験手法を用いて3つの研究を行った結果，情動コンピテンス他者領域が高い人は，実際に被排斥者の悲しみを和らげる行動を実行し（研究6），この関係は，対象の情動表出がなく，他者の情動調整が困難な場面において強く現れることが示された（研究7）。また，個人の目標を考慮に入れると，情動コンピテンス他者領域が高い人は，自分自身の目標に合わせて，他者の情動を調整しようとすることが示された（研究8）。

　パーソナリティ心理学の社会的認知理論では，個人が外的状況と効果的に相互作用し，自分の行動を意味づけ，自分自身の目標や基準に従って行動を実行する際の心的メカニズムを解明することで，どのように環境への適応と結びつくのかを明らかにすることを目指している（Bandura, 1999; Caprara et al., 2013; Cervone et al., 2001; Mischel & Shoda, 1995, 1998）。本章では，この社会的認知理論の視座を取り入れ，初めて社会的な場面での行動を実験手法により捉えることにより，情動コンピテンスが高い人が，良好な人間関係を形成するため，自分自身の能力を他者に向けてどのように使っているのかを，特に他者の情動調整という観点から新たに明らかにした。

第5章　総合考察

5-1　得られた結果のまとめ

　本書の目的は，情動コンピテンスの測定方法は既存の特性理論に基づく質問紙法を踏襲し，この方法の日本への適用可能性を調べるとともに，パーソナリティ心理学における社会的認知理論の視座を取り入れ，情動コンピテンスの成長を促す要因や，社会的な場面での他者の情動調整行動との関連を明らかにすることであった。得られた結果をFigure 5-1にまとめた。以下，前章までに示した8の研究から得られた結果を概観する。

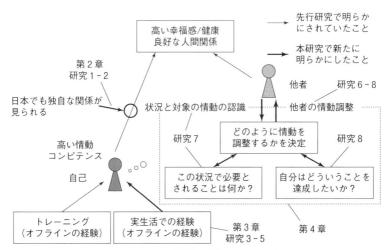

Figure 5-1　本研究で明らかにしたこと

5-1-1　日本における情動コンピテンスの位置づけ

　第2章では，2つの調査研究を通じて，日本における情動コンピテンス尺度の適用可能性を調査した。

　研究1では，自己の情動と関連する能力である「情動コンピテンス自己領域」と，他者の情動と関連する能力である「情動コンピテンス他者領域」の2つを区分して包括的に測定できる尺度として，情動コンピテンスプロフィール（Brasseur et al., 2013）に着目し，日本のデータと，原尺度が開発された国であるベルギーのデータを用いて，尺度の心理測定学的特性の国際比較を行った。その結果，日本とベルギー間で，尺度の測定不変性と構造不変性が確認されるとともに，ビッグファイブや適応と関連する指標に関して西洋の先行研究と同等の相関が見られ，基準関連妥当性も確認された。さらに，適応と関連する指標との相関はビッグファイブの影響を統制しても有意なままであり，日本においても，情動コンピテンスはビッグファイブとは異なる独自の概念として捉えられることが示された。

　研究2では，実施時の時間的制約の問題や，回答者への負担を緩和するために，より項目数の少ない尺度が実際上必要になることがしばしばあることを踏まえ，計16項目の改訂版WLEISを作成し，その心理測定学的特性を検討した。その結果，情動コンピテンス自己領域と他者領域の2つの因子から構成され，十分な信頼性と基準関連妥当性が認められた。また，適応と関連する指標との相関は，ビッグファイブの影響を統制しても有意なままであり，ビッグファイブとの弁別性も示された。

　このように，第2章の2つの研究を通じて，情動コンピテンス尺度は日本人にも十分適用可能であり，適応と関連する指標に対しても情動コンピテンスは重要な役割を果たすことが示された。また，パーソナリティ特性との弁別性も認められた。これらの結果より，従来数多くの研究が行われてきた西洋の国々と同様に，日本においても，情動コンピテンスは研究を進める価値がある独自の重要な概念であることが示唆された。

5-1-2　ストレス経験と情動コンピテンスの成長

　第3章では，情動コンピテンスの成長要因に対するオンラインでの経験の影

響を明らかにするために，3つの調査研究を通じて，ストレス経験時に自他の情動を上手く扱う経験が，トレーニングのように働き，情動コンピテンスの成長に寄与する可能性を検討した．

　研究3では，これまでで最もストレスが大きかった経験を想定させ，自己領域と他者領域の区分に基づき，レジリエンスの高さがストレス経験からの成長を導き，その結果として情動コンピテンスの高さに結びつく可能性を検討した．その結果，ストレス経験時に自己領域のレジリエンスを活かして取り組んだ人は，その経験を通じて自己をより信頼するようになり，さらにその成長を通じて，情動コンピテンスの自己領域および他者領域の両方を高める影響を与えたことが示された．また，他者領域のレジリエンスを活かして取り組んだ人は，その経験を通じて他者をより受容するようになり，さらにその成長を通じて，情動コンピテンスの他者領域を高める影響を与えたことが示された．

　研究4では，ストレス対処研究に基づいて，大学入試期間において，認知的評価がストレス対処を促し，そのストレス対処が情動コンピテンスの成長を促す可能性を検討した．その結果，認知的評価によりストレス対処が促され，ストレス対処の中でも，自己活用接近対処と他者活用対処が情動コンピテンスの成長感と正に関連することが示された．また，自己活用回避対処は，自己活用接近対処や他者活用対処を促す形で，間接的に情動コンピテンスの成長感の向上に貢献しており，回避的な認知的評価をしていないほど，自己活用回避対処は，自己活用接近対処および他者活用対処を促すことも明らかになった．

　研究5では，横断研究に留まっていた研究3，4を発展させ，因果関係を明らかにするために，定期試験期間の自他の情動調整行動が，情動コンピテンスの変化と正に関連する可能性を検討する縦断研究を行った．その結果，自己の情動調整行動のうち，肯定的再解釈と気晴らしが，情動コンピテンス自己領域と他者領域の両方の変化と正に関連していた．さらに，他者の情動調整行動のうち肯定的再解釈のサポートと情動表出のサポートも，情動コンピテンス自己領域と他者領域の両方の変化と正に関連していた．これらの結果は，自己の情動を調整する経験を他者の情動を上手く扱うことに応用したり，逆に他者の情動を調整する経験を自己の情動を上手く扱うことに応用したりするというように，自他の情動を扱うことの間に相互作用が存在することが示唆するものであ

る。

　このように第3章の3つの研究を通じて，ストレス経験時に，自他のネガティブな情動に適切に対処する経験が情動コンピテンスの成長と結びつくことを明らかにした。

5-1-3　情動コンピテンスと被排斥者に向けた情動調整行動

　第4章では，情動コンピテンスと社会的な場面での他者の情動調整行動との関連を明らかにするために，対人関係上の問題が生じた場面として，「他者が排斥されている状況」を設定し，その時の被排斥者の情動を調整する行動に対して情動コンピテンスの個人差がどのように現れてくるのかを，3つの実験研究を通じて検討した。

　研究6では，質問紙を通じて測定された情動コンピテンスが，実際にプレッシャーがかかり，自らの行為が実際の結果を生み出すような状況での，他者の情動を調整する行動と関連するのかを検討した。そして，情動コンピテンス他者領域の得点が高い人ほど，被排斥者の悲しみを和らげる行動を実際に行うことが明らかになった。さらに，この関連は社会的望ましさの影響を統制しても認められた。

　研究7では，共感の理論（e.g., Singer & Lamm, 2009）に基づき被排斥者の悲しみ表出の有無を操作することで，どのような状況において，情動コンピテンスの個人差が他者の情動調整行動に対して強く現れてくるのかを検討した。その結果，被排斥者が悲しみ情動を表出しておらず，状況の情報に基づいて他者の感情を推測しなければならない時に，情動コンピテンス他者領域の個人差は被排斥者の悲しみを和らげる行動に対して表れてくることが示された。

　研究8では，状況要因から個人内要因に研究の焦点を切り替え，情動コンピテンスが高い人は，自分自身の目標に合わせて，他者の情動を調整しようとする可能性を検討した。その結果，社会的排斥を経験した後に，情動コンピテンス他者領域の高さは，報復の意図が低い人では他者の報復行動を抑制する関与に結びついていた。一方，報復の意図が高い人では，情動コンピテンス他者領域の高さは他者の報復行動を支持する関与に結びついていた。つまり，情動コンピテンス他者領域が高い人は，自分の報復の意図に応じて，それに合わせて

他者の報復行動に関与することが示された。

このように，第4章の3つの研究を通じて，情動コンピテンス他者領域が高い人は，自分自身の目標に合わせて，対象の情動表出がなく，他者の情動調整が困難な場面であっても，他者の情動調整を実際に行うことが示された。

5-2 本研究の意義

5-2-1 学術的意義

本研究の学術的意義は大きく3つある。1つ目は，より力動的な観点を取り入れた情動コンピテンスのモデルの構築に向けて，外的状況と個人が相互作用する中でどのように情動コンピテンスが育まれ，この能力が社会的な場面での具体的な反応や行動にどのように活かされるのかを新たに明らかにした点である。第1章で概観した通り，これまでの情動コンピテンス研究では，情動コンピテンスが全般的な適応と関連する指標（例：幸福感，良好な人間関係の形成）に対して重要な役割を果たすとともに，トレーニングを行うことで高められることが明らかにされていた。これらの研究は情動コンピテンスの重要性やその変化の可能性を明らかにする上で大きな役割を果たしてきたが，一方で，社会的な文脈の影響や個人の情報処理過程をほとんど考慮せずに，全般的な特性を記述的に検討することに留まっていた（Matthews et al., 2012; Ybarra et al., 2012）。そのため，外的状況と個人が相互作用する中でどのように情動コンピテンスが育まれ，これらの能力が社会的な場面での具体的な反応や行動にどのように活かされるのかが不明なままとなっていた。

本書では，この課題の解決に向けて，パーソナリティ心理学における社会的認知理論（Bandura, 1999; Cervone et al., 2001; Mischel & Shoda, 1995, 1998）の視座を取り入れ，外的状況と個人が相互作用する中でどのように情動コンピテンスが育まれるのかを，ストレス経験時の対処の影響という観点から新たに明らかにした（研究3～5）。さらに，情動コンピテンスが社会的な場面での具体的な反応や行動にどのように活かされるのかを，排斥経験時の被排斥者の情動調整行動という観点から新たに明らかにした（研究6～8）。

パーソナリティ心理学においても，特性理論で扱われる全般的な特性と，社

会的認知理論で扱われる外的状況との相互作用との関連を検討することで，ある特性がなぜ適応と結びつき，その特性がどのような要因で成長するのかを明らかにしていくことの重要性が指摘されている（Caprara et al., 2013; Fleeson & Jayawickreme, 2015; Jackson et al., 2012; Moeller, Robinson, & Bresin, 2010）。本研究は，このようなパーソナリティ心理学での議論を情動コンピテンス研究に当てはめ，実証的に研究を行うことで，より力動的な観点を取り入れた情動コンピテンスのモデルの構築への道を切り開いた点に意義がある。

　2つ目は，情動コンピテンスの構成要素を自己領域と他者領域に区分し，この区分に基づき両者の共通性や独自性を新たに明らかにした点である。社会的な場面では，人は自己の情動だけでなく，他者の情動も調整することが知られており（e.g., Zaki & Williams, 2013），このことを反映して，多くの情動コンピテンス研究では，自己の情動を認識し調整する能力に加えて，他者の情動を認識し調整する能力も下位要素に含めている（e.g., Brasseur et al., 2013; Mikolajczak et al., 2014）。実際に，研究1，2の因子分析の結果から，両者は独自の因子として捉えられることが，複数の尺度間で一貫して示された。また，研究6-8の結果より，情動コンピテンス自己領域と他者領域間で，被排斥者に対する情動調整行動との関連の強さが異なっていたことから，やはり両者には独自な要素があると考えられる。

　その一方で，本書の研究結果からは，両者には共通する要素があることも示唆されている。まず，研究1，2の結果より，情動コンピテンス自己領域と他者領域の間には.54-.66と比較的強い相関が認められていた。さらに，研究3，4，5では，ストレス経験時に自分自身のネガティブな情動を調整する経験が，情動コンピテンス自己領域のみならず他者領域の成長にもつながることが示されており，また，研究5では，他者のネガティブな情動を調整する経験が情動コンピテンス他者領域のみならず自己領域の成長にもつながることが示された。両者の相違点について，自己の情動を対象とする能力では自分自身を内省するメタ認知的な能力が求められる一方で，他者の情動を対象とする能力では自他の違いを踏まえて，他者の内面を認識し働きかける能力が求められると考えられるが，研究5の結果が示唆するように，情動の機能や情動調整の方略（例：肯定的再解釈，気晴らしなど）に関する知識は，両者で共通していると考えら

れる。社会的動物である人の心を検討していく上で，自己に関する処理と他者に関する処理の相互作用を明らかにしていくことは，非常に重要な研究課題である（Frith & Frith, 2012）。特に，情動コンピテンスの関連分野である，情動調整研究では，大多数の研究は自己の情動調整を扱っていたため，これらの先行研究で得られた知見や理論が，他者の情動調整に対してどのように活かすことができるのかを検討していくことは，今後解決すべき大きな課題とされている（Gross, 2015b）。本書は，この問題に対して，新たな知見を提供できた点に意義があると言える。

　3つ目は，情動コンピテンス研究を日本で進めることの重要性や意義を新たに明らかにした点である。元々研究が進められてきた西洋の国々に加えて，近年は世界中の研究者から情動コンピテンスに関心が持たれ始めている（Ekermans et al., 2011; Li et al., 2012）。このように，元々理論が発展してきた地域とは異なる文化的背景を持つ地域でも研究を進めなければ，その理論が他の国に対してどの程度一般化可能なのかを明らかにすることができない（van de Vijver & Leung, 2001）。特に，情動コンピテンスの関連要素である，他者の情動を同定する時に注意を払う観点や，有効に働く情動調整方略などには，西洋と東洋の間で差があることが明らかにされており（e.g., Cohen & Gunz, 2002; De Leersnyder et al., 2013; Masuda et al., 2008; Miyamoto et al., 2014），情動コンピテンスの心理的測定学的特性や機能に関して，日本を含めた東洋の国でも同様の結果が見られるかを検討することは重要な研究課題とされている（Ekermans, 2009）。

　本書では，適応と関連する指標との関連を検討してきた従来の日本における情動コンピテンス研究（e.g., 阿部他, 2012；豊田, 2013, 2014）を発展させ，国際的なデータを用いることで，異なる国で研究を進めていく上で前提となる測定不変性が確認されることを初めて明らかにした（研究1）。さらに，研究1，2，6～8の結果から，日本においても，情動コンピテンスは，適応と関連する指標や社会的な行動に対して独自に重要な役割を果たすことが示された。このように本書の研究結果は，西洋の国々と同様に，日本においても，情動コンピテンスは独自の概念として研究を進める価値がある重要な概念であることを示唆しており，情動コンピテンスの文化間での共通点や相違点に関する理論を

新たに発展させていく上で，重要な知見を提供できた点に意義がある。

5-2-2 実践的意義

　本研究の実践的意義は大きく2つある。1つ目は，実生活での行動が情動コンピテンスを成長させうることを新たに明らかにした点である。そもそも，一般の人からも情動コンピテンスが大きな関心を集めるようになった背景には，社会での成功や，幸福感・自尊感情などの増大を目指す上で，情動コンピテンスを高めることで，これらを実現することに対する強い期待があった（遠藤，2013）。このような期待を踏まえ，これまでの情動コンピテンスを高める方法を検討した研究では，トレーニングプログラムを用いて，その効果を検討し，情動コンピテンスは向上可能であることを明らかにしてきた（e.g., Abe et al., 2013; Kotsou et al., 2011; Nelis et al., 2011）。しかし，トレーニングを受ける機会は限られていることや，トレーニングの効果を定着していく上で日常経験に基づくフィードバックが重要であることを踏まえると，情動コンピテンスが実生活のオンラインでの経験を通じて成長する可能性を検討することも重要である。情動コンピテンスは，自己や他者の情動が複雑に交錯する社会的な場面において，何らかの解決すべき課題が生じた時に，重要な役割を果たすことが想定されている。このような場面で真に機能するコンピテンスは，周囲の人から適切な対応をしてもらったり，自ら何らかの解決策を見出したりするといった実体験から生み出されるところが大きい可能性は，理論的には指摘されていた（遠藤，2013；Kotsou et al., 2011; Nelis et al., 2011）が，これらの理論的な指摘を受け，本書の研究3〜5では，情動コンピテンスを成長させる上で，困難に直面した際の効果的な対処方法の在り方を初めて示し，外的状況と個人が相互作用する中でも情動コンピテンスが成長しうることを初めて明らかにした。このように，情動コンピテンスの成長要因について，オンラインでの経験の影響を初めて明らかにした点に，本研究の実践的な意義がある。

　2つ目は，情動コンピテンスを高めることが，結局どのような社会的な行動の違いと結びつくのか，どのような状況でより情動コンピテンスの個人差は問題になるのかを新たに明らかにした点である。情動コンピテンスを高める方法を一般の人々に向けて提案する際には，単に情動コンピテンスの測定値が向上

することを説明するだけでは不十分であり，情動コンピテンスを高めることによりどのようなことができるようになるのか，どのような過程で社会的にポジティブな成果と結びつくのか，また情動コンピテンスを高めるだけでは達成できないことは何なのかということについても，十分に説明を果たしていく責任がある。しかし，これまでの情動コンピテンス研究では，単に情動コンピテンスの高さは結果としてポジティブな影響をもたらすことを検討した論文が主流であったこともあり，情動コンピテンスを高めることの意義やそれが意味するところを十分説明できないままとなっていた。本書の研究6～8では，行動指標を用いて情動コンピテンスと社会的排斥経験時の他者への関わりを検討することで，社会的な機能という観点から情動コンピテンスの概念を明確化することを初めて試みた。これにより，今後，情動コンピテンスを高める意義や限界についてより説得力を持った議論を発展させていく上で，新たな視点から貢献することができた点にも意義がある。

■ 5-3　残された課題とGrossの拡張版プロセスモデルの適用可能性

5-3-1　残された課題

　社会的認知理論では，自己を様々なメカニズムが協調して働くことで機能する認知‐感情のシステムとして捉える（Bandura, 1999; Mischel & Shoda, 1995, 1998）。しかし，ここまでの研究では，このシステムがどのようなものであるかについて，その一端を明らかにすることはできたが，十分なモデル化ができなかった。このように，情動コンピテンスの背後にある心的過程が十分示されていないことは，情動コンピテンス研究全体が抱える問題としても指摘されている（e.g., Fiori, 2009; Matthews et al., 2012; Ybarra et al., 2013）。

　このような状況を受け，Peña-Sarrionandia et al. (2015) は，従来情動を理解し認識する際の個人差に焦点を当ててきた「情動コンピテンス研究」と，情動調整を実行する際の心的過程に焦点を当ててきた「情動調整研究」を統合することで，情動を適切に扱う能力に関して，その心的過程と個人差の包括的な説明が行えるようになる可能性を提唱している。最も影響力のある情動調整のモデルに，Grossのプロセスモデル（Gross, 1998; Gross & Thompson, 2007）

があるが，近年，Grossはこのモデルの拡張版を提唱している。そこで，本節では，情動コンピテンスの背後にある認知-感情のシステムを具体的にモデル化する上で，Grossの拡張版プロセスモデルの適用可能性を議論する。

5-3-2 　情動生成のモーダルモデルと情動調整のプロセスモデル

Grossのモデルでは，情動生成（emotion generation）と情動調整（emotion regulation）を区分して扱う（レビューとして，Gross, Sheppes, & Urry, 2011）。このうち，情動生成の過程として提案しているモデルが，モーダルモデル（modal model; Gross & Thompson, 2007）である。このモデルでは，状況（situation），注意（attention），評価（appraisal），反応（response）の4つの過程により情動生成を捉える（Figure 5-2上）。この過程は，まず「状況」から始まる。この「状況」は，外的状況（例：ヘビが自分のところに近づいてくる）だけでなく，個人の内的な状況（例：ヘビに襲われるかもしれないという考え）も含めたものとなっている。このような外的／内的状況に「注意」が向けられ，関連する目標と照らし合わせて状況の意味が「評価」されることで，経験的・行動的・生理的変化が生まれ，情動的な「反応」が生じるとされる。さらに，情動的な反応はしばしば状況の変化をもたらすため（例：泣きの表出により他者の怒りが共感に変わるなど），反応から状況への矢印が引かれている。

次に，情動調整のモデルとして提案されているのが，プロセスモデル（process model; Gross, 1998; Gross & Thompson, 2007; 日本語での解説として，榊原，2014a）である。このモデルでは，情動生成のモーダルモデルに基づき，どの時点で調整を行うかに応じて，情動調整方略を，状況選択（situation selection），状況修正（situation modification），注意の方向づけ（attention deployment），認知的変化（cognitive change），反応調整（response modulation）の5つに分類する（Figure 5-2下）。状況選択と状況修正では，外的環境への直接的な制御が，注意の方向付けと認知的変化では，自身の心理的・身体的状態などの内的側面への制御が，そして反応調整では，それまでの段階を経て生じた感情反応の制御が，それぞれ行われる。そして，情動は経時的に変化し，また各方略によって必要な認知的負荷が違うため，どの時点で情動調整方略を行うかに

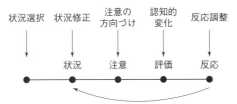

Figure 5-2　情動生成のモーダルモデルと情動調整のプロセスモデル
(Gross, 2014より許可を得て転載, 筆者訳)

よって，もたらされる結果が異なることを予測する。実際に，このプロセスモデルは，その簡便さから数多くの情動調整研究で用いられており，異なる情動調整方略がもたらす結果や神経科学的な基盤が明らかにされてきている（メタ分析として，Buhle et al., 2014; Webb, Miles, & Sheeran, 2012）。

5-3-3　拡張版プロセスモデル

　従来のプロセスモデルは情動調整研究に大きな影響を与えてきたが，このモデルでは，様々な情動調整方略がどのように選択されたり，開始されたり，止めたりされるのかということについて，十分な説明ができていなかった。この問題を解決するために提案されたのが，拡張版プロセスモデルである（Gross, 2015a）。

　拡張版プロセスモデルは，感情（affect）と同じように，情動は価値評価（valuation）と関連するという考えから始まる。ここでの価値評価とは，感情を定義する際の特徴である「自分にとって良いか（快）」，「自分にとって悪いか（不快）」の区別のことである。価値評価のシステムには様々な種類（例：脊髄反射，皮質下の回路，皮質の処理過程）が提案されているものの（Elliot, 2006），これらのシステムには共通の特徴がある。これを図示したのが，

146　第5章　総合考察

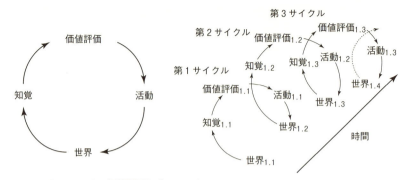

Figure 5-3　価値評価のプロセス（Gross, 2015aより許可を得て転載，筆者訳）

Figure 5-3である。

　この図では，「世界（world）」は内的もしくは外的世界のことを指し，「知覚（perception）」はシステムが注意を向けた内容や物の知覚を意味する。そして，「価値評価（valuation）」は知覚した内容や物が無関係か，自分にとって良いか，自分にとって悪いかという評価のことを指し，この評価は世界の表象と自分が望む目標状態との比較により行われる。最後に，「活動（action）」は，知覚された世界の状態と自分が望む世界の状態の乖離の解消のために価値評価によって生み出される活動インパルスのことを意味する。なお，この活動は，精神的なもの（例：ある表象の活性の強さを増加させる）と，身体的なもの（例：心臓活動の活性化）の両方を含んでいる。

　この価値評価システムの最も重要な部分は，その動的な側面である。Figure 5-3に示した通り，ある価値評価のサイクルによって生み出された活動インパルスは，別の価値評価サイクルを引き起こす「世界」としての側面も持つ。この内的・外的世界のサイクルごとの変化は，Figure 5-3では，「世界」の添え字で表されている（世界$_{1.1}$，世界$_{1.2}$など）各サイクルでの「世界」の変化は，知覚の変化を導き，続く価値評価と活動の変化も引き起こす。そのため，価値評価システムは循環し続け，目標状態と世界の乖離が閾値を下回った場合に，価値評価システムは不活性することになる。

　さて，日常生活では，多くの異なる価値評価システムがしばしば同時に活性化される。それぞれの価値評価システムはある状況の異なる側面に対して敏感

に働き，状況に対する評価と関連する活動インパルスを生み出すことになる。このように複数の価値評価システムが同時に活性化されるということは，しばしば価値評価システム間での相互作用が生じるということでもある。この相互作用は，たとえば友人と一緒に論文を書いている場合における，友人と一緒の時間を過ごすことの喜びと，論文執筆へと駆り立てるアイディアに対する興味のように，互いに協力的に働くこともある。一方で，暖かいベッドの中にいたいものの，長期的な健康のためにランニングにも行きたいといった状況のように，価値評価システム間で葛藤が生じることもある。このような状況では，2つの対立する動機の折り合いをつけなければならない。この葛藤は受動的に解決されることもあれば（この場合より強い活動インパルスに従うことになる），他の価値評価システムによる裁定が必要とされることもある。

　このような価値評価システムの相互作用は，拡張版プロセスモデルの核となる考えである。情動調整は，ある価値評価システム（情動調整のシステム：第2レベル価値評価システム）がもう1つの価値評価システム（情動生成のシステム：第1レベル価値評価システム）を対象として，それがポジティブに働いているかネガティブに働いているかの評価を行い，第1レベル価値評価システムの活動を修正させることを意図して活動インパルスを作動させる現象として捉えられる。この説明を図示したのが，Figure 5-4 である。この図から分かる通り，第2レベルの価値評価システムが影響を受け，また活動の影響を与える「世界」は，情動生成の第1レベルの価値評価システムである。また，煩雑になるのを避けるため，Figure 5-4 からは省略したが，Figure 5-3右で説明した通り2つの価値評価システムの相互作用は経時的に生じることが想定されている。

　より具体的な例として，Gross（2015a）では，第1レベルの価値評価システムの「世界」として「自分の子どもたちが，高齢の親族の家で不作法に振る舞っている場面」を挙げて説明を行っている。この場面では，「知覚」は自分の子どもの不作法な振る舞いの知覚になり，「価値評価」は，現在の世界（不作法に振る舞う子どもたち）と自分が望ましいと思う世界の表象（行儀良く振る舞う子どもたち）との乖離により活性化される。ネガティブな価値評価は，活動インパルス（経験的・行動的・生理的な変化）を引き起こし，怒りを構成

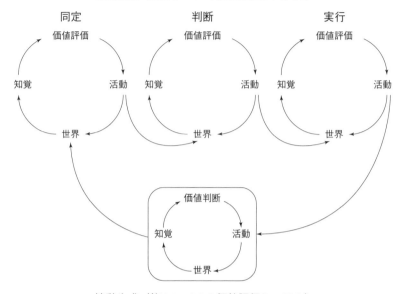

Figure 5-4　情動調整の拡張版プロセスモデル（Gross, 2015aより許可を得て転載，筆者訳）

することになる。ここまでが，Figure 5-4 における第1レベルの価値評価システム（情動生成のシステム）である。次に，自分自身の怒りは，第2レベルの価値評価システムにおける「世界」となり，第2レベルの価値評価システムとして自分の怒りを「知覚」することになる。この状況で自分の子どもに向けて怒りを表出しないのが自分の目標であるならば，自分の怒りをネガティブなものとして「価値評価」し，「活動」として自分の怒り経験や表出を抑制することになる。そして，自分の第2レベルの価値評価システムにおける世界の知覚と自分の調整目標が合致するまで，この過程が続けられることになる。

　一般的に，第2レベルの価値評価システムが第1レベルの価値評価システムに影響を与える際には，5種類の方法がある。それは，(1) 自分が経験するであろう世界を変更する（状況選択），(2) 外的世界を変える（状況修正），(3) 世界のどの部分を知覚するかを変える（注意の方向づけ），(4) 世界をどのように認知的に表象するかを変える（認知的変化），(5) 情動と関連する活動を

修正する（反応調整）の5つであり，元々のプロセスモデルと対応した内容となっている。

また，Figure 5-4に示したように，拡張版プロセスモデルでは，情動調整の第2レベルの価値評価システムとして，（1）同定段階（identification stage），（2）選択段階（selection stage），（3）実行段階（implementation stage）の3つの異なる段階を区分する（同様の区分をしているモデルとして，Bonanno & Burton, 2013; Webb, Schweiger Gallo, Miles, Gollwitzer, & Sheeran, 2012）。情動調整の初めの段階が，「同定段階」である。この段階では，第1レベルの価値評価システムにより情動が引き起こされ，それを知覚した時，その情動を調整対象の候補として評価し，調整するかどうかを決定する。つまり，同定段階では「知覚」として情動に気づき，「価値評価」として調整が必要なほどその情動がネガティブもしくはポジティブかを判断し，もしそうであるならば「活動」として情動調整の目標の表象を賦活させ，内的世界を変化させることになる。

同定段階での「活動」により，情動調整の目標が賦活されることで，情調整の次の段階である「選択段階」が引き起こされる。ここでは，情動調整方略の選択が主に行われる。はじめに，「知覚」のステップとして，取りうる情動調整方略が表象される。次に，これらの方略が，利用可能な認知的・生理学的な資源や，情動の強さなどの条件に照らし合わせて，「価値評価」のステップで評価される。たとえば，効果的な調整方略として，情動の強度が弱い場合には人は再解釈を選好し，情動の強度が強い場合には気晴らしを選好することが明らかにされている（Sheppes, Scheibe, Suri, & Gross, 2011; Sheppes et al., 2014）。そして，「活動」の出力は，ある方略を使うという目標の賦活になる。

選択段階の「活動」で，ある情動調整方略の表象が賦活されることにより，「実行段階」が始まる。実行段階では，一般的な方略（例：認知的再解釈）を，自分が経験している特定の状況に適した方策（例：無視を，意図的な侮辱ではなく，たまたま生じた過失と考える；McRae, Ciesielski, & Gross, 2012）に変換させる。この変換を行うために，「知覚」のステップでは，「世界」の関連する特徴と，特定の方略を実行する多様な方法を表象しなければならない。そして，「価値評価」のステップで，これらの多様な方策は評価され，最も有望なもの

が選ばれる。そして，「活動」のステップの出力として，選ばれた方策が実行され，第一レベルの情動生成の価値評価システムが調整されることになる。

このような情報処理過程を想定することで，拡張版プロセスモデルでは，情動調整を実行する心的過程を包括的に説明している。

5-3-4 拡張版プロセスモデルの適用可能性

それでは，情動コンピテンスの背後にある認知 - 感情のシステムを具体的にモデル化する上で，この拡張版プロセスモデルは，どのように活かすことができるだろうか。まず，拡張版プロセスモデルは，自己の情動調整のみを説明しているため，他者の情動調整も同様の枠組みで説明可能であるかを検証する必要がある。本書でも繰り返し見てきた通り，情動コンピテンスには，拡張版プロセスモデルが説明する「自己の情動に関する能力」だけでなく，他者の情動調整を含めた「他者の情動に関する能力」も，重要な下位概念として含まれていた。また，情動調整研究でも，近年の社会的な場面における情動調整を検討することの重要性を述べた研究では，自己の情動調整だけでなく，他者の情動調整も含めてモデル化することの重要性が指摘されている (e.g., Zaki & Williams, 2013)。これらの背景を受けて提案するモデルがFigure 5-5である。

このモデルは，他者の情動調整を実行する側である「人物A」と，他者の情動調整の受け手となる「人物B」の処理過程で構成されている。先に議論した通り，自己の情動生成のシステムへ影響を与える過程として捉えられる自己の情動調整に対して，他者の情動調整は他者の情動生成のシステムに対して影響を与える過程として捉えることができる。また，この他者の情動調整のシステムも，自己の情動調整のシステムと同じように，（1）同定段階，（2）選択段階，（3）実行段階の3つの異なる段階に区分できる。つまり，「同定段階」では，他者の「知覚」した時，その情動は調整が必要なほどネガティブもしくはポジティブかを「価値評価」し，もし必要であるならば情動調整の目標の表象を賦活させる「活動」を行うことになる。そして，次の「選択段階」では，「知覚」のステップとして，取り得る情動調整方略を表象し，条件に照らし合わせて各方略を「価値評価」し，出力としてある方略を使うという目標を賦活させる「活動」を行う。最後に，「実行段階」では，「知覚」のステップとして「世

5-3 残された課題とGrossの拡張版プロセスモデルの適用可能性　151

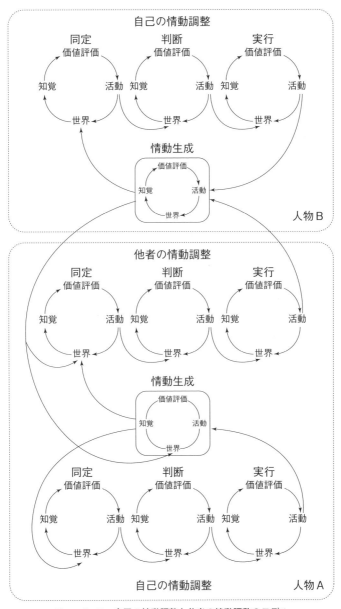

Figure 5-5　自己の情動調整と他者の情動調整のモデル

界」の関連する特徴と，特定の方略を実行する多様な方法を表象し，これらの多様な方策を「価値評価」し，「活動」として選ばれた方策が実行され，他者の第1レベルの情動生成の価値評価システムの調整を試みることになる。

　また，この他者の情動調整を実行する際には，調整の実行者自身が感じる情動も重要な役割を果たすと考えられる。先行研究では，ある情動を感じている他者を観察している際に，自分がその情動を経験した場合と同様の脳領域の賦活が見られることが報告されている（Mobbs et al., 2009; Singer, Seymour, O'Doherty, Kaube, Dolan, & Frith, 2004; Wicker, Keysers, Plailly, Royet, Gellese, & Rizzolatti 2003）。このように，観察者側にも自分が経験した場合と同様の脳領域が賦活することで，代理的情動（vicarious emotions）を感じることは，他者の情動を理解する一助にとなるとされているため（Niedenthal & Brauer, 2012），Figure 5-5のモデルでも，「人物B」の情動生成システムから「人物A」の情動生成システムへの矢印を引くとともに，「人物A」内でも情動生成システムから，他者の情動調整システムの同定段階の「世界」への矢印を引くことで，このことを表現している。

　さらに，自己が他者の情動を代理的に感じたとしても，自他の区別が適切に行われなかったために，それが個人的な苦痛となった場合は，他者への共感的な関心が抑制されることになる（Decety & Lamm, 2006; Singer & Lamm, 2009）。そのため，他者への共感を持つためには，自己の情動を適切な強度へ調整することが重要であることが示されている（Lamm, Batson, & Decety, 2007; López-Pérez & Ambrona, 2015）。このような先行研究を受け，Figure 5-5のモデルでも，「人物A」内にも自己の情動調整のシステムを描き，自己の情動生成システムを変えることで，間接的に他者の情動調整のシステムにも影響を与えることを想定している。

　なお，図が煩雑になるのを避けるため，Figure 5-5からは省略したが，他者の情動調整に関しても，自己の情動調整の場合と同様に，「人物A」の他者の情動調整システムと，「人物B」の情動生成システムの相互作用は経時的に生じ，人物Aの目標状態と，人物Aが知覚した人物Bの情動状態の乖離が閾値を下回った場合に，人物Aの他者の情動調整システムは不活性化することになる。

このモデルを情動コンピテンスの背後にある認知‐感情のシステムとして捉えて研究を進めることで，社会的な場面における自己の情動調整と他者の情動調整の心的過程や，その個人差に関する研究を新たに進めることが可能になり，情動コンピテンス研究に対しても新たな展開をもたらすことになると考えられる。そこで，次節では，研究の今後の展望について，筆者が特に重要と考える「自己の情動調整と他者の情動調整の共通点・相違点」「情動コンピテンスの測定」「情動コンピテンスの神経基盤」「情動コンピテンスの発達」の4つの観点から議論を行う。

5-4 今後の展望

5-4-1 自他の情動調整の共通点と相違点

　Figure 5-5のモデルでは，自己の情動調整と他者の情動調整の両方をモデルに織り込んでいる。そのため，Gross（2015b）で今後の大きな研究課題として挙げられている，自他の情動調整の共通点と相違点について議論する際の，拠り所として用いることが可能である。両者の共通点として，図中に示した通り，自己の情動調整と他者の情動調整ともに，同定・判断・実行の各過程から構成され，それぞれの過程は世界→知覚→価値評価→活動のサイクルから構成されるという点は同じであると考えられる。しかし，各ポイントで必要とされる能力や考慮すべき観点には相違点もあると考えられる。たとえば，情動調整の前段階となる自己／他者の情動を認識する段階（同定段階における知覚のステップ）において，他者の情動を認識する際には，他者の表情を大きな手がかりとすることができ，また本書の研究7で扱ったように，外的状況へより注意を向けることが必要である。それに対して，自己の情動を認識する際には，自己の表情は，鏡などを用いなければ自分自身で直接知覚することはできないため，自らの身体的な反応など，自分自身の内的な手がかりに基づき，情動を認識することになる。このように，情動を認識する際の手がかりとなる情報に差異があるために，自己の情動の認識の遂行と，他者の情動の認識の遂行には，異なる能力が求められる可能性が考えられる。ただし，後で詳しく展望するように，神経活動を見ると，自己の情動の認識と他者の情動の認識間には，かな

り共通した活動が見られることも報告されており（Ochsner, Knierim, Ludlow, Hanelin, Ramachandran, Glover, & Mackey, 2004），入力刺激を基に評価を行う段階では，両者の処理過程には共通性があると考えられる。

また，情動への敏感性や，適切に働く情動調整方略には個人差があることが指摘されており（Augustine & Hemenover, 2009; Baumann, Kaschel, & Kuhl, 2007; Tamir, 2005）。さらに，文化によっても，理想的とされる情動や，適切に働く情動調整方略は異なることが示されている（Butler et al., 2007; Eid & Diener, 2001; Koopmann-Holm & Tsai, 2014; Miyamoto et al., 2014; Tsai, Knutson, & Fung, 2006）。そのため，自己の情動調整と比較して，他者の情動調整を適切に行うためには，このような自他の違いに関する知識を考慮に入れて，情動調整が必要かを判断したり（同定段階における価値評価のステップ），情動調整方略や方策を決定したりする（判断・実行段階における価値評価のステップ）必要がある。その一方で，Netzer, Van Kleef, & Tamir（2015）は，自己の情動調整の場合と同様に，他者の情動調整時も，他者が自分の仲間である場合は，仲間が競争的なゲームを行う前はその人の怒りを高め，仲間が協力的なゲームを行う前はその人の喜びを高めることで，情動の機能を活かしてゲームのパフォーマンスを高めようとすることを報告している。このように，情動の機能に関する知識を踏まえ，それをどのように活かすかといった面では，自他の情動調整間で共通した要素もあると考えられる。

今後の研究では，自他の情動調整に関しても，理論的なモデルに基づき対比して検討を行うことで，両者の共通点・相違点をより詳細に解明することが可能になると考えられる。このような研究を進めることで，情動コンピテンス自己領域と他者領域間で見られる正の相関がどのような要素に由来し，各領域に特有の要素が何を反映しているのかをより深く明らかにしていくことが期待される。

5-4-2 情動コンピテンスの測定

Figure 5-5 のモデルは，情動コンピテンスの測定方法の洗練にも貢献できる。第1章で概観した通り，測定は，情動コンピテンス研究が今後解決すべき大きな研究課題の1つとされている（Keefer, 2015; Matthews et al., 2012）。

妥当な測定方法の開発のためには，まず測定する対象を特定することが必要である。これまでの情動コンピテンス研究では，測定の対象は研究者の直感に基づき様々に決められており，情動を認識し調整する処理過程の理論をベースとして決定されているわけではなかった。そこで，Figure 5-5 のモデルに基づき，情動調整の処理過程を想定し，この過程のどの部分に情動コンピテンスの個人差が現れうるかを明らかにすることで，理論的な背景に基づき，測定対象を決定することが可能になると考えられる。

　実際に，Gross（2015a）や Sheppes, Suri, & Gross（2015）では，拡張版プロセスモデルで表した自己の情動調整の処理過程のどの部分において個人差が現れうるかが議論されており，「同定段階」，「選択段階」，「実行段階」のすべての段階で情動調整の失敗が起こりうることが指摘されている。たとえば，同定段階に関して，情動の知覚は情動調整を行うための重要な前提条件であるため，同定段階での「知覚」が上手くできないことは情動調整の失敗につながりうる。また，双極性障害の人が躁状態にポジティブな価値を置きすぎるように，特定の情動の価値を正しく判断できない場合も，情動調整の失敗が生じうる。また選択段階でも，ある人が持つ情動調整方略のレパートリーが少ないために，適切な方略の候補を挙げることができなかったり，文脈の要因を適切に考慮できず，適切ではない調整方略の価値を高く見積もってしまったりするために，情動調整の失敗が生じる可能性がある。最後に「実行段階」でも，特定の情動調整方略を新規な状況での方策に変換することが上手くできなかったり，文脈の要因を適切に認識できず，方策の価値を誤って見積もってしまったり，特定の情動調整方略を実行するのに必要な認知的容量が足りなかったりするために，情動調整の失敗が生じる可能性がある。

　このように，情動調整の適切な実行に対して，各段階で個人差が生じる可能性があるため，今後の研究では，情動コンピテンスの個人差がどの過程に対してどのような形で現れるのかを，理論的なモデルに基づき，明らかにしていく必要がある。たとえば，遠藤（2013）は，個々人が持つベースラインとしての情動的特性（情動生成システムの個人差）に応じた情動調整の在り方という観点から，個別相対的に情動コンピテンスを概念化することを提案している。また，Peña-Sarrionandia et al.（2015）は，情動コンピテンスと自己の情動調

整との関連について，Gross（1998）のプロセスモデルに基づきメタ分析を行うことで，情動コンピテンスが高い人は，ネガティブな状況を避けているわけではなく，長期的な目標のためには，むしろネガティブな状況に立ち向かうこと，また，状況修正，気晴らし，肯定的再解釈などの方略を用いて，情動生成の早い段階での調整を試みることを示唆する結果を得ている。さらに，本書の研究6～8でも，他者の情動調整に対して，情動コンピテンスの個人差がどのように現れるのか，その一端を明らかにした。今後は，Figure 5-5のモデルに基づき，特に実験手法を用いて情動コンピテンスと特定場面での反応や行動との関連を調べる研究をさらに押し進めていくことで，この点をより深く明らかにすることができると考えられる。

　測定対象を明確にした後は，次のステップとして，その対象をどのように測定するのかを考えなければならない。本書では，今後の情動コンピテンスの測定方法の候補として，以下の3種類の方法を挙げる。1つ目は，質問紙を用いた他者評定による測定である。Elfenbein, Barsade, & Eisenkraft（2015）では，包括的にこの方法の妥当性を検討しており，既存の測定方法との対応関係について，自己評定による得点との相関は小程度から中程度（$r=.08-.28$）であり，客観的テスト（Situational Test of Emotional Understanding および Situational Test of Emotional Management; MacCann & Roberts, 2008）との相関は，情動の理解で$r=.12$，情動の調整で$r=-.04$であったことを報告している。さらに，評定者間での評定の一致率は中程度に留まるものの（9-25%），感情特性，ビッグファイブ，知能，年齢，性別などの影響を統制しても，他者評定の値は仕事でのパフォーマンスやリーダーシップなどの基準関連指標と有意に関連する結果が得られており，幾分かの妥当性を持つことが示唆されている。この方法はパーソナリティ心理学でも研究が進められており，神経症傾向のような個人の内面に関する内容は他者評定よりも自己評定の方が正確であることを示す研究（Vazire, 2010）や，評定者と対象者の関係性に応じて得点が反映している内容が変わってくる可能性（Beer & Watson, 2008）など，考慮すべき要因も指摘されているものの，価値がある測定方法として今後の研究の発展に期待が寄せられている（Elfenbein et al., 2015）。

　2つ目は，複数の実験課題を用いて，その課題でのパフォーマンスに基づく

測定である。この方法は，たとえば実行機能など，他の認知的な能力を測定する時に用いられている手法でもある（Miyake, Friedman, Emerson, Witzki, Howerter, & Wager, 2000）。Hildebrandt, Sommer, Schacht, & Wilhelm（2015）は，情動コンピテンスの構成要素の一部として，顔表情から情動を知覚する能力と，情動価を持つ顔表情を記憶する能力を測定する課題セットを作成し，その位置づけを検討している。このように，情動コンピテンスの中でも，「情動の知覚や認識」の要素は正解／不正解が決定しやすいため，課題セットを作成しやすいと考えられる。また，比較的正解が決めづらい「情動の調整」に関しても，近年の研究では，競争的な文脈で怒りを選好し，協調的な文脈で喜びを選好するような，文脈に合わせた情動調整を行う人ほど，人生満足度が高く（Tamir & Ford, 2012），MSCEITで測定した情動知能の得点も高いことが示されている（Ford & Tamir, 2012）。また，情動の強度が強い時は気を逸らす方略が効果的に働く一方で，情動の強度が弱い時には肯定的再解釈の方略が効果的に働くことも明らかにされている（Sheppes, Scheibe, Suri, & Gross, 2011; Sheppes et al., 2014）。さらに，本研究の6〜8では，サイバーボール課題を用いることにより，情動コンピテンスが高い人がどのように振る舞うのかを示した。このように，先行研究の知見に基づくことで，情動調整の適切性もその評価が可能になると考えられる。今後は，これらの知見に基づき，自他の情動調整に関しても課題セットを作成し，その位置づけを評価していくことが求められる。

　3つ目は経験サンプリング法を用いた測定である。経験サンプリング法とは参加者に対して，一日数回あるタイミングでメールを送り，質問に回答を求めることを，数日間続ける調査手法である。たとえば, Kashdan et al.（2014）は，3週間にわたり参加者の現在のネガティブ情動を10の形容詞を用いて測定し，ネガティブ情動の形容詞間の相関を算出し，強い相関ほどネガティブ情動を弁別する能力が低い指標として，排斥経験時の反応との関連を検討している。また，情動調整の関連分野である「コーピングの柔軟性（coping flexibility）」の研究では，日誌法を用いて，6日間の各日の終わりに，その日に経験した最もストレスフルな出来事を想起させ,そのストレス経験の特徴と対処方略を尋ね，ストレス経験の特徴にあった方略を用いているかどうか（コントロール感が高

い経験に対しては問題焦点対処，コントロール感が低い経験に対しては情動焦点対処）という基準を用いて，クラスター分析により参加者の分類を行っている（Cheng, 2001）。参加者に繰り返しの回答を求めるため，一度に調査できる項目数には限界があるものの，このような手法を用いることで，参加者の日常場面での反応や行動を捉えることが可能になり，より生態学的妥当性の高い測定を行えることが期待できる。

　これまでの研究では，ここで挙げた3種類の方法と既存の情動コンピテンスの対応関係や，3種類の方法がどのような対応関係にあるのかということが十分明らかにされていない。また，適応と関連する指標を予測する際に，測定対象として情動コンピテンスのどの部分に着目し，どの方法を用いるのが最も有益なのかということも不明なままである。情動コンピテンスは幅広い内容を含む概念であり，そのすべてを網羅的に測定することは非現実的である。そのため，今後の研究では，どのような測定対象と測定方法の組合せが，ある理論的もしくは実践的な目的において有益であるのかを，比較して検証していく必要がある。これにより，構成概念間の関係や，構成概念と測定との対応関係を示す法則定立的ネットワーク（nomological network; Cronbach & Meehl, 1955）内における，各概念と方法の位置づけや重要性を評価することで，より妥当性の高い情動コンピテンスの測定が可能になることが期待される。

5-4-3　情動コンピテンスの神経基盤

　情動コンピテンスは，あくまで心理学的な構成概念であり，実際には情動コンピテンスの個人差の背後には，何かしらの生理学的なメカニズム，中でも脳活動の違いが反映していると考えられる。そのため，今後の研究では，情動コンピテンスの個人差の背後にある神経基盤を明らかにしていくことも重要である。情動コンピテンスの背後にある認知 - 感情のシステムとして提案したFigure 5-5のモデルがもとにしているGrossの拡張版プロセスモデルも，神経学的な基盤との対応が議論されているため（Ochsner & Gross, 2014），このモデルは，個人が外的状況と相互作用する動的な過程における情動コンピテンスの神経基盤を明らかにしていくのに貢献することも可能である。

　Ochsner & Gross（2014）および Ochsner, Silvers, & Buhle（2012）では，

情動生成と情動調整の過程における神経基盤について，包括的なレビューを行っている．まず，情動生成に関して，はじめの知覚のステップでは，視床 (thalamus)，一次体性感覚野と二次体性感覚野（primary and secondary sensory cortices）といった感覚システムが働き，感覚入力を保持し，価値計算を行うシステムへの情報の投射が行われる．そして，次の価値評価のステップでは，腹側線状体（ventral striatum）や，扁桃体（amygdala）といった領域が，多くの場合意識に上らない形で自動的に刺激の価値を計算し，対応する反応を引き起こす．また前島（anterior insula）が，身体的な情報を統合して，無意識的に価値評価を行い，特にネガティブな情動経験が生み出される．さらに，眼窩前頭皮質（orbitofrontal cortex）や腹内側前頭前野（ventromedial prefrontal cortex）が，前述した領域により計算された特定の刺激に対する情動的な価値の情報に加えて，内側側頭葉（medial temporal lobe）により提供される過去の経験の情報や，上側頭溝（superior temporal sulcus）および側頭頂接合部（temporo-parietal junction）が関与する他者の信念や意図に関する情報を統合し，より高次な価値評価を行い，現在の文脈も踏まえた様々な情動経験を生み出すことになる．

次に，情動生成システムによって生み出された情動が知覚されることにより，情動調整の過程が開始される．ここでは，前頭前野を中心としたいくつかの領域が，それぞれの役割を持って関与すると考えられている．1つ目は，注意の選択やワーキングメモリが関与する領域，背外側および後部前頭前野（dorsolateral and posterior prefrontal cortex）と下頭頂小葉（inferior parietal lobule）であり，知覚のステップで関連する刺激に注意を向けたり，同定段階で生成した情動調整の目標を保持したりする役割を持つと考えられる．2つ目が，腹外側前頭前野（ventrolateral prefrontal cortex）であり，側頭葉を中心に表象される意味知識に基づき，価値評価のステップにおいて，情動調整の必要性や目標に適した方略や方策を選択する役割が示唆されている．3つ目が，パフォーマンスのモニタリングと関連する領域である背側前帯状皮質（dorsal anterior cingulate cortex）であり，情動調整を行った後に，その調整が意図した通りの結果を生み出したかをモニターする役割を持つ．これらの領域がネットワークとして働くことで，情動生成システムの働きを目標に応じて変化させること

により，情動調整が行われると考えられている。

　ここまで述べてきた神経基盤に関するモデルは，すべて自己の情動調整に関する研究に基づくものであり，他者の情動調整に対してどの程度適用可能かということは今後の検討が必要である。先行研究では，情動調整の前段階として必要な情動認識に関して，同じ画像刺激を用いて自己の情動認識時と他者の情動認識時の神経活動の比較が行われている（Ochsner et al., 2004）。この研究では，自己の情動認識時と他者の情動認識時の両方に共通して，内側前頭前皮質（medial prefrontal cortex），後帯状皮質（posterior cingulated cortex），楔前部（precuneus），上側頭溝（superior temporal suclus）の賦活が見られており，刺激の評価を行う段階では両者には共通の処理過程が介在している可能性が示唆されている。一方，異なる脳活動として，自己の情動の認識時には，内側前頭前皮質（ventromedial prefrontal cortex）のうち自己への注意と関連する下位領域や，自己モニタリングを含む意味や言語内容の表象に関連する右中側頭回（right middle temporal gyrus）が強く賦活したのに対して，他者の情動認識時には，意味・文脈知識の検索や外的世界に関する情報の保持と操作に関連する左下部外側前頭前皮質（left inferior lateral prefrontal cortex）や，外的な視覚刺激への注意の増加を反映する内側後頭皮質（medial occipital cortex）が強く賦活したことも報告されており，注意の方向づけや，必要な情報の検索の過程では，必要な神経活動の程度に差が出てくるのかもしれない。

　また，数はほとんどないものの，自他の情動調整時の神経活動を比較した研究（Hallam et al., 2014）では，両者に共通して両背側前頭前野（bilateral lateral frontal cortices），補足運動野（supplementary motor area），左側頭頭頂接合部（left temporo-parietal junction）の賦活が報告されている。一方，自己の情動調整時には左背外側前頭前野（left dorsolateral prefrontal cortex）と前帯状皮質（anterior cingulate cortex）のより強い賦活が見られたのに対して，他者の情動調整時には，左側頭極（left temporal pole），吻側内側前頭前野（rostral medial prefrontal cortex），両下側頭回（bilateral inferior temporal gyrus），右帯状回（right cingulated gyrus），両尾状核（bilateral caudate），右楔部／下頭頂小葉（right cuneus/inferiorparietal lobule）の賦活が報告されている。

Hallam et al.（2014）では，参加者が実験者の教示に従い情動調整を行う状況を扱っているため，参加者の自発的な行動は扱えておらず，また神経活動のネットワークに関する分析も行われていない。そのため，今後も，理論的なモデルに基づきながら，自他の情動調整時の神経活動を比較する研究を積み重ねることで，心理学的な処理過程のモデルと神経基盤の対応関係を実証的に明らかにしていく必要があるだろう。

　このように，情動調整の処理過程に関する神経基盤が明らかにされれば，情動コンピテンスの個人差が，どの処理過程におけるどのような神経基盤の違いに現れてくるのかを検討することで，情動コンピテンスの神経基盤を明らかにしていくことが可能である。近年のいくつかの研究では，情動コンピテンスの神経基盤が調査され始めているが，これらの研究では，安静時の脳活動の機能的結合（Takeuchi et al., 2013）や，白質および灰白質との関連（Killgore, Weber, Schwab, Deldonne, Kipman, Weiner, & Rauch, 2012; Koven, Roth, Garlinghouse, Flashman, & Saykin, 2011）が扱われており，動的な処理過程における神経基盤の個人差と情動コンピテンスとの関連は検討されていない。

　例外として，Kreifelts, Ethofer, Huberle, Grodd, & Wildgruber（2010）では，機能的MRIを用いて，声や顔知覚時の脳活動と情動コンピテンスとの関連を調べており，情動コンピテンスが高いほど，右後部上側頭溝（posterior superior temporal sulcus）が賦活することを示している。しかし，Kreifelts et al.（2010）では，情動調整までは検討対象として扱えていないため，今後の研究では，情動調整の神経基盤に関する研究を踏まえつつ，社会的な場面で自他の情動調整を実行する過程における，動的な神経活動のネットワークを捉えることにより，情動コンピテンスの神経基盤をより深く明らかにしていくことが期待される。

5-4-4　情動コンピテンスの発達

　Figure 5-5のモデルは，情動コンピテンスの発達研究に対しても新たな発展に貢献しうる。Ochsner & Gross（2014）は，「知覚」-「価値評価」-「活動」のサイクルのモデルは，情動学習にも適用可能であることを指摘している。ある状況に対して価値評価を行った場合，その人は活動の実行により生じる結果の予測を立てることになる。そして，活動を行った後，その結果は次の「知

覚」-「価値評価」-「活動」サイクルの入力刺激となり，予期した結果と実際の結果の乖離の評価を行うことになる。もし，この乖離が大きかったり，現在の目標から見ると重要であったりした場合，この価値評価は，「刺激」-「価値評価」の連合や，「価値評価」-「活動」の連合を変化させることで，学習と更新の過程を引き起こし，これにより将来の価値評価はより正確なものになる。このような，活動の実行に伴い結果を評価することで生じる価値評価の更新が，情動学習のメカニズムとして存在することが提案されている。これは，パーソナリティや実行機能のニューラルネットワークに関する研究で想定されている学習メカニズムでもあり (O'Reilly, Munakata, Frank, Hazy, & Contributors, 2012; Read, Monroe, Brownstein, Yang, Chopra, & Miller, 2010)，情動コンピテンスの成長に対しても十分適用可能であると考えられる。また，本書の研究3～5で示した，ストレス経験時に自他の情動調整を実行する経験が情動コンピテンスの成長に結びつく結果の背後には，このような学習過程が存在していた可能性があり，今後の研究が望まれる。

　また発達段階に着目すると，幼児期の情動調整の発達研究では，養育者の子どもに向けた情動調整が，子どもの情動調整能力の発達に果たす役割が指摘されている。幼児は，はじめは単純な情動調整しか行うことができず，主に養育者に頼り自己の情動を調整する。そのため，養育者は，コミュニケーション，指示，モデリングなどを通じて，子どもが情動調整をいつどのように行うべきかを伝えることになる。このように，養育者が子どもの情動調整をサポートし（他者の情動調整），子どもがそこから学習し自分自身の情動を調整する（自己の情動調整）といった相互作用は，情動調整の個人差の重要な形成要因の1つとして捉えることができ (Cole, Martin, & Dennis, 2004; Diaz & Eisenberg, 2015)，情動コンピテンスの成長にも重要な役割を果たすと考えられる。

　また児童期後期から青年期になると，一般に養育者よりも友人関係を重視するようになり，情動認識や情動調整を含む，様々な社会的感情的能力の発達や脳活動の変化が見られることが示されている（レビューとして，Blakemore & Mills, 2014; Crone & Dahl, 2012; Riediger & Klipker, 2014)。児童期後期（10～11歳）から青年期（16～17歳）にかけて行われた情動コンピテンスの縦断研究でも，特に他者情動と関連するコンピテンスの得点は，青年期に増加して

いくことが示されており（Keefer et al., 2013），友人との関わりの中でも，情動コンピテンスが育まれる可能性が示唆されている。しかし，青年期は情動に関する刺激に敏感になりやすく，内在化問題や外在化問題も生じやすい時期でもある（Riediger & Klipker, 2014）。情動コンピテンスの発達研究，特に縦断研究は数が少ないため，今後は個人や環境のどのような要因が，感情的・社会的な問題の深刻化を避け，健全な情動コンピテンスの発達を促すのかについて，情動コンピテンスの学習のメカニズムに関する議論を踏まえつつ，さらなる研究を通じて解き明かしていくことが求められる。

　最後に，先行研究では，顔や声から情動を認識する能力は老年期にかけて低下する（メタ分析として，Ruffman, Henry, Livingstone, & Phillips, 2008）のに対して，老年期の人はポジティブな刺激に注意を向ける情動調整方略をより行うために，日々の生活で感じるネガティブ情動の度合いは低いことが示されている（レビューとして，Charles & Carstensen, 2014）。また，情動コンピテンス研究でも，自他の情動の認識の得点は老年期にかけて低下する一方で，自己の情動調整の得点はむしろ増加することが示されている（Fantini-Hauwel & Mikolajczak, 2014）。先に概観した通り，情動調整には認知的な能力も必要とされるが，もしかしたら老年期の人は，低下する認知的能力を補って，上手く社会的な知識を用いて価値評価を行うことにより，自分自身のネガティブな情動を低減させる調整の実行に結びつけているのかもしれない。老年期を対象とした情動コンピテンス研究もほとんど行われていないため，今後の研究では，自己領域と他者領域の区分に着目しつつ，生涯発達の観点も含めて，情動コンピテンスの発達過程を明らかにしていくことが期待される。

5-5　おわりに

　本書では，日本における情動コンピテンスの重要性に関する位置づけを明らかにするとともに，外的状況と個人が相互作用する中でどのように情動コンピテンスが育まれ，これらの能力が社会的な場面での具体的な反応や行動にどのように活かされるのかというテーマに対して，社会的認知理論の視座を取り入れた研究によりアプローチした。情動コンピテンスは，そもそもの始まりが，

主に様々の職業や教育現場における実践的応用への関心にあったこともあり，本来はじめになされるべき，概念が指し示す内容や成長要因に関する心理学的なモデル化が不十分なまま，応用的な研究が進められてきたという背景がある（遠藤，2013）。しかし，情動コンピテンスを高める方法を一般に向けて提案する際には，単に情動コンピテンスの測定値が向上することを説明するだけでは不十分であり，情動コンピテンスを高めることによりどのようなことが可能になり，なぜ社会的にポジティブな成果と結びつくのか，どのような過程を経て情動コンピテンスは成長するのかということについても，十分に説明を果たしていく責任がある。

情動コンピテンスのように，近年，トレーニングという観点から社会的に大きな関心を集めている心理学の概念に，ワーキングメモリがある。この分野の研究では，ワーキングメモリのトレーニングを行うことにより，トレーニングした課題以外のワーキングメモリ課題の成績の向上に加えて，流動性知能の向上やADHDの症状の改善が見られることが報告されている。しかし，その一方で，特に流動性知能の向上やADHDの症状の改善などの遠転移の効果に関しては効果が頑健でないことも報告されており，その効果の実態に関して大きな議論を呼んでいる（メタ分析として，Melby-Lervåg, Redick, & Hulme, 2016）。このような状況の中で，ワーキングメモリトレーニングにより引き起こされる認知能力の変化に関する精緻な理論を構築し，その理論に基づき，トレーニング内容の洗練や，効果の対象範囲の明確化を行う必要性が指摘されている（Gibson, Gondoli, Johnson, Steeger, & Morrissey, 2012）。

現在の情動コンピテンス研究では，ワーキングメモリ研究と比較しても，背後にある心的基盤やその変化に関する理論が十分議論されているとは言えず，セミナーやロールプレイなど，効果のありそうなものをひとまず一まとめにして，トレーニングプログラムを構築している段階である。しかし，トレーニングの内容を洗練させ，転移も含めてその効果を詳細に検討していくためには，ワーキングメモリのトレーニング研究から学び，理論の必要性を強調していくことが，情動コンピテンス研究でも求められているのではないだろうか。

情動コンピテンスという発想自体は，情動と理性の働きを統合し，社会で必要な能力を理解していく上で，非常に有益なものである。だからこそ，これか

らの研究では，この概念が持つ価値を高めていくために，従来の研究では欠けていた，情動コンピテンスの高さの背後にある社会的な場面での情報処理過程の心理学的なモデル化の吟味を推し進め，情動コンピテンスの概念が指し示す内容を明確にしていくべきである。本書は，情動コンピテンスの力動的なモデルの構築に向けて，新たな視点から貢献した研究だと言える。

引用文献

Abe, K., Evans, P., Austin, E. J., Suzuki, Y., Fujisaki, K., Niwa, M., & Aomatsu, M. (2013). Expressing one's feelings and listening to others increases emotional intelligence: A pilot study of Asian medical students. *BMC Medical Education, 13*, 82.

阿部恵子・若林英樹・西城卓也・川上ちひろ・藤崎和彦・丹羽雅之・鈴木康之（2012）．Trait Emotional Intelligence Que-SFとJefferson Scale of Physician Empathyの日本語版開発と信頼性・妥当性の検討　医学教育, *43*, 351-359.

Aiken, L. S., & West, S. G. (1991). *Multiple regression: Testing and interpreting interactions.* Newbury Park, CA: Sage.

Andrei, F., Mancini, G., Trombini, E., Baldaro, B., & Russo, P. M. (2014). Testing the incremental validity of trait emotional intelligence: Evidence from an Italian sample of adolescents. *Personality and Individual Differences, 64*, 24-29.

Andrei, F., Siegling, A. B., Aloe, A. M., Baldaro, B., & Petrides, K. V. (2016). The incremental validity of the Trait Emotional Intelligence Questionnaire (TEIQue): A systematic review and meta-analysis. *Journal of Personality Assessment, 98*, 261-276.

Antonakis, J., Ashkanasy, N. M., & Dasborough, M. T. (2009). Does leadership need emotional intelligence? *Leadership Quarterly, 20*, 247-261.

Augustine, A. A., & Hemenover, S. H. (2009). On the relative effectiveness of affect regulation strategies: A meta-analysis. *Cognition and Emotion, 23*, 1181-1220.

Austin, E. J. (2004). An investigation of the relationship between trait emotional intelligence and emotional task performance. *Personality and Individual Differences, 36*, 1855-1864.

Austin, E. J., Farrelly, D., Black, C., & Moore, H. (2007). Emotional intelligence, machiavellianism and emotional manipulation: Does EI have a dark side? *Personality and Individual Differences, 43*, 179-189.

Austin, E. J., & O'Donnell, M. M. (2013). Development and preliminary validation of a scale to assess managing the emotions of others. *Personality and Individual Differences, 55*, 834-839.

Austin, E. J., Saklofske, D. H., Smith, M., & Tohver, G. (2014). Associations of the managing the emotions of others (MEOS) scale with personality, the dark triad and trait EI. *Personality and Individual Differences, 65*, 8-13.

Averill, J. R. (1983). Studies on anger and aggression: Implications for theories of emotion. *American Psychologist, 38*, 1145-1160.

東　美絵（2004）．受験不安と健康について—ソーシャルサポートとの関連から—　臨床教育心理学研究, *30*, 39-51.

Baker, J. P., & Berenbaum, H. (2007). Emotional approach and problem-focused coping:

A comparison of potentially adaptive strategies. *Cognition and Emotion, 21*, 95-118.

Bandura, A. (1993). Perceived self-efficacy in cognitive development and functioning. *Educational Psychologist, 28*, 117-148.

Bandura, A. (1999). Social cognitive theory of personality. In L. A. Pervin & O. P. John (Eds.), *Handbook of personality* (2nd ed., pp. 154-196). New York, NY: Guilford Press.

Bandura, A. (2012). On the functional properties of perceived self-efficacy revisited. *Journal of Management, 38*, 9-44.

Bar-On, R. (1997). *The emotional intelligence inventory (EQ-i): Technical manual.* Toronto, ON, Canada: Multi-Health Systems.

Barrett, L. F. (2009). The future of psychology: Connecting mind to brain. *Perspectives on Psychological Science, 4*, 326-339.

Bates, D., Maechler, M., Bolker, B., & Walker, S. (2014). lme 4 : Linear mixed-effects models using Eigen and S 4. R package version 1.1-7.

Baumann, N., Kaschel, R., & Kuhl, J. (2007). Affect sensitivity and affect regulation in dealing with positive and negative affect. *Journal of Research in Personality, 41*, 239-248.

Baumeister, R. F., & Leary, M. R. (1995). The need to belong desire for interpersonal attachments as a fundamental human motivation. *Psychological Bulletin, 117*, 497-529.

Baumeister, R. F., Stillwell, A., & Wotman, S. R. (1990). Victim and perpetrator accounts of interpersonal conflict: Autobiographical narratives about anger. *Journal of Personality and Social Psychology, 59*, 994-1005.

Beauducel, A., & Wittmann, W. W. (2005). Simulation study on fit indexes in CFA based on data with slightly distorted simple structure. *Structural Equation Modeling, 12*, 41-75.

Beedie, C. J., Terry, P. C., & Lane, A. M. (2005). Distinctions between emotion and mood. *Cognition and Emotion, 19*, 847-878.

Beer, A., & Watson, D. (2008). Asymmetry in judgments of personality: Others are less differentiated than the self. *Journal of Personality, 76*, 535-560.

Blakemore, S. J., & Mills, K. L. (2014). Is adolescence a sensitive period for sociocultural processing? *Annual Review of Psychology, 65*, 187-207.

Bonanno, G. A., & Burton, C. L. (2013). Regulatory flexibility: An individual differences perspective on coping and emotion regulation. *Perspectives on Psychological Science, 8*, 591-612.

Bonanno, G. A., Romero, S. A., & Klein, S. I. (2015). The temporal elements of psychological resilience: An integrative framework for the study of individuals, families, and communities. *Psychological Inquiry, 26*, 139-169.

Boyatzis, R. E. (2008). Competencies in the 21st century. *Journal of Management Development, 27*, 5-12.

Boyatzis, R. E. (2009). Competencies as a behavioral approach to emotional intelligence. *Journal of Management Development, 28*, 749-770.

Brasseur, S., Gregoire, J., Bourdu, R., & Mikolajczak, M. (2013). The Profile of Emotional Competence (PEC): Development and validation of a self-reported measure that fits dimensions of emotional competence theory. *PLoS ONE, 8*, e62635.

Brody, N. (2004). What cognitive intelligence is and what emotional intelligence is not. *Psychological Inquiry, 15*, 234-238.

Buhle, J. T., Silvers, J. A., Wager, T. D., Lopez, R., Onyemekwu, C., Kober, H., ... Ochsner, K. N. (2014). Cognitive reappraisal of emotion: A meta-analysis of human neuroimaging studies. *Cerebral Cortex, 24*, 2981-2990.

Butler, E. A., Lee, T. L., & Gross, J. J. (2007). Emotion regulation and culture: Are the social consequences of emotion suppression culture-specific? *Emotion, 7*, 30-48.

Byrne, B. M., Shavelson, R. J., & Muthén, B. (1989). Testing for the equivalence of factor covariance and mean structures: The issue of partial measurement invariance. *Psychological Bulletin, 105*, 456-466.

Campos, J. J., Campos, R. G., & Barrett, K. C. (1989). Emergent themes in the study of emotional development and emotion regulation. *Developmental Psychology, 25*, 394-402.

Caprara, G., Vecchione, M., Barbaranelli, C., & Alessandri, G. (2013). Emotional stability and affective self-regulatory efficacy beliefs: Proofs of integration between trait theory and social cognitive theory. *European Journal of Personality, 27*, 145-154.

Carroll, J. B. (1993). *Human cognitive abilities: A survey of factor-analytic studies.* New York, NY: Cambridge University Press.

Carver, C. S., & Scheier, M. F. (1994). Situational coping and coping dispositions in a stressful transaction. *Journal of Personality and Social Psychology, 66*, 184-195.

Carver, C. S., Scheier, M. F., & Weintraub, J. K. (1989). Assessing coping strategies: A theoretically based approach. *Journal of Personality and Social Psychology, 56*, 267-283.

Cattell, R. B. (1971). *Abilities: Their structure, growth, and action.* New York, NY: Houghton Mifflin.

Cervone, D., Shadel, W. G., & Jencius, S. (2001). Social-cognitive theory of personality assessment. *Personality and Social Psychology Review, 5*, 33-51.

Charles, S. T., & Carstensen, L. L. (2014). Emotion regulation and aging. In J. J. Gross (Ed.), *Handbook of emotion regulation* (2nd ed., pp. 203-218). New York, NY: Guilford Press.

Chen, F. F. (2007). Sensitivity of goodness of fit indexes to lack of measurement invariance. *Structural Equation Modeling, 14*, 464-504.

Chen, F. F., Sousa, K. H., & West, S. G. (2005). Testing measurement invariance of second-order factor models. *Structural Equation Modeling, 12*, 471-492.

Cheng, C. (2001). Assessing coping flexibility in real-life and laboratory settings: A multimethod approach. *Journal of Personality and Social Psychology, 80*, 814-833.

Cheung, G. W., & Rensvold, R. B. (2002). Evaluating goodness-of-fit indexes for testing measurement invariance. *Structural Equation Modeling, 9*, 233-255.

Ching, C. M., Church, A. T., Katigbak, M. S., Reyes, J. A. S., Tanaka-Matsumi, J., Takaoka, S., ... Ortiz, F. A. (2014). The manifestation of traits in everyday behavior and affect: A five-culture study. *Journal of Research in Personality, 48*, 1-16.

Chow, R. M., Tiedens, L. Z., & Govan, C. L. (2008). Excluded emotions: The role of anger in antisocial responses to ostracism. *Journal of Experimental Social Psychology, 44*, 896-903.

中央教育審議会（2008）．学士課程教育の構築に向けて（答申）　文部科学省

Cohen, D., & Gunz, A. (2002). As seen by the other... : Perspectives on the self in the memories and emotional perceptions of easterners and westerners. *Psychological Science, 13*, 55-59.

Cole, P. M., Martin, S. E., & Dennis, T. A. (2004). Emotion regulation as a scientific construct: Methodological challenges and directions for child development research. *Child Development, 75*, 317-333.

Crockett, M. J., Clark, L., Tabibnia, G., Lieberman, M. D., & Robbins, T. W. (2008). Serotonin modulates behavioral reactions to unfairness. *Science, 320*, 1739.

Cronbach, L. J., & Meehl, P. E. (1955). Construct validity in psychological tests. *Psychological Bulletin, 52*, 281-302.

Crone, E. A., & Dahl, R. E. (2012). Understanding adolescence as a period of social-affective engagement and goal flexibility. *Nature Reviews Neuroscience, 13*, 636-650.

Crowne, D. P., & Marlowe, D. (1960). A new scale of social desirability independent of psychopathology. *Journal of Consulting Psychology, 24*, 349-354.

Dacre Pool, L., & Qualter, P. (2012). Improving emotional intelligence and emotional self-efficacy through a teaching intervention for university students. *Learning and Individual Differences, 22*, 306-312.

Davies, M., Stankov, L., & Roberts, R. D. (1998). Emotional intelligence: In search of an elusive construct. *Journal of Personality and Social Psychology, 75*, 989-1015.

Decety, J., & Lamm, C. (2006). Human empathy through the lens of social neuroscience. *Scientific World Journal, 6*, 1146-1163.

De Leersnyder, J., Boiger, M., & Mesquita, B. (2013). Cultural regulation of emotion: Individual, relational, and structural sources. *Frontiers in Psychology, 4*, 55.

Del Re, A. C. (2014). compute.es: Compute effect sizes. R package version 0.2-4.

de Melo, C. M., Carnevale, P. J., Read, S. J., & Gratch, J. (2014). Reading people's minds from emotion expressions in interdependent decision making. *Journal of Personality and Social Psychology, 106*, 73-88.

Diaz, A., & Eisenberg, N. (2015). The process of emotion regulation is different from individual differences in emotion regulation: Conceptual arguments and a focus on individual differences. *Psychological Inquiry, 26*, 37-47.

Diener, E., Emmons, R. A., Larsen, R. J., & Griffin, S. (1985). The satisfaction with life scale. *Journal of Personality Assessment, 49,* 71-75.
Dolbier, C. L., Jaggars, S. S., & Steinhardt, M. A. (2010). Stress-related growth: Pre-intervention correlates and change following a resilience intervention. *Stress and Health, 26,* 135-147.
Durlak, J. A., Weissberg, R. P., Dymnicki, A. B., Taylor, R. D., & Schellinger, K. B. (2011). The impact of enhancing students' social and emotional learning: A meta-analysis of school-based universal interventions. *Child Development, 82,* 405-432.
Dweck, C. S. (1999). *Self-theories: Their role in motivation, personality, and development.* Philadelphia, PA: Psychology Press.
Edgar, C., McRorie, M., & Sneddon, I. (2012). Emotional intelligence, personality and the decoding of non-verbal expressions of emotion. *Personality and Individual Differences, 52,* 295-300.
Eid, M., & Diener, E. (2001). Norms for experiencing emotions in different cultures: Inter- and intranational differences. *Journal of Personality and Social Psychology, 81,* 869-885.
Ekermans, G. (2009). Emotional intelligence across cultures: Theoretical and methodological considerations. In J. D. A. Parker, D. H. Saklofske, & C. Stough (Eds.), *Assessing emotional intelligence: Theory, research, and applications* (pp. 259-290). New York, NY: Springer.
Ekermans, G., Saklofske, D. H., Austin, E., & Stough, C. (2011). Measurement invariance and differential item functioning of the Bar-On EQ-i: S measure over Canadian, Scottish, South African and Australian samples. *Personality and Individual Differences, 50,* 286-290.
Ekman, P. (1972). *Universals and cultural differences in facial expressions of emotion* (Vol. 19, pp. 207-282). Lincoln: University of Nebraska Press.
Ekman, P., & O'Sullivan, M. (1991). Who can catch a liar? *American Psychologist, 46,* 913-920.
Elfenbein, H. A., Barsade, S. G., & Eisenkraft, N. (2015). The social perception of emotional abilities: Expanding what we know about observer ratings of emotional intelligence. *Emotion, 15,* 17-34.
Elliot, A. J. (2006). The hierarchical model of approach-avoidance motivation. *Motivation and Emotion, 30,* 111-116.
遠藤利彦 (2013).「情の理」論—情動の合理性をめぐる心理学的考究— 東京大学出版会
Engen, H. G., & Singer, T. (2013). Empathy circuits. *Current Opinion in Neurobiology, 23,* 275-282.
Fajkowska, M. (2015). The complex-system approach to personality: Main theoretical assumptions. *Journal of Research in Personality, 56,* 15-32.
Fancher, R. E. (1985). *The intelligence men: Makers of the IQ controversy.* New York, NY: W.W. Norton.

Fantini-Hauwel, C., & Mikolajczak, M. (2014). Factor structure, evolution, and predictive power of emotional competencies on physical and emotional health in the elderly. *Journal of Aging and Health, 26,* 993–1014.

Fiori, M. (2009). A new look at emotional intelligence: A dual-process framework. *Personality and Social Psychology Review, 13,* 21–44.

Fiori, M., Antonietti, J. P., Mikolajczak, M., Luminet, O., Hansenne, M., & Rossier, J. (2014). What is the ability emotional intelligence test (MSCEIT) good for? An evaluation using item response theory. *PLoS ONE, 9,* e98827.

Fleeson, W., & Gallagher, P. (2009). The implications of Big Five standing for the distribution of trait manifestation in behavior: Fifteen experience-sampling studies and a meta-analysis. *Journal of Personality and Social Psychology, 97,* 1097–1114.

Fleeson, W., & Jayawickreme, E. (2015). Whole trait theory. *Journal of Research in Personality, 56,* 82–92.

Ford, B. Q., & Tamir, M. (2012). When getting angry is smart: Emotional preferences and emotional intelligence. *Emotion, 12,* 685–689.

Fox, J., Nie, Z., & Bymes, J. (2015). sem: Structural equation models. R package version 3.1–6.

Frederickson, N., Petrides, K. V., & Simmonds, E. (2012). Trait emotional intelligence as a predictor of socioemotional outcomes in early adolescence. *Personality and Individual Differences, 52,* 323–328.

Fredrickson, B. L. (1998). What good are positive emotions? *Review of General Psychology, 2,* 300–319.

Fredrickson, B. L. (2001). The role of positive emotions in positive psychology. The broaden-and-build theory of positive emotions. *American Psychologist, 56,* 218–226.

Freudenthaler, H. H., Neubauer, A. C., Gabler, P., Scherl, W. G., & Rindermann, H. (2008). Testing and validating the trait emotional intelligence questionnaire (TEIQue) in a german-speaking sample. *Personality and Individual Differences, 45,* 673–678.

Friborg, O., Hjemdal, O., Rosenvinge, J. H., & Martinussen, M. (2003). A new rating scale for adult resilience: What are the central protective resources behind healthy adjustment? *International Journal of Methods in Psychiatric Research, 12,* 65–76.

Frith, C. D., & Frith, U. (2012). Mechanisms of social cognition. *Annual Review of Psychology, 63,* 287–313.

Fukuda, E., Saklofske, D. H., Tamaoka, K., Fung, T. S., Miyaoka, Y., & Kiyama, S. (2011). Factor structure of Japanese versions of two emotional intelligence scales. *International Journal of Testing, 11,* 71–92.

Fukunishi, I., Wise, T. N., Sheridan, M., Shimai, S., Otake, K., Utsuki, N., & Uchiyama, K. (2001). Validity and reliability of the Japanese version of the emotional intelligence scale among college students and psychiatric outpatients. *Psychological Reports, 89,* 625–632.

Furnham, A., & Petrides, K. V. (2003). Trait emotional intelligence and happiness.

Social Behavior and Personality, 31, 815-824.

Gibson, B. S., Gondoli, D. M., Johnson, A. C., Steeger, C. M., & Morrissey, R. A. (2012). The future promise of Cogmed working memory training. *Journal of Applied Research in Memory and Cognition, 1*, 214-216.

Gökçen, E., Furnham, A., Mavroveli, S., & Petrides, K. V. (2014). A cross-cultural investigation of trait emotional intelligence in Hong Kong and the UK. *Personality and Individual Differences, 65*, 30-35.

Goldberg, L. R. (1990). An alternative "description of personality": The big-five factor structure. *Journal of Personality and Social Psychology, 59*, 1216-1229.

Goleman, D. (1995). *Emotional intelligence: Why it can matter more than IQ*. New York, NY: Bantam Books.（ゴールマン，D. 土屋京子（訳）(1996). EQ―こころの知能指数― 講談社）

Goleman, D. (1998). *Working with emotional intelligence*. New York, NY: Bantam Books.（ゴールマン，D. 梅津祐良（訳）(2000). ビジネスEQ―感情コンピテンスを仕事に生かす― 東洋経済新報社）

Gosling, S. D., Rentfrow, P. J., & Swann, W. B. (2003). A very brief measure of the Big-Five personality domains. *Journal of Research in Personality, 37*, 504-528.

Gross, J. J. (1998). The emerging field of emotion regulation: An integrative review. *Review of General Psychology, 2*, 271-299.

Gross, J. J. (2013). Emotion regulation: Taking stock and moving forward. *Emotion, 13*, 359-365.

Gross, J. J. (2014). Emotion regulation: Conceptual and empirical foundations. In J. J. Gross (Ed.), *Handbook of emotion regulation* (2nd ed., pp. 3-20). New York, NY: Guilford.

Gross, J. J. (2015a). Emotion regulation: Current status and future prospects. *Psychological Inquiry, 26*, 1-26.

Gross, J. J. (2015b). The extended process model of emotion regulation: Elaborations, applications, and future directions. *Psychological Inquiry, 26*, 130-137.

Gross, J. J., & Barrett, L. F. (2011). Emotion generation and emotion regulation: One or two depends on your point of view. *Emotion Review, 3*, 8-16.

Gross, J. J., & John, O. P. (2003). Individual differences in two emotion regulation processes: Implications for affect, relationships, and well-being. *Journal of Personality and Social Psychology, 85*, 348-362.

Gross, J. J., Sheppes, G., & Urry, H. L. (2011). Emotion generation and emotion regulation: A distinction we should make (carefully). *Cognition and Emotion, 25*, 765-781.

Gross, J. J., & Thompson, R. A. (2007). Emotion regulation: Conceptual and emperical foundations. In J. J. Gross (Ed.), *Handbook of emotion regulation* (pp. 3-24). New York, NY: Guilford Press.

Güth, W., Schmittberger, R., & Schwarze, B. (1982). An experimental analysis of ultimatum bargaining. *Journal of Economic Behavior and Organization, 3*, 367-388.

Hallam, G. P., Webb, T. L., Sheeran, P., Miles, E., Niven, K., Wilkinson, I. D., . . . Farrow, T. F. (2014). The neural correlates of regulating another person's emotions: An exploratory fMRI study. *Frontiers in Human Neuroscience, 8*, 376.

Harle, K. M., & Sanfey, A. G. (2007). Incidental sadness biases social economic decisions in the ultimatum game. *Emotion, 7*, 876-881.

Harre, R. (1986). *The social construction of emotions.* Oxford, UK: Blackwell.

Heine, S. J., & Hamamura, T. (2007). In search of East Asian self-enhancement. *Personality and Social Psychology Review, 11*, 4-27.

Hildebrandt, A., Sommer, W., Schacht, A., & Wilhelm, O. (2015). Perceiving and remembering emotional facial expressions: A basic facet of emotional intelligence. *Intelligence, 50*, 52-67.

平井由佳・橋本由里 (2013). 看護学生の情動知能特性と心の健康との関連　島根県立大学出雲キャンパス紀要, *8*, 19-28.

Hodges, S. D., & Klein, K. J. K. (2001). Regulating the costs of empathy: The price of being human. *The Journal of Socio-Economics, 30*, 437-452.

Holahan, C. J., & Moos, R. H. (1985). Life stress and health: Personality, coping, and family support in stress resistance. *Journal of Personality and Social Psychology, 49*, 739-747.

Holahan, C. J., Moos, R. H., Holahan, C. K., Brennan, P. L., & Schutte, K. K. (2005). Stress generation, avoidance coping, and depressive symptoms: A 10-year model. *Journal of Consulting and Clinical Psychology, 73*, 658-666.

Hume, D. (1739). *A treatise of human nature.* London, UK: John Noon.（ヒューム, D. 土岐邦夫・小西嘉四郎（訳）(2010). 人性論　中央公論新社）

Hunsley, J., & Meyer, G. J. (2003). The incremental validity of psychological testing and assessment: Conceptual, methodological, and statistical issues. *Psychological Assessment, 15*, 446-455.

井隼経子・中村知靖 (2008). 資源の認知と活用を考慮したResilienceの4側面を測定する4つの尺度　パーソナリティ研究, *17*, 39-49.

石毛みどり (2003). 中学生におけるレジリエンスと無気力感の関連　お茶の水女子大学人間文化論叢, *6*, 243-252.

石毛みどり・無藤　隆 (2005). 中学生における精神的健康とレジリエンス及びソーシャルサポートとの関連──受験期の学業場面に着目して──　教育心理学研究, *53*, 356-367.

石毛みどり・無藤　隆 (2006). 中学生のレジリエンスとパーソナリティとの関連パーソナリティ研究, *14*, 266-280.

Jaccard, J. (1991). *Interaction effects in logistic regression.* Newbury Park, CA: Sage.

Jackson, J. J., Hill, P. L., & Roberts, B. W. (2012). Misconceptions of traits continue to persist: A response to Bandura. *Jounral of Management, 38*, 745-752.

Jayawickreme, E., & Blackie, L. E. R. (2014). Post-traumatic growth as positive personality change: Evidence, controversies and future directions. *European Journal of Personality,*

28, 312-331.
Joseph, S., Williams, R., Irwing, P., & Cammock, T. (1994). The preliminary development of a measure to assess attitudes towards emotional expression. *Personality and Individual Differences, 16*, 869-875.
Kashdan, T. B., Dewall, C. N., Masten, C. L., Pond, R. S., Jr., Powell, C., Combs, D., ... Farmer, A. S. (2014). Who is most vulnerable to social rejection? The toxic combination of low self-esteem and lack of negative emotion differentiation on neural responses to rejection. *PLoS ONE, 9*, e90651.
Keefer, K. V. (2015). Self-report assessments of emotional competencies: A critical look at methods and meanings. *Journal of Psychoeducational Assessment, 33*, 3-23.
Keefer, K. V., Holden, R. R., & Parker, J. D. (2013). Longitudinal assessment of trait emotional intelligence: Measurement invariance and construct continuity from late childhood to adolescence. *Psychological Assessment, 25*, 1255-1272.
Keltner, D., & Kring, A. M. (1998). Emotion, social function, and psychopathology. *Review of General Psychology, 2*, 320-342.
Kenny, D. A., Kaniskan, B., & McCoach, D. B. (2014). The performance of RMSEA in models with small degrees of freedom. *Sociological Methods & Research*.
Kilduff, M., Chiaburu, D. S., & Menges, J. I. (2010). Strategic use of emotional intelligence in organizational settings: Exploring the dark side. *Research in Organizational Behavior, 30*, 129-152.
Killgore, W. D., Weber, M., Schwab, Z. J., Deldonno, S. R., Kipman, M., Weiner, M. R., & Rauch, S. L. (2012). Gray matter correlates of trait and ability models of emotional intelligence. *Neuroreport, 23*, 551-555.
King, L. A., & Emmons, R. A. (1990). Conflict over emotional expression: Psychological and physical correlates. *Journal of Personality and Social Psychology, 58*, 864-877.
北村俊則・鈴木忠治 (1986). 日本語版Social Desirability Scaleについて 社会精神医学, *9*, 173-180.
Kline, R. B. (2010). *Principles and practice of structural equation modeling* (3rd ed.). New York: Guilford Press.
Koenigs, M., & Tranel, D. (2007). Irrational economic decision-making after ventromedial prefrontal damage: Evidence from the ultimatum game. *Journal of Neuroscience, 27*, 951-956.
Koopmann-Holm, B., & Tsai, J. L. (2014). Focusing on the negative: Cultural differences in expressions of sympathy. *Journal of Personality and Social Psychology, 107*, 1092-1115.
Kotsou, I., Nelis, D., Gregoire, J., & Mikolajczak, M. (2011). Emotional plasticity: Conditions and effects of improving emotional competence in adulthood. *Journal of Applied Psychology, 96*, 827-839.
Koven, N. S., Roth, R. M., Garlinghouse, M. A., Flashman, L. A., & Saykin, A. J. (2011). Regional gray matter correlates of perceived emotional intelligence. *Social Cognitive*

and Affective Neuroscience, 6, 582-590.

子安増生 (1989). 社会的知能の研究—文献展望— 京都大学教育学部紀要, *35*, 134-153.

Kreifelts, B., Ethofer, T., Huberle, E., Grodd, W., & Wildgruber, D. (2010). Association of trait emotional intelligence and individual fMRI-activation patterns during the perception of social signals from voice and face. *Human Brain Mapping, 31*, 979-991.

Lamm, C., Batson, C. D., & Decety, J. (2007). The neural substrate of human empathy: Effects of perspective-taking and cognitive appraisal. *Journal of Cognitive Neuroscience, 19*, 42-58.

Landy, F. J. (2005). Some historical and scientific issues related to research on emotional intelligence. *Journal of Organizational Behavior, 26*, 411-424.

Latack, J. C., & Havlovic, S. J. (1992). Coping with job stress: A conceptual evaluation framework for coping measures. *Journal of Organizational Behavior, 13*, 479-508.

Law, K. S., Wong, C. S., & Song, L. J. (2004). The construct and criterion validity of emotional intelligence and its potential utility for management studies. *Journal of Applied Psychology, 89*, 483-496.

Lazarus, R. S. (1991). *Emotion and adaptation.* New York, NY: Oxford University Press.

Lazarus, R. S., & Folkman, S. (1984). *Stress, appraisal, and coping.* NewYork, NY: Springer.

Leary, M. R., Twenge, J. M., & Quinlivan, E. (2006). Interpersonal rejection as a determinant of anger and aggression. *Personality and Social Psychology Review, 10*, 111-132.

Lelieveld, G. J., Moor, B. G., Crone, E. A., Karremans, J. C., & van Beest, I. (2012). A penny for your pain? The financial compensation of social pain after exclusion. *Social Psychological and Personality Science, 4*, 206-214.

Levenson, R. W. (1999). The intrapersonal functions of emotion. *Cognition and Emotion, 13*, 481-504.

Li, T. W., Saklofske, D. H., Bowden, S. C., Yan, G. G., & Fung, T. S. (2012). The measurement invariance of the Wong and Law Emotional Intelligence Scale (WLEIS) across three Chinese university student groups from Canada and China. *Journal of Psychoeducational Assessment, 30*, 439-452.

Libbrecht, N., Beuckelaer, A. D., Lievens, F., & Rockstuhl, T. (2014). Measurement invariance of the Wong and Law Emotional Intelligence Scale scores: Does the measurement structure hold across far Eastern and European countries? *Applied Psychology, 63*, 223-237.

Little, T. D., Cunningham, W. A., Shahar, G., & Widaman, K. F. (2002). To parcel or not to parcel: Exploring the question, weighing the merits. *Structural Equation Modeling, 9*, 151-173.

Locke, E. A. (2005). Why emotional intelligence is an invalid concept. *Journal of Organizational Behavior, 26*, 425-431.

López-Pérez, B., & Ambrona, T. (2015). The role of cognitive emotion regulation on the vicarious emotional response. *Motivation and Emotion, 39,* 299–308.

Lyubomirsky, S., & Lepper, H. (1999). A measure of subjective happiness: Preliminary reliability and construct validation. *Social Indicators Research, 46,* 137–155.

MacCann, C., & Roberts, R. D. (2008). New paradigms for assessing emotional intelligence: Theory and data. *Emotion, 8,* 540–551.

MacCann, C., Roberts, R. D., Matthews, G., & Zeidner, M. (2004). Consensus scoring and empirical option weighting of performance-based emotional intelligence (EI) tests. *Personality and Individual Differences, 36,* 645–662.

Malouff, J. M., Schutte, N. S., & Thorsteinsson, E. B. (2014). Trait emotional intelligence and romantic relationship satisfaction: A meta-analysis. *The American Journal of Family Therapy, 42,* 53–66.

Marroquín, B. (2011). Interpersonal emotion regulation as a mechanism of social support in depression. *Clinical Psychology Review, 31,* 1276–1290.

Martins, A., Ramalho, N., & Morin, E. (2010). A comprehensive meta-analysis of the relationship between emotional intelligence and health. *Personality and Individual Differences, 49,* 554–564.

Maslow, A. H. (1968). *Toward a psychology of being.* New York, NY: Van Nostrand.

Masten, C. L., Morelli, S. A., & Eisenberger, N. I. (2011). An fMRI investigation of empathy for 'social pain' and subsequent prosocial behavior. *Neuroimage, 55,* 381–388.

Masuda, T., Ellsworth, P. C., Mesquita, B., Leu, J., Tanida, S., & Van de Veerdonk, E. (2008). Placing the face in context: Cultural differences in the perception of facial emotion. *Journal of Personality and Social Psychology, 94,* 365–381.

Matthews, G., Roberts, R. D., & Zeidner, M. (2004). Seven myths about emotional intelligence. *Psychological Inquiry, 15,* 179–196.

Matthews, G., Zeidner, M., & Roberts, R. D. (2012). Emotional intelligence: A promise unfulfilled? *Japanese Psychological Research, 54,* 105–127.

Maul, A. (2012). The validity of the Mayer-Salovey-Caruso Emotional Intelligence Test (MSCEIT) as a measure of emotional intelligence. *Emotion Review, 4,* 394–402.

Mayer, J. D., Caruso, D. R., & Salovey, P. (1999). Emotional intelligence meets traditional standards for an intelligence. *Intelligence, 27,* 267–298.

Mayer, J. D., Roberts, R. D., & Barsade, S. G. (2008). Human abilities: Emotional intelligence. *Annual Review of Psychology, 59,* 507–536.

Mayer, J. D., & Salovey, P. (1993). The intelligence of emotional intelligence. *Intelligence, 17,* 433–442.

Mayer, J. D., Salovey, P., & Caruso, D. R. (2012). The validity of the MSCEIT: Additional analyses and evidence. *Emotion Review, 4,* 403–408.

Mayer, J. D., Salovey, P., Caruso, D. R., & Sitarenios, G. (2001). Emotional intelligence as a standard intelligence. *Emotion, 1,* 232–242.

Mayer, J. D., Salovey, P., Caruso, D. R., & Sitarenios, G. (2003). Measuring emotional

intelligence with the MSCEIT v2.0. *Emotion, 3*, 97-105.
McClelland, D. C. (1973). Testing for competence rather than for intelligence. *American Psychologist, 28*, 1-14.
McCrae, R. R. (2000). Emotional intelligence from the perspective of the five-factor model of personality. In R. Bar-On & J. D. A. Parker (Eds.), *The handbook of emotional intelligence* (pp. 263-276). San Francisco, CA: Jossey-Bass.
McCrae, R. R., & Costa, P. T. J. (1987). Validation of the five-factor model of personality across instruments and observers. *Journal of Personality and Social Psychology, 52*, 81-90.
McEnrue, M. P., Groves, K. S., & Shen, W. (2009). Emotional intelligence development: Leveraging individual characteristics. *Journal of Management Development, 28*, 150-174.
McEnrue, M. P., Groves, K. S., & Shen, W. (2010). Emotional intelligence training evidence regarding its efficacy for developing leaders. *Leadership Review, 10*, 3-26.
McRae, K., Ciesielski, B., & Gross, J. J. (2012). Unpacking cognitive reappraisal: Goals, tactics, and outcomes. *Emotion, 12*, 250-255.
Melby-Lervåg, M., Redick, T. S., & Hulme, C. (2016). Working memory training does not improve performance on measures of intelligence or other measures of "far transfer": Evidence from a meta-analytic review. *Perspectives on Psychological Science, 11*, 512-534.
Mesquita, B. (2010). Emoting: A contextualized process. In B. Mesquita, L. F. Barrett, & E. Smith (Eds.), *The mind in context* (pp. 83-104). New York, NY: Guilford Press.
Mikolajczak, M. (2009). Going beyond the ability-trait debate the three-level model of emotional intelligence. *Electronic Journal of Applied Psychology, 5*, 25-31.
Mikolajczak, M., Avalosse, H., Vancorenland, S., Verniest, R., Callens, M., van Broeck, N., ... Mierop, A. (2015). A nationally representative study of emotional competence and health. *Emotion, 15*, 653-667.
Mikolajczak, M., Brasseur, S., & Fantini-Hauwel, C. (2014). Measuring intrapersonal and interpersonal EQ: The Short Profile of Emotional Competence (S-PEC). *Personality and Individual Differences, 65*, 42-46.
Mikolajczak, M., & Luminet, O. (2008). Trait emotional intelligence and the cognitive appraisal of stressful events: An exploratory study. *Personality and Individual Differences, 44*, 1445-1453.
Mikolajczak, M., Luminet, O., Leroy, C., & Roy, E. (2007). Psychometric properties of the Trait Emotional Intelligence Questionnaire: Factor structure, reliability, construct, and incremental validity in a French-speaking population. *Journal of Personality Assessment, 88*, 338-353.
Mikolajczak, M., Petrides, K. V., Coumans, N., & Luminet, O. (2009). The moderating effect of trait emotional intelligence on mood deterioration following laboratory-induced stress. *International Journal of Clinical and Health Psychology, 9*, 455-477.

Mikolajczak, M., Roy, E., Luminet, O., Fillee, C., & de Timary, P. (2007). The moderating impact of emotional intelligence on free cortisol responses to stress. *Psychoneuroendocrinology, 32*, 1000–1012.

Mikolajczak, M., Roy, E., Verstrynge, V., & Luminet, O. (2009). An exploration of the moderating effect of trait emotional intelligence on memory and attention in neutral and stressful conditions. *British Journal of Psychology, 100*, 699–715.

Mimura, C., & Griffiths, P. (2007). A Japanese version of the Rosenberg Self-Esteem Scale: Translation and equivalence assessment. *Journal of Psychosomatic Research, 62*, 589–594.

Mischel, W., & Shoda, Y. (1995). A cognitive-affective system theory of personality: Reconceptualizing situations, dispositions, dynamics, and invariance in personality structure. *Psychological Review, 102*, 246–268.

Mischel, W., & Shoda, Y. (1998). Reconciling processing dynamics and personality dispositions. *Annual Review of Psychology, 49*, 229–258.

Miyake, A., Friedman, N. P., Emerson, M. J., Witzki, A. H., Howerter, A., & Wager, T. D. (2000). The unity and diversity of executive functions and their contributions to complex "Frontal Lobe" tasks: a latent variable analysis. *Cognitive Psychology, 41*, 49–100.

Miyamoto, Y., Ma, X., & Petermann, A. G. (2014). Cultural differences in hedonic emotion regulation after a negative event. *Emotion, 14*, 804–815.

Mobbs, D., Yu, R., Meyer, M., Passamonti, L., Seymour, B., Calder, A. J., ... Dalgleish, T. (2009). A key role for similarity in vicarious reward. *Science, 324*, 900.

Moeller, S. K., Robinson, M. D., & Bresin, K. (2010). Integrating trait and social-cognitive views of personality: Neuroticism, implicit stress priming, and neuroticism-outcome relationships. *Personality and Social Psychology Bulletin, 36*, 677–689.

諸井克英（1991）．改訂UCLA孤独感尺度の次元性の検討　静岡大学文学部人文論集, *42*, 23-51.

村山　航・及川　恵（2005）．回避的な自己制御方略は本当に非適応的なのか　教育心理学研究, *53*, 273-286.

Muthén, L. K., & Muthén, B. O. (1998-2014). *Mplus user's guide*（7th ed.）. Los Angel, CA: Muthén & Muthén.

Nagler, U. K. J., Reiter, K. J., Furtner, M. R., & Rauthmann, J. F. (2014). Is there a "dark intelligence"? Emotional intelligence is used by dark personalities to emotionally manipulate others. *Personality and Individual Differences, 65*, 47-52.

中畝菜穂子・内田照久・石塚智一・前川眞一（2003）．進学校における大学受験に関する意識と学内成績及び性別との関係　進路指導研究, *23*, 11-22.

Neisser, U., Boodoo, G., Bouchard, T. J., Boykin, A. W., Brody, N., Ceci, S. J., ... Urbina, S. (1996). Intelligence: Knowns and unknowns. *American Psychologist, 51*, 77-101.

Nelis, D., Kotsou, I., Quoidbach, J., Hansenne, M., Weytens, F., Dupuis, P., & Mikolajczak, M. (2011). Increasing emotional competence improves psychological and physical

well-being, social relationships, and employability. *Emotion, 11*, 354-366.
Nelis, D., Quoidbach, J., Mikolajczak, M., & Hansenne, M. (2009). Increasing emotional intelligence: (How) is it possible? *Personality and Individual Differences, 47*, 36-41.
Netzer, L., Van Kleef, G. A., & Tamir, M. (2015). Interpersonal instrumental emotion regulation. *Journal of Experimental Social Psychology, 58*, 124-135.
Niedenthal, P. M., & Brauer, M. (2012). Social functionality of human emotion. *Annual Review of Psychology, 63*, 259-285.
西郡　大 (2011). 個別大学の追跡調査に関するレビュー研究　大学入試研究ジャーナル, *21*, 31-38.
Niven, K., Holman, D., & Totterdell, P. (2012). How to win friendship and trust by influencing people's feelings: An investigation of interpersonal affect regulation and the quality of relationships. *Human Relations, 65*, 777-805.
Niven, K., Totterdell, P., & Holman, D. (2009). A classification of controlled interpersonal affect regulation strategies. *Emotion, 9*, 498-509.
Niven, K., Totterdell, P., Stride, C. B., & Holman, D. (2011). Emotion regulation of others and self (EROS): The development and validation of a new individual difference measure. *Current Psychology, 30*, 53-73.
Nolen-Hoeksema, S., Fredrickson, B. L., Loftus, G. R., & Wagenaar, W. A. (2009). *Atkinson & Hilgard's introduction to psychology* (15th ed.). Hampshire, UK: Cengage Learning.
Nolen-Hoeksema, S., Wisco, B. E., & Lyubomirsky, S. (2008). Rethinking rumination. *Perspectives on Psychological Science, 3*, 400-424.
Ochsner, K. N., & Gross, J. J. (2014). The neural bases of emotion and emotion regulation: A valuation perspective. In J. J. Gross (Ed.), *Handbook of emotion regulation* (2nd ed., pp. 23-42). New York, NY: Guilford Press.
Ochsner, K. N., Knierim, K., Ludlow, D. H., Hanelin, J., Ramachandran, T., Glover, G., & Mackey, S. C. (2004). Reflecting upon feelings: An fMRI study of neural systems supporting the attribution of emotion to self and other. *Journal of Cognitive Neuroscience, 16*, 1746-1772.
Ochsner, K. N., Silvers, J. A., & Buhle, J. T. (2012). Functional imaging studies of emotion regulation: A synthetic review and evolving model of the cognitive control of emotion. *Annals of the New York Academy of Sciences, 1251*, E 1 -24.
O'Connor, P. J., & Athota, V. S. (2013). The intervening role of agreeableness in the relationship between trait emotional intelligence and machiavellianism: Reassessing the potential dark side of EI. *Personality and Individual Differences, 55*, 750-754.
及川　恵 (2003). 再解釈と計画が気晴らしへの依存に及ぼす影響—ストレス状況の文脈を考慮して—　教育心理学研究, *51*, 319-327.
岡村典子 (2013). Emotional Intelligence理論を活用した研修プログラムの検討—中堅看護師を対象にした試み—　北関東医学, *63*, 233-242.
O'Reilly, R. C., Munakata, Y., Frank, M. J., Hazy, T. E., & Contributors. (2012). *Computational cognitive neuroscience*. Wiki Book.

大塚泰正 (2008). 理論的作成方法によるコーピング尺度―COPE― 広島大学心理学研究, *8*, 121-128.
小山秀樹 (2003) 大学受験生の受験に対する認知に関する研究―受験生が考える大学受験のプラス面― 日本教育心理学会総会発表論文集, 489.
小塩真司・阿部晋吾・カトローニピノ (2012). 日本語版Ten Item Personality Inventory (TIPI-J) 作成の試み パーソナリティ研究, *21*, 40-52.
小塩真司・中谷素之・金子一史・長峰伸治 (2002). ネガティブな出来事からの立ち直りを導く心理的特性―精神回復力尺度の作成― カウンセリング研究, *35*, 57-65.
Panksepp, J. (1998). *Affective neuroscience: The foundations of human and animal emotions*. New York, NY: Oxford University Press.
Park, C. L., & Fenster, J. R. (2004). Stress-related growth: Predictors of occurrence and correlates with psychological adjustment. *Journal of Social and Clinical Psychology*, *23*, 195-215.
Parkinson, B., & Totterdell, P. (1999). Classifying affect-regulation strategies. *Cognition and Emotion*, *13*, 277-303.
Peña-Sarrionandia, A., Mikolajczak, M., & Gross, J. J. (2015). Integrating emotion regulation and emotional intelligence traditions: A meta-analysis. *Frontiers in Psychology*, *6*, 160.
Pérez-González, J. C., & Sanchez-Ruiz, M.-J. (2014). Trait emotional intelligence anchored within the Big Five, Big Two and Big One frameworks. *Personality and Individual Differences*, *65*, 53-58.
Petrides, K. V. (2009). *Technical manual for the trait emotional intelligence questionnaires (TEIQue)*. London: London Psychometric Laboratory.
Petrides, K. V., & Furnham, A. (2001). Trait emotional intelligence: Psychometric investigation with reference to established trait taxonomies. *European Journal of Personality*, *15*, 425-448.
Petrides, K. V., & Furnham, A. (2003). Trait emotional intelligence: Behavioural validation in two studies of emotion recognition and reactivity to mood induction. *European Journal of Personality*, *17*, 39-57.
Petrides, K. V., Pérez-González, J. C., & Furnham, A. (2007). On the criterion and incremental validity of trait emotional intelligence. *Cognition and Emotion*, *21*, 26-55.
Petrides, K. V., Pita, R., & Kokkinaki, F. (2007). The location of trait emotional intelligence in personality factor space. *British Journal of Psychology*, *98*, 273-289.
Pillutla, M. M., & Murnighan, J. K. (1996). Unfairness, anger, and spite: Emotional rejections of ultimatum offers. *Organizational Behavior and Human Decision Processes*, *68*, 208-224.
Preacher, K. J., Rucker, D. D., & Hayes, A. F. (2007). Addressing moderated mediation hypotheses: Theory, methods, and prescriptions. *Multivariate Behavioral Research*, *42*, 185-227.

R Core Team. (2015) *R: A language and environment tor statistical computing.* Vienna, Austria: R Faundation for Statistical Computing.

Read, S. J., Monroe, B. M., Brownstein, A. L., Yang, Y., Chopra, G., & Miller, L. C. (2010). A neural network model of the structure and dynamics of human personality. *Psychological Review, 117,* 61-92.

Riediger, M., & Klipker, K. (2014). Emotion regulation in adolescence. In J. J. Gross (Ed.), *Handbook of emotion regulation* (2nd ed., pp. 187-202). New York: Guilford Press.

Riem, M. M., Bakermans-Kranenburg, M. J., Huffmeijer, R., & van Ijzendoorn, M. H. (2013). Does intranasal oxytocin promote prosocial behavior to an excluded fellow player? A randomized-controlled trial with cyberball. *Psychoneuroendocrinology, 38,* 1418-1425.

Roberts, B. W. (2009). Back to the future: Personality and assessment and personality development. *Journal of Research in Personality, 43,* 137-145.

Roberts, R. D., Zeidner, M., & Matthews, G. (2001). Does emotional intelligence meet traditional standards for an intelligence? Some new data and conclusions. *Emotion, 1,* 196-231.

Rosenberg, M. (1965). *Society and the adolescent self-image.* Princeton, NJ: Princeton University Press.

Roth, S., & Cohen, L. J. (1986). Approach, avoidance, and coping with stress. *American Psychologist, 41,* 813-819.

Ruffman, T., Henry, J. D., Livingstone, V., & Phillips, L. H. (2008). A meta-analytic review of emotion recognition and aging: Implications for neuropsychological models of aging. *Neuroscience and Biobehavioral Reviews, 32,* 863-881.

Russell, D., Peplau, L. A., & Cutrona, C. E. (1980). The revised UCLA loneliness scale: Concurrent and discriminant validity evidence. *Journal of Personality and Social Psychology, 39,* 472-480.

Russell, J. A. (2003). Core affect and the psychological construction of emotion. *Psychological Review, 110,* 145-172.

Saarni, C. (1999). *The development of emotional competence.* New York, NY: Guilford Press. (サーニ, C. 佐藤 香（監訳）(2006). 感情コンピテンスの発達 ナカニシヤ出版)

榊原良太 (2014). 自記式尺度を用いた感情制御の測定—Grossのプロセスモデルの枠組みに基づいた既存の尺度の俯瞰— 感情心理学研究, *21,* 105-113.

Saklofske, D. H., Austin, E. J., & Minski, P. S. (2003). Factor structure and validity of a trait emotional intelligence measure. *Personality and Individual Differences, 34,* 707-721.

Salovey, P., & Mayer, D. (1990). Emotional intelligence. *Imagination, Cognition and Personality, 9,* 185-211.

Salovey, P., Stroud, L. R., Woolery, A., & Epel, E. S. (2002). Emotional intelligence and stress coping in dental undergraduates. *Psychology and Health, 17,* 611-627.

佐藤安子（2009）．大学生におけるストレスの心理的自己統制メカニズム―自覚的ストレスの高低による内的ダイナミズムの比較―　教育心理学研究, *57*, 38-48.

Scherer, K. R. (1984). On the nature and function of emotion: A component process approach. In K. R. Scherer & P. E. Ekman (Eds.), *Approaches to emotion* (pp. 293-317). Hillsdale, NJ: Erlbaum.

Scherer, K. R. (2007). Componential emotion theory can inform models of emotional competence. In G. Matthews, M. Zeidner, & R. D. Roberts (Eds.), *The science of emotional intelligence: Knowns and unknowns* (pp. 101-126). New York, NY: Oxford University Press.

Schmitt, N., & Kuljanin, G. (2008). Measurement invariance: Review of practice and implications. *Human Resource Management Review, 18*, 210-222.

Schröder-Abé, M., & Schütz, A. (2011). Walking in each other's shoes: Perspective taking mediates effects of emotional intelligence on relationship quality. *European Journal of Personality, 25*, 155-169.

Schutte, N. S., Malouff, J. M., Bobik, C., Coston, T. D., Greeson, C., Jedlicka, C., ... Wendorf, G. (2001). Emotional intelligence and interpersonal relations. *Journal of Social Psychology, 141*, 523-536.

Schutte, N. S., Malouff, J. M., Hall, L. E., Haggerty, D. J., Cooper, J. T., Golden, C. J., & Dornheim, L. (1998). Development and validation of a measure of emotional intelligence. *Personality and Individual Differences, 25*, 167-177.

Schutte, N. S., Malouff, J. M., Simunek, M., McKenley, J., & Hollander, S. (2002). Characteristic emotional intelligence and emotional well-being. *Cognition and Emotion, 16*, 769-785.

Schutte, N. S., Malouff, J. M., Thorsteinsson, E. B., Bhullar, N., & Rooke, S. E. (2007). A meta-analytic investigation of the relationship between emotional intelligence and health. *Personality and Individual Differences, 42*, 921-933.

Schwarz, N. (1990). Feelings as information: Informational and motivational functions of affective states. In E. T. Higgins & R. M. Sorrentino (Eds.), *Handbook of motivation and cognition: Foundations of social behavior* (Vol. 2, pp. 527-561). New York, NY: Guilford Press.

Seery, M. D., Holman, E. A., & Silver, R. C. (2010). Whatever does not kill us: Cumulative lifetime adversity, vulnerability, and resilience. *Journal of Personality and Social Psychology, 99*, 1025-1041.

Sheeran, P. (2002). Intention-behavior relations: A conceptual and empirical review. *European Review of Social Psychology, 12*, 1-36.

Sheppes, G., Scheibe, S., Suri, G., & Gross, J. J. (2011). Emotion-regulation choice. *Psychological Science, 22*, 1391-1396.

Sheppes, G., Scheibe, S., Suri, G., Radu, P., Blechert, J., & Gross, J. J. (2014). Emotion regulation choice: A conceptual framework and supporting evidence. *Journal of Experimental Psychology: General, 143*, 163-181.

Sheppes, G., Suri, G., & Gross, J. J. (2015). Emotion regulation and psychopathology. *Annual Review of Clinical Psychology, 11*, 379-405.

島井哲志・大竹恵子・宇津木成介・池見　陽・Lyubomirsky Sonja (2004). 日本版主観的幸福感尺度 (Subjective Happiness Scale: SHS) の信頼性と妥当性の検討　日本公衆衛生雑誌, *51*, 845-853.

神藤貴昭(1998). 中学生の学業ストレッサーと対処方略がストレス反応および自己成長感・学習意欲に与える影響　教育心理学研究, *46*, 442-451.

Siegling, A. B., Vesely, A. K., Petrides, K. V., & Saklofske, D. H. (2015). Incremental validity of the Trait Emotional Intelligence Questionnaire-short form (TEIQue-SF). *Journal of Personality Assessment, 97*, 525-535.

Singer, T., & Lamm, C. (2009). The social neuroscience of empathy. *Annals of the New York Academy of Sciences, 1156*, 81-96.

Singer, T., Seymour, B., O'Doherty, J., Kaube, H., Dolan, R. J., & Frith, C. D. (2004). Empathy for pain involves the affective but not sensory components of pain. *Science, 303*, 1157-1162.

Skinner, E. A., Edge, K., Altman, J., & Sherwood, H. (2003). Searching for the structure of coping: A review and critique of category systems for classifying ways of coping. *Psychological Bulletin, 129*, 216-269.

Slaski, M., & Cartwright, S. (2003). Emotional intelligence training and its implications for stress, health and performance. *Stress and Health, 19*, 233-239.

Smith, A. (1759). *The theory of moral sentiments.* (スミス, A.　水田　洋 (訳) (2003). 道徳感情論 (上)(下)　岩波書店)

Smith, L., Ciarrochi, J., & Heaven, P. C. L. (2008). The stability and change of trait emotional intelligence, conflict communication patterns, and relationship satisfaction: A one-year longitudinal study. *Personality and Individual Differences, 45*, 738-743.

Smith, L., Heaven, P. C. L., & Ciarrochi, J. (2008). Trait emotional intelligence, conflict communication patterns, and relationship satisfaction. *Personality and Individual Differences, 44*, 1314-1325.

Spokas, M., Luterek, J. A., & Heimberg, R. G. (2009). Social anxiety and emotional suppression: The mediating role of beliefs. *Journal of Behavior Therapy and Experimental Psychiatry, 40*, 283-291.

Stanton, A. L., Danoff-Burg, S., Cameron, C. L., Bishop, M., Collins, C. A., Kirk, S. B., ... Twillman, R. (2000). Emotionally expressive coping predicts psychological and physical adjustment to breast cancer. *Journal of Consulting and Clinical Psychology, 68*, 875-882.

鈴木伸一・坂野雄二 (1998). 認知的評価測定尺度 (CARS) 作成の試み　ヒューマンサイエンスリサーチ, *7*, 113-124.

Takahashi, H., Takano, H., Camerer, C. F., Ideno, T., Okubo, S., Matsui, H., ... Suhara, T. (2012). Honesty mediates the relationship between serotonin and reaction to unfairness. *Proceedings of the National Academy of Sciences of the United States of*

America, 109, 4281-4284.

髙橋雄介・山形伸二・星野崇宏（2011）．パーソナリティ特性研究の新展開と経済学・疫学など他領域への貢献の可能性　心理学研究, *82*, 63-76.

Takeuchi, H., Taki, Y., Nouchi, R., Sekiguchi, A., Hashizume, H., Sassa, Y., ... Kawashima, R. (2013). Resting state functional connectivity associated with trait emotional intelligence. *Neuroimage, 83*, 318-328.

Tamir, M. (2005). Don't worry, be happy? Neuroticism, trait-consistent affect regulation, and performance. *Journal of Personality and Social Psychology, 89*, 449-461.

Tamir, M., & Ford, B. Q. (2012). Should people pursue feelings that feel good or feelings that do good? Emotional preferences and well-being. *Emotion, 12*, 1061-1070.

Tedeschi, R. G., & Calhoun, L. G. (1996). The posttraumatic growth inventory: Measuring the positive legacy of trauma. *Journal of Traumatic Stress, 9*, 455-471.

Tedeschi, R. G., & Calhoun, L. G. (2004). Posttraumatic growth: Conceptual foundations and empirical evidence. *Psychological Inquiry, 15*, 1-18.

Tett, R. P., Fox, K. E., & Wang, A. (2005). Development and validation of a self-report measure of emotional intelligence as a multidimensional trait domain. *Personality and Social Psychology Bulletin, 31*, 859-888.

Thorndike, E. L. (1920). Intelligence and its use. *Harper's Magazine, 140*, 227-235.

豊田弘司（2013）．小学生と大学生における居場所（「安心できる人」）と情動知能の関係　奈良教育大学教育実践開発研究センター研究紀要, *22*, 19-25.

豊田弘司（2014）．愛着スタイル，情動知能及び自尊感情の関係　奈良教育大学教育実践開発研究センター研究紀要, *23*, 1-6.

豊田弘司・森田泰介・金敷大之・清水益治（2005）．日本版ESCQ（Emotional Skills & Competence Questionnaire）の開発　奈良教育大学紀要, *54*, 43-47.

Toyota, H., Morita, T., & Taksic, V. (2007). Development of a Japanese version of the emotional skills and competence questionnaire. *Perceptual and Motor Skills, 105*, 469-476.

豊田弘司・桜井裕子（2007）．中学生用情動知能尺度の開発　奈良教育大学教育実践開発研究センター研究紀要, *16*, 13-17.

豊田弘司・照田恵理（2013）．大学生におけるストレッサー，ストレス反応及び情動知能の関係　奈良教育大学紀要, *62*, 41-48.

豊田弘司・山本晃輔（2011）．日本版WLEIS（Wong and Law Emotional Intelligence Scale）の作成　奈良教育大学教育実践開発研究センター研究紀要, *20*, 7-12.

Tsai, J. L., Knutson, B., & Fung, H. H. (2006). Cultural variation in affect valuation. *Journal of Personality and Social Psychology, 90*, 288-307.

Twenge, J. M., Baumeister, R. F., Tice, D. M., & Stucke, T. S. (2001). If you can't join them, beat them: Effects of social exclusion on aggressive behavior. *Journal of Personality and Social Psychology, 81*, 1058-1069.

内田香奈子・山崎勝之（2007）．大学生用感情コーピング尺度の作成ならびに信頼性，妥当性の検討パーソナリティ研究, *16*, 100-109.

Uchida, Y., Kitayama, S., Mesquita, B., Reyes, J. A., & Morling, B. (2008). Is perceived emotional support beneficial? Well-being and health in independent and interdependent cultures. *Personality and Social Psychology Bulletin, 34,* 741-754.

内山喜久雄・島井哲志・宇津木成介・大竹恵子（2001）．EQS マニュアル　実務教育出版

Vandenberg, R. J., & Lance, C. E. (2000). A review and synthesis of the measurement invariance literature: Suggestions, practices, and recommendations for organizational research. *Organizational Research Methods, 3,* 4-70.

van de Vijver, F. J., & Leung, K. (2001). Personality in cultural context: Methodological issues. *Journal of Personality, 69,* 1007-1031.

Vazire, S. (2010). Who knows what about a person? The self-other knowledge asymmetry (SOKA) model. *Journal of Personality and Social Psychology, 98,* 281-300.

Vesely, A. K., Saklofske, D. H., & Nordstokke, D. W. (2014). EI training and pre-service teacher wellbeing. *Personality and Individual Differences, 65,* 81-85.

Webb, T. L., Miles, E., & Sheeran, P. (2012). Dealing with feeling: A meta-analysis of the effectiveness of strategies derived from the process model of emotion regulation. *Psychological Bulletin, 138,* 775-808.

Webb, T. L., Schweiger Gallo, I., Miles, E., Gollwitzer, P. M., & Sheeran, P. (2012). Effective regulation of affect: An action control perspective on emotion regulation. *European Review of Social Psychology, 23,* 143-186.

Weis, S., & Süß, H.-M. (2005). Social intelligence: A review and critical discussion of measurement concepts. In R. Schulze & R. D. Roberts (Eds.), *An international handbook of emotional intelligence* (pp. 203-230). Ashland, OH: Hogrefe.

Wesselmann, E. D., Bagg, D., & Williams, K. D. (2009). "I feel your pain": The effects of observing ostracism on the ostracism detection system. *Journal of Experimental Social Psychology, 45,* 1308-1311.

Wesselmann, E. D., Wirth, J. H., Mroczek, D. K., & Williams, K. D. (2012). Dial a feeling: Detecting moderation of affect decline during ostracism. *Personality and Individual Differences, 53,* 580-586.

Wesselmann, E. D., Wirth, J. H., Pryor, J. B., Reeder, G. D., & Williams, K. D. (2013). When do we ostracize? *Social Psychological and Personality Science, 4,* 108-115.

Wicker, B., Keysers, C., Plailly, J., Royet, J. P., Gallese, V., & Rizzolatti, G. (2003). Both of us disgusted in my insula: The common neural basis of seeing and feeling disgust. *Neuron, 40,* 655-664.

Will, G. J., Crone, E. A., & Guroglu, B. (2015). Acting on social exclusion: Neural correlates of punishment and forgiveness of excluders. *Social Cognitive and Affective Neuroscience, 10,* 209-218.

Williams, K. D. (2007). Ostracism. *Annual Review of Psychology, 58,* 425-452.

Williams, K. D. (2009). Ostracism: A temporal need-threat model. In M. P. Zanna (Ed.), *Advances in experimental social psychology* (Vol. 41, pp. 275-314). Burlington, MA: Academic Press.

Williams, K. D., Cheung, C. K. T., & Choi, W. (2000). Cyberostracism: Effects of being ignored over the internet. *Journal of Personality and Social Psychology, 79*, 748–762.

Wong, C. S., & Law, K. S. (2002). The effects of leader and follower emotional intelligence on performance and attitude: An exploratory study. *Leadership Quarterly, 13*, 243–274.

Woods, S. A., & Hampson, S. E. (2005). Measuring the Big Five with single items using a bipolar response scale. *European Journal of Personality, 19*, 373–390.

Yang, Y., Read, S. J., Denson, T. F., Xu, Y., Zhang, J., & Pedersen, W. C. (2014). The key ingredients of personality traits: Situations, behaviors, and explanations. *Personality and Social Psychology Bulletin, 40*, 79–91.

Ybarra, O., Kross, E., Lee, D. S., Zhao, Y., Dougherty, A., & Sanchez-Burks, J. (2013). Toward a more contextual, psychological, and dynamic model of emotional intelligence. In A. B. Bakker (Ed.), *Advances in positive organizational psychology* (pp. 167–187). Bingley, UK: Emerald Group.

Ybarra, O., Rees, L., Kross, E., & Sanchez-Burks, J. (2012). Social context and the psychology of emotional intelligence: A key to creating positive organizations. In K. S. Cameron & G. M. Spreitzer (Eds.), *The Oxford handbook of positive organizational scholarship* (pp. 201–214). New York, NY: Oxford University Press.

Zadro, L., Williams, K. D., & Richardson, R. (2004). How low can you go? Ostracism by a computer is sufficient to lower self-reported levels of belonging, control, self-esteem, and meaningful existence. *Journal of Experimental Social Psychology, 40*, 560–567.

Zaki, J., & Williams, W. C. (2013). Interpersonal emotion regulation. *Emotion, 13*, 803–810.

付　録

項目の横に*印があるものは逆転項目である。
情動コンピテンスプロフィール日本語版（研究1，2，6，7で使用）
情動コンピテンス自己領域
自己の情動の同定
・何かに感動した時，自分が何を感じているのかがすぐに分かる
・自分の中に感情が生じた時，その感情にすぐに気がつく
・落ち込んでいる時，自分がどのような感情を感じているのかを正確に知ることは難しいと思う*
・気分が良い時，自分に誇りを持っているからなのか，幸せだからなのか，リラックスしているからなのかが，簡単に区別できる
・口論している間，自分が怒っているのか悲しんでいるのかが分からない*

自己の情動の理解
・自分がなぜこのように感情的に反応しているのかが，いつも分かるわけではない*
・落ち込んでいる時，自分の気持ちとその気持ちを生じさせた状況とを結びつけることは簡単だ
・自分が悲しい時，その理由が分からないことが多い*
・自分の中に感情が生じた時，その感情がどこから来たのかが分からない*
・自分がストレスを感じている理由が，いつも分かるわけではない*

自己の情動の表現
・何かが嫌な時，何とか冷静に嫌だと言うことができる
・自分の気持ちを他の人たちに説明するのは，そうしたいと思っていても難しいと思う*
・他の人たちは，私が感情を表現する仕方を受け入れてくれない*
・自分の気持ちを上手く説明できる
・周りの人たちは，私が自分の気持ちを率直に表現していないと言う*

自己の情動の調整
・困難な経験の後でも，何とか簡単に自分を落ち着かせることができる
・自分の感情を上手く取り扱うことは難しいと思う*
・ストレスが多い状況では，自分を落ち着かせるのに役立つ方法でたいてい考えている
・悲しい時に，自分を元気づけることは簡単だと思う
・怒っている時，自分を落ち着かせることは簡単だと思う

自己の情動の利用
・自分の人生に関する選択は，決して自分の感情に基づいて行わない*

- 人生の選択をより良くするために，自分の気持ちを利用している
- 私の感情は，自分が人生で変えるべきことを知らせてくれる
- 困難な状況や感情から学ぼうとしている
- 自分にとって重要なことに注目するのに，自分の気持ちが助けになる

他者の情動の同定
- 人が私に話しかけていなくても，その人が怒っているのか，悲しんでいるのか，喜んでいるのかが見分けられる
- 人の感情の状態が分からないために，その人に対して間違った態度を取ることがよくある
- 人の機嫌が悪いことに気がついていないために，その人の反応に驚くことが多い*
- 他の人たちの気持ちを感じ取るのが得意だ
- 人の感情の状態が頻繁に分からなくなる*

他者の情動の理解
- 自分の周りにいる人たちの感情的な反応について簡単に説明することができる
- 自分の周りの人たちが，なぜそのような感情的な反応をするのかが理解できないことがある*
- 人の感情的な反応と，その人の個人的な事情とを関連づけることは難しいと感じる*
- 他の人たちの感情的な反応が理解できなくて，よく戸惑う*
- たいていの場合，人がなぜそのような気持ちを感じているのかを理解している

他者の情動の表現
- 他の人たちは，よく個人的な問題を私に打ち明けてくれる．
- 人が不満を言っているのを聞くことは，私には難しく感じる*
- 他の人たちが，その人が抱えている問題を話してくると，嫌な気持ちになる*
- 人が，その人が抱えている問題を話してくると落ち着かなくなるので，なるべく避けるようにしている*
- 他の人たちは私のことを，相談ができる友人だと言ってくれる

他者の情動の調整
- 誰かが泣きながら自分のところに来たとしても，何をしていいか分からない*
- たいていの場合，他の人たちの気持ちに影響を与えることができる
- 怒っている人と出会った時，簡単にその人を落ち着かせることができる
- ストレスや不安を感じている人に会った時，その人を簡単に落ち着かせることができる
- 他の人たちを上手く元気づけることができる

他者の情動の利用
- 自分の主張を人に納得させるには何をすればよいかを知っている
- 自分が望むものを他の人たちから簡単に手に入れることができる
- そうしようと思えば，簡単に人を不安にさせることができる
- そうしようと思えば，他の人たちの感情を自分がそうしたいように簡単に動かすことができる

・人をやる気にさせるには何をすれば良いかを知っている

改訂版WLEIS（研究2，3，4，5，8で使用）
情動コンピテンス自己領域
自己の情動の評価と認識
・私は，何か起こった時には，その時の自分の気持ちがよく分かっている
・私は，今すごくうれしいとかつらいとか，自分自身のいろいろな気持ちを良く分かっている
・私は何か起こった時に，自分がどうしてそんな気持ちになったのか，たいてい理由がわかる
・私は，自分の気分が良い時や，嫌だなと思う時がいつも分かっている
自己の情動の調整
・私は，難しい問題が起こった時でも，自分の気持ちを抑えて，きちんと解決できる
・私は自分自身の気持ちをコントロールすることが上手だ
・腹が立って，気持ちが高ぶっていても，すぐに落ち着きを取り戻すことができる
・自分をやる気にさせることが得意だ
他者の情動の評価と認識
・友達の行動を見れば，その友達が今どんな気持ちなのかがいつも分かる
・友達の気持ちや感情を敏感に感じ取ることができる
・何か起こった時，周りの友達がどうしてそんな気持ちになっているのかが分かる
・周りの友達が皆，今どんな気持ちなのかいつも皆を観察して気にかけている
他者の情動の調整
・人をやる気にさせることが得意だ
・他の人が不安を感じている時に，その不安を取り除くことが上手だ
・友達が怒っていても上手く落ち着かせることができる
・他の人を喜ばせることが得意だ

ストレス経験からの成長尺度（研究3で使用）
自己への信頼
・自分が以前よりも強くなったことを発見した
・困難な出来事を上手く扱える自信がついた
・自分をより信頼するようになった
・自分に起こることをそのまま受け入れられるようになった
他者の受容
・周りの人から多くのことを学べることを知った
・周りの人を思いやれるようになった
・周りの人を，より受け入れられるようになった
・周りの人により親しみを感じるようになった

ストレス対処尺度（研究3で使用）
問題対処
・一度失敗しても，その次は上手くいくようにしようと工夫した
・1人で色々なことにチャレンジした
・問題やその原因について自分なりに考えた
・困ったとき，自分ができることをまずやった
・難しいことでも解決するために，色々な方法を考えた
・自分には足りない部分があることを認め，そこをおぎない高めていこうとした
気ばらし行動
・自分の好きなことを1人でして，嫌な出来事のことを忘れようとした
・1人で好きなことを行って安心した
・ストレスの原因となったこととは違うことに1人で熱中した
・1人で夢中になれるものに打ちこんだ
・趣味など自信のあることを行い，自分の価値や能力を確認した
楽観的思考
・何ごとも良い方に考えた
・将来の見通しは明るいと考えた
・どうにかなるだろう，と開き直った
・失敗はあまり気にしすぎないようにした
・困ったとき，考えるだけ考えたらもう悩まないようにした
他者との共有
・人といろいろな時間を共有した
・人に何でも思うことを話して，聞いてもらった
・人に自分のそばに一緒にいてもらった
・人の悩みを聞き，自分だけではないとはげまされた
・自分の悩みを人にも聞いてもらいたいと思った
・迷っているときは人の意見も聞きたいと思った
・自分のことを考えてくれる人がいるだけで，落ち込んでばかりはいられないと思った
・人からの助言は役に立つと考えた
・人に相談して，自分の能力・価値を認めてもらいたいと思った
・人と過ごし，1人ではないという自信を得た
・人といっしょに同じ目標に打ちこんだ
・人といっしょに，自分の長所，短所について話し合った

認知的評価尺度（研究4で使用）
挑戦
・たとえ今はつらくても，将来の成長につながるチャンスだと考えた
・自分の将来のためになる経験だと考えた
・自分自身に向き合える良いチャンスだと考えた

回避
・つらいだけなので早く終わってほしい経験だと考えた
・できるだけ関わりたくない，ただつらいだけの経験だと考えた
・自分自身の短所が見えるので，あまり取り組みたくない経験だと考えた

ストレス対処尺度（研究4で使用）
自己活用接近対処
・自分の足りない部分を，おぎない高めていこうとした
・反省を踏まえて，次にするべきことを考えた
・問題解決のために，1つのものに固執せず他の考え方も取り入れた
・問題やその原因について自分なりに考えた
自己活用回避対処
・1人で自分の好きなことをして，いやな出来事のことを忘れようとした
・1人で他の夢中になれるものに打ち込んだ
・悩みと関係ないことをしたり，考えたりした
・1人で気晴らしやうさ晴らしをした
他者活用対処
・誰かに話を聞いてもらい，はげましてもらおうとした
・他の人に話を聞いてもらい，気持ちをしずめようとした
・問題を解決しようとして，誰かにアドバイスを求めた
・問題やその原因をはっきりさせるために，他の人に相談した
・考えをまとめるために，誰かと話をした
・自分のことを理解してくれている人と一緒にいて，安心しようとした
・他の誰かと一緒にいて，気を紛らわせようとした
・考えが正しいかどうか，他の人に客観的な評価を求めた

自他の情動調整行動尺度（研究5で使用）
自己の情動調整行動
肯定的再解釈
・ネガティブな感情を和らげるために，その出来事をいい経験だと思うようにした
・ポジティブな感情を感じるために，その体験から何かを学ぼうとした
・ポジティブな感情を感じるために，自分に起きている状況の良いところを探した
・ネガティブな感情を和らげるために，乗り越えれば自分のためになる経験だと考えた
気晴らし
・ネガティブな感情を和らげるために，気晴らしになることをした
・ポジティブな感情を感じるために，自分が好きなことをした
・ポジティブな感情を感じるために，他の楽しいことを考えた
情動の表出
・ポジティブな感情を感じるために，自分のネガティブな感情を吐き出せることをした

- ネガティブな感情を和らげるために，自分のネガティブな感情を表に出せることをした
- ネガティブな感情を和らげるために，ネガティブな感情を自分の中に抑え込まないようにした
- ポジティブな感情を感じるために，ネガティブな感情を自分の中にため込まないようにした

他者の情動調整行動

肯定的再解釈のサポート
- 相手のネガティブな感情を和らげるために，起きている状況のいい面を相手が探せるように話をした
- 相手のネガティブな感情を和らげるために，乗り越えればいい経験になると相手が思えるように手助けした
- 相手のポジティブな感情を高めるために，その人が抱えている問題の良い面を伝えた
- 相手のポジティブな感情を高めるために，相手が起きている状況への見方を変えられるように接した

気晴らしのサポート
- 相手のポジティブな感情を高めるために，一緒に遊んだ
- 相手のネガティブな感情を和らげるために，相手にとって気晴らしになることをした
- 相手のポジティブな感情を高めるために，相手が好きなことをした
- 相手のネガティブな感情を和らげるために，その人が抱えている問題とは関係ないことを一緒にした

情動の表出のサポート
- 相手のネガティブな感情を和らげるために，相手の話を聞いてネガティブな感情を吐き出させた
- 相手のポジティブな感情を高めるために，相手がネガティブな感情を外に出せるように話を聞いた
- 相手のポジティブな感情を高めるために，その人がネガティブな感情を吐き出せるように話を聞いた
- 相手のネガティブな感情を和らげるために，その人がネガティブな感情を外に出せるように手助けした

初出一覧

　本書は，公刊されているものと未発表のものとで構成されている。以下にその対応について記す。なお，公刊されているものについては加筆・修正を行っており，必要な許可を得た上で転載を行っている。

第1章　本書の目的と理論的背景
野崎優樹（2014）．情動知能の機能に関する実験研究の課題と展望　京都大学大学院教育学研究科紀要, *60*, 481-493.

野崎優樹（2015）．情動知能と情動コンピテンスの概念上の差異に関する考察　京都大学大学院教育学研究科紀要, *61*, 271-283.

第2章　日本における情動コンピテンス
研究1

　Nozaki, Y., & Koyasu, M.（2016）. Can we apply an emotional competence measure to an eastern population? Psychometric properties of the Profile of Emotional Competence in a Japanese population. *Assessment, 23,* 112-123.

研究2

　未発表

第3章　ストレス経験と情動コンピテンスの成長
研究3

　野崎優樹（2012）．自己領域と他者領域の区分に基づいたレジリエンス及びストレス経験からの成長と情動知能の関連　パーソナリティ研究, *20*, 179-192.

研究4

　野崎優樹・子安増生（2013）．大学入試に対する認知的評価とストレス対処が情動知能の成長感に及ぼす効果　パーソナリティ研究, *21*, 231-243.

研究5

　野崎優樹（2013）．定期試験期間の自他の情動調整行動が情動知能の変化に及ぼす影響　教育心理学研究, *61*, 362-373.

第4章　情動コンピテンスと被排斥者に対する情動調整行動

研究6, 7

　Nozaki, Y. (2015). Emotional competence and extrinsic emotion regulation directed toward an ostracized person. *Emotion, 15*, 763-774.

研究8

　Nozaki, Y., & Koyasu, M. (2013). The relationship between trait emotional intelligence and interaction with ostracized others' retaliation. *PLoS ONE, 8*, e77579.

第5章　総合的考察

未発表

謝　辞

　本書は，筆者が京都大学教育学部に所属していた2010年から，京都大学大学院教育学研究科において2015年まで取り組んだ研究をまとめ，2015年度に提出した博士論文に修正を加えたものです。本書の刊行に際して，平成28年度京都大学総長裁量経費・若手研究者出版助成事業の助成を受けました。

　筆者の指導教員である子安増生先生（現・京都大学名誉教授，甲南大学文学部特任教授）には，今日に至るまで，終始暖かく励ましていただき，丁寧なご指導，ご鞭撻を賜りました。研究課題の設定，研究計画の立て方，学会発表や論文執筆の方法などを，数多くの面談を通じて分かりやすく教えてくださり，筆者の研究者としての基礎を作ってくださいました。また，先生が海外の研究者の下に滞在することを勧めてくださったおかげで，世界の第一線で活躍する研究者の方々と交流を持つことができ，筆者の研究は飛躍的に発展することになりました。他にも，先生には，筆者が自由に研究できるように，書き尽くせないほどの様々なサポートをしていただきました。筆者のアイディアを一緒に洗練してくださり，そして良い方向に導いてくださったからこそ，本書をまとめることができたのだと思っています。これまでのご指導に，心より御礼申し上げます。

　京都大学こころの未来研究センター教授 吉川左紀子先生，京都大学大学院教育学研究科教授 楠見孝先生，同教授 Emmanuel Manalo 先生，同教授 齊藤智先生，同准教授 野村理朗先生，京都大学白眉センター特定准教授 米田英嗣先生，同特定准教授 髙橋雄介先生には，授業や普段の交流の中で，多くの貴重なご助言をいただきました。筆者の研究は「情動コンピテンス」をキーワードとしながら，パーソナリティ心理学，教育心理学，社会心理学，認知心理学，発達心理学など，多様な研究分野の知見を盛り込んだものになっています。本書をまとめる上で，先生方からいただいたご助言が非常に参考になりました。心より御礼申し上げます。

教育認知心理学講座の先輩，同期，後輩の皆さまにも，様々な援助やご示唆をいただきました。溝川藍先生（現・椙山女学園大学人間関係部）には，筆者の研究について多くのご助言と励ましをいただきました。古見文一さん（現・神戸大学大学院人間発達研究科）には，研究会だけでなく，普段の交流における様々な場面で示唆に富んだコメントをいただきました。後藤崇志さん（現・京都大学高等教育研究開発推進センター）には，本書の草稿に対して多くの貴重なご意見をいただきました。同期の日道俊之さん（現・神戸大学大学院人文学研究科）には，普段の議論において貴重なコメントや質問をいただき，お互いに情報や経験の共有をする中で，筆者の研究へのモチベーションを高く維持することができました。後輩の枡田恵さん，柳岡開地さんには，研究会などを通じて，様々な視点からコメントをいただきました。お一人お一人の名前を挙げることができず，心苦しい思いでいっぱいですが，教育認知心理学講座の先輩，同期，後輩の全ての皆さまから，多くのサポートをいただきました。深く感謝申し上げます。

　さらに，研究会を通じて，多くの貴重なコメントをくださりました，東京大学大学院教育学研究科教授　遠藤利彦先生をはじめ遠藤研究室の皆さまに感謝いたします。筆者が所属している講座とは，また別の視点からのコメントをいただくことで，新たな視点を広げることができました。

　2013年に滞在させていただいた Purdue University の Kipling Williams 先生，2014年に滞在させていただいた Université Catholique de Louvain のMoïra Mikolajczak 先生，そして各大学の院生の皆さまにも御礼を申し上げます。Williams 先生からは，本書の第4章の研究で用いたサイバーボール課題を中心に，最先端の研究を踏まえた数多くのアドバイスをいただきました。Mikolajczak 先生には，何度にも渡るディスカッションを通じて，本書の理論的位置づけの核となる部分について，貴重なアドバイスをいただきました。また本書の研究1について，Sophie Brasseur さん（Université de Namur）とともに，尺度翻訳の許可や元論文のデータの提供にご協力いただきました。心より御礼申し上げます。

　本書の第4章の研究6～7は，2013年度教育認知心理学演習（院ゼミ）の授業において行われたものです。研究6～7を実施するにあたっては，桑原聡

子さん，田村明日香さん，中谷美奈子さん，不破早央里さんにご協力をいただきました。深く感謝申し上げます。

また，調査・実験に協力していただいた参加者の方々にも御礼申し上げます。皆様のご協力がなければ，研究を進めることはできず，本書を執筆することもできませんでした。

本書の出版に際しては，ナカニシヤ出版の山本あかねさんに大変お世話になりました。深く感謝いたします。

その他，研究を進めるにあたり，ご支援，ご協力を頂きながら，ここにお名前を記すことが出来なかった，すべての方々にも，心より感謝申し上げます。

本書の研究の一部は，平成25年度～27年度文部科学省科学研究費補助金（特別研究員奨励費，課題番号13J05204）の助成を受けました。ここに記して御礼申し上げます。

最後に，著者が研究活動に集中して取り組むことができるように，有形無形のサポートをしてくれ，様々な形で支えてくれた父 野崎雅敏，母 祥子，そして妻 寛子に感謝します。

ここに重ねて厚く謝意を表し，謝辞といたします。

野崎　優樹

事項索引

A
Emotional Intelligence Scale（EQS） 13
Grossのプロセスモデル 143
Mayer-Salovey-Caruso Emotional Intelligence Test（MSCEIT） 8
Multifactor Emotional Intelligence Scale（MEIS） 5
SEIS（Schutte Emotional Intelligence Scale） 9
TEIQue（Trait Emotional Intelligence Questionnaire） 9
WLEIS（Wong and Law Emotional Intelligence Scale） 9

あ
一次体性感覚野 159
一般化線形混合モデリング 128

か
外在化問題 163
灰白質 161
拡張版プロセスモデル 145
確認的因子分析 31
価値評価システム 146
下頭頂小葉 159
眼窩前頭皮質 159
勧告ゲーム 122
基準関連妥当性 37
気晴らし 79
共感 108
経験サンプリング法 157
計量不変性 14
結晶性知能 6
構造不変性 26
構造方程式モデリング 58
肯定的再解釈 79
行動レベルでの回避 63
コーピングの柔軟性 157
小包化 31
コルチゾール 16

さ
再検査信頼性 27
最後通牒ゲーム 122
サイバーボール課題 99
自己愛傾向 119
自己活用－他者活用 63
自己の情動調整 21
視床 159
実行段階 149
社会性と情動の学習 15
社会的知能 4
社会的認知理論 2
社会的排斥 98
縦断調査 78
状況修正 144
状況選択 144
上側頭溝 159
情動コンピテンス 1
　　――自己領域 25
　　――他者領域 25
　　――プロフィール（Profile of Emotional Competence） 9
情動知能 1
情動の表出 79
所属の欲求 98
スカラー不変性 14
ストレス経験 52
　　――からの成長 52
ストレス対処 61
接近－回避 62
選択段階 149

前島 159
増分妥当性 13
測定不変性 26
側頭頭頂接合部 159

た
大学入試 62
代理的情動 152
他者の情動調整 21
多母集団確認的因子的分析 32
多母集団の同時分析 71
探索的因子分析 55
知能 4
注意の方向づけ 144
調和性 119
デュシェンヌ・スマイル 10
同定段階 149
特性情動知能 9
特性理論 2

な
内在化問題 163
内側側頭葉 159
二次体性感覚野 159
日誌法 157
認知的評価 63
認知的変化 144
能力情動知能 7

は
背外側および後部前頭前野 159
背側前帯状皮質 159
配置不変性 14
白質 161
反応調整 144
ビッグファイブ 12
腹外側前頭前野 159

腹側線状体　159
腹内側前頭前野　159
扁桃体　159
法則定立的ネットワーク　158
報復行動　119

ま
マキャヴェリアニズム　119
メンタライジング　118
目標レベルでの回避　63

ら
流動性知能　6
レジリエンス　52

わ
ワーキングメモリ　164

人名索引

A
阿部恵子　9, 13, 25, 30, 41, 141
阿部晋吾　30
Abe, K.　16, 51, 95, 142
Aiken, L. S.　116, 128
Alessandri, G.　2
Aloe, A. M.　13
Altman, J.　63
Ambrona, T.　152
Andrei, F.　13
Antonakis, J.　1
Antonietti, J. P　10
Aomatsu, M.　16
Ashkanasy, N. M.　1
Athota, V. S.　119, 131
Augustine, A. A.　154
Austin, E.　25
Austin, E. J.　12, 16, 18, 98, 100, 118, 119, 131
Averill, J. R.　3
東　美絵　62, 64, 76

B
Bagg, D.　99
Baker, J. P.　89
Bakermans-Kranenburg, M. J.　99
Baldaro, B.　13
Bandura, A.　2, 11, 19, 51, 97, 133, 139, 143
Barbaranelli, C.　2
Bar-On, R.　20
Barrett, K. C.　3

Barrett, L. F.　3
Barsade, S. G.　11, 156
Bates, D.　128
Batson, C. D.　152
Baumann, N.　154
Baumeister, R. F.　3, 98, 119
Beauducel, A.　56
Beedie, C. J.　3
Beer, A.　156
Berenbaum, H.　89
Beuckelaer, A. D.　26
Bhullar, N.　12
Black, C.　119
Blackie, L. E. R.　52
Blakemore, S. J.　162
Boiger, M.　14
Bolker, B.　128
Bonanno, G. A.　61, 149
Bourdu, R.　6
Bowden, S. C.　25
Boyatzis, R. E.　6
Brasseur, S.　6, 9, 12, 20, 21, 22, 25, 26, 30, 36-38, 44, 136, 140
Brauer, M.　152
Brennan, P. L.　62
Bresin, K.　19, 140
Brody, N.　11
Brownstein, A. L.　162
Buhle, J. T.　145, 158
Burton, C. L.　149
Butler, E. A.　41, 154
Byrnes, J.　45

Byrne, B. M.　33

C
Calhoun, L. G.　52, 53, 55, 95
Cammock, T.　108
Campos, J. J.　3
Campos, R. D.　3
Caprara, G.　2, 19, 51, 97, 133, 140
Carnevale, P. J.　112
Carroll, J. B.　4, 5
Carstensen, L. L.　163
Cartwright, S.　15
Caruso, D. R.　4, 8, 10
Cattell, R. B.　6
Cervone, D.　19, 97, 133, 139
Charles, S. T.　163
Chen, F. F.　32
Cheng, C.　158
Cheung, C. K. T.　98
Cheung, G. W.　32
Chiaburu, D. S.　119
Ching, C. M.　107
Choi, W.　98
Chopra, G.　162
Chow, R. M.　98
Ciarrochi, J.　12
Ciesielski, B.　149
Clark, L.　123
Cohen, D.　14, 41, 141
Cohen, L. J.　62, 77
Cole, P. M.　162

Costa, P. T. J.　18
Coumans, N.　18
Crockett, M. J.　123
Cronbach, L. J.　158
Crone, E. A.　119, 162
Crowne, D. P.　103, 110
Cunningham, W. A.　31
Cutrona, C. E.　30, 45
カトローニピノ　30

D

Dacre Pool, L.　15
Dahl, R. E.　162
Dasborough, M. T.　1
Davies, M.　2, 12
De Leersnyder, J.　14, 41, 141
de Melo, C. M.　112
Decety, J.　100, 114, 118, 152
Del Re, A. C.　36
Deldonne, S. R.　161
Dennis, T. A.　162
Denson, T. F.　18
de Timary, P.　18
Diaz, A.　162
Diener, E.　30, 44, 83, 154
Dolan, R. J.　152
Dolbier, C. L.　52
Dupuis, P.　15
Durlak, J. A.　15
Dymnicki, A. B.　15

E

Edgar, C.　100
Edge, K.　63
Eid, M.　154
Eisenberg, N.　162
Eisenberger, N. I.　99
Eisenkraft, N.　156
Ekermans, G.　14, 25, 41, 141
Ekman, P.　3, 10
Elfenbein, H. A.　156
Elliot, A. J.　145

Ellsworth, P. C.　14
Emerson, M. J.　157
Emmons, R. A.　30, 108
遠藤利彦　1-4, 17, 51, 142, 155, 164
Engen, H. G.　108, 118
Epel, E. S.　12
エピクテトス　1
Ethofer, T.　161
Evans, P.　16

F

Fajkowska, M.　19
Fancher, R. E.　5
Fantini-Hauwel, C.　20, 163
Farrelly, D.　119
Fenster, J. R.　52
Fillee, C.　18
Fiori, M.　10, 17, 97, 143
Flashman, L. A.　161
Fleeson, W.　18, 19, 100, 106, 140
Folkman, S.　61, 63
Ford, B. Q.　157
Fox, J.　45, 85
Fox, K. E.　20
Frank, M. J.　162
Frederickson, N.　12
Fredrickson, B. L.　3, 4
Freudenthaler, H. H.　34
Friborg, O.　53, 54
Friedman, N. P.　157
Frith, C. D.　141, 152
Frith, U.　141
藤崎和彦　9
Fujisaki, K.　16
Fukuda, E.　13, 42
Fukunishi, I.　13
Fung, H. H.　154
Fung, T. S.　13, 25
Furnham, A.　7, 9, 12, 13, 18, 20, 40, 100, 108
Furtner, M. R.　119

G

Gabler, P.　34
Gallagher, P.　100, 106
Gallese, V.　152
Garlinghouse, M. A.　161
Gibson, B. S.　164
Glover, G.　154
Gökçen, E.　40
Goldberg, L. R.　18
Goleman, D.　1, 4, 17, 51
Gollwitzer, P. M.　149
Gondoli, D. M.　164
Gosling, S. D.　30, 42, 44, 110
Govan, C. L.　98
Gratch, J.　112
Gregoire, J.　6, 15
Griffin, S.　30
Griffiths, P.　30, 44
Grodd, W.　161
Gross, J. J.　3, 20, 21, 41, 52, 79, 80, 98, 141, 143-149, 153, 155-158, 161
Groves, K. S.　15, 53
Gunz, A.　14, 41, 141
Guroglu, B.　119
Güth, W.　122, 132

H

Hallam, G. P.　160, 161
Hamamura, T.　40
Hampson, S. E.　42
Hanelin, J.　154
Hansenne, M.　10, 15
Harle, K. M.　123, 133
Harre, R.　3
橋本由里　13, 26
Havlovic, S. J.　63
Hayes, A. F.　74
Hazy, T. E.　162
Heaven, P. C. L.　12
Heimeberg, R. G.　108
Heine, S. J.　40
Hemenover, S. H.　154
Henry, J. D.　163

Hildebrandt, A.　157
Hill, P. L.　18
平井由佳　13, 26
Hjemdal, O.　53
Hodges, S. D.　100
Holahan, C. J.　62
Holahan, C. K.　62
Holden, R. P.　66
Hollander, S.　12
Holman, D.　20, 78
Holman, E. A.　76
星野崇宏　19
Howerter, A.　157
Huberle, E.　161
Huffmeijer, R.　99
Hulme, C.　164
Hume, D.　1
Hunsley, J.　13

I
井隼経子　53, 54
池見 陽　30
Irwing, P.　108
石塚智一　64
石毛みどり　52-54, 65

J
Jaccard, J.　129
Jackson, J. J.　18, 140
Jaggars, S. S.　52
Jayawickreme, E.　18, 19, 52, 140
Jencius, S.　19
John, O. P.　79, 80
Johnson, A. C.　164
Joseph, S.　108

K
金敷大之　13
Kaniskan, B.　66
Karremans, J. C.　119
Kaschel, R.　154
Kashdan, T. B.　157
Kaube, H.　152
川上ちひろ　9

Keefer, K. V.　11, 66, 154, 163
Keltner, D.　3
Kenny, D. A.　66, 67
Keysers, C.　152
Kilduff, M.　119, 131
Killgore, W. D.　161
King, L. A.　108
Kipman, M.　161
北村俊則　103, 110
Kitayama, S.　30
Kiyama, S.　13
Klein, K. J. K.　100
Klein, S. I.　61
Kline, R. B.　66, 69
Klipker, K.　162, 163
Knierim, K.　154
Knutson, B.　154
Koenigs, M.　123, 133
Kokkinaki, F.　9
小西嘉四郎　1
Koopmann-Holm, B.　154
Kotsou, I.　15-17, 51, 95, 142, 161
Koven, N. S.　161
子安増生　4
Kreifelts, B.　161
Kring, A. M.　3
Kross, E.　2
Kuhl, J.　154
Kuljanin, G.　14

L
Lamm, C.　100, 108, 114, 118, 138, 152
Lance, C. E.　14
Landy, F. J.　2
Lane, A. M.　3
Larsen, R. J.　30
Latack, J. C.　63
Law, K. S.　9, 12, 13, 20, 26, 42, 43
Lazarus, R. S.　3, 61, 63
Leary, M. R.　98, 119
Lee, T. L.　41

Lelieveld, G. J.　119
Lepper, H.　30, 44
Leroy, C.　12
Leu, J.　14
Leung, K.　14, 141
Levenson, R. W.　3, 132
Li, T. W.　25, 41, 141
Libbrecht, N.　26
Lieberman, M. D.　123
Lievens, F.　26
Little, T. D.　31
Livingstone, V.　163
Locke, E. A.　2, 5
Loftus, G. R.　4
López-Pérez, B.　152
Ludlow, D. H.　154
Luminet, O.　10, 12, 13, 17, 18, 34, 98
Luterek, J. A.　108
Lyubomirsky, S.　30, 44, 79

M
Ma, X.　14
MacCann, C.　10, 156
Mackey, S. C.　154
Maechler, M.　128
前川眞一　64
Malouff, J. M.　12
Mancini, G.　13
マルクス・アウレリウス　1
Marlowe, D.　103, 110
Marroquin, B.　78, 79
Martin, S. E.　162
Martins, A.　12
Martinussen, M.　53
Maslow, A. H.　98
Masten, C. L.　99
Masuda, T.　14, 41, 141
Matthews, G.　2, 5, 7, 10, 11, 16, 17, 97, 139, 143, 154
Maul, A.　10, 11
Mavroveli, S.　40

Mayer, J. D.   3–5, 8, 10, 11, 20
McClelland, D. C.   6
McCoach, D. B.   66
McCrae, R. R.   12, 18
McEnrue, M. P.   15, 42, 53, 63
McKenley, J.   12
McRae, K.   149
McRorie, M.   100
Meehl, P. E.   158
Melby-Lervåg, M.   164
Menges, J. I.   119
Mesquita, B.   3, 14, 30
Meyer, G. J.   13
Mikolajczak, M.   6, 7, 10, 12, 13, 15, 17, 18, 20, 21, 26, 28, 34, 97, 98, 140, 163
Miles, E.   145, 149
Miller, L. C.   162
Mills, K. L.   162
Mimura, C.   30, 44
Minski, P. S.   12
Mischel, W.   2, 19, 51, 97, 133, 139, 143
Miyake, A.   157
Miyamoto, Y.   14, 41, 141, 154
Miyaoka, Y.   13
水田　洋   1
Mobbs, D.   152
Moeller, S. K.   19, 140
Monroe, B. M.   162
Moor, B. G.   119
Moore, H.   119
Moos, R. H.   62
Morelli, S. A.   99
Morin, E   12
森田泰介   13
Morita, T.   13
Morling, B.   30
諸井克英   45
Morrissey, R. A.   164
Mroczek, D. K.   98

Munakata, Y.   162
村山　航   62, 63, 74, 77
Murnighan, J. K.   123
Muthén, L. K.   31
Muthén, B. D.   31, 33
無藤　隆   52, 53

N
Nagler, U. K. J.   119, 131
中村知靖   53, 54
中畝美穂子   64
Neisser, U.   4
Nelis, D.   15–17, 51, 95, 142
Netzer, L.   154
Neubauer, A. C.   34
Nie, Z.   45
Niedenthal, P. M.   152
西郡　大   64
Niven, K.   20, 21, 78, 80, 81, 93, 98
丹羽雅之   9
Niwa, M.   16
Nolen-Hoeksema, S.   4, 79, 93
Nordstokke, D. W.   15

O
Ochsner, K. N.   154, 159–161
O'Connor, P. J.   119, 131
O'Doherty, J.   152
O'Donnell, M. M.   100, 118
及川　恵   62, 63, 65, 74, 77
岡村典子   16
大竹恵子   20, 30
大塚泰正   69, 83
O'Reilly, R. C.   162
小塩真司   30, 44, 54, 110
O'Sullivan, M.   10
Otake, K.   13
小山秀樹   62, 76

205

P
Panksepp, J.   3
Park, C. L.   52
Parker, J. D.   66
Parkinson, B.   78, 93
Pedersen, W. C.   18
Peña-Sarrionandia, A.   21, 143, 155
Peplau, L. A.   30, 45
Pérez-González, J. C.   9, 12, 13, 18
Petermann, A. G.   14
Petrides, K. V.   7, 9, 12, 13, 18, 20, 30, 40, 100, 108
Phillips, L. H.   163
Pilluta, M. M.   123
Pita, R.   9, 18
Plailly, J.   152
Preacher, K. J.   74
Pryor, J. B.   99

Q
Qualter, P.   15
Quinlivan, E.   119
Quoidbach, J.   15

R
Ramachandran, T.   154
Ramalho, N.   12
Rauch, S. L.   161
Rauthmann, J. F.   119
Read, S. J.   18, 112, 162
Redick, T. S.   164
Reeder, G. D.   99
Rees, L.   2
Reiter, K. J.   119
Rensvold, R. B.   32
Rentfrow, P. J.   30
Reyes, J. A.   30
Richardson, R.   98
Riediger, M.   162, 163
Riem, M. M.   99
Rindermann, H.   34
Rizzolatti, G.   152
Robbins, T. W.   123

Roberts, B. W. 18
Roberts, R. D. 2, 5, 10, 11, 156
Robinson, M. D. 19, 140
Rockstuhl, T. 26
Romero, S. A. 61
Rooke, S. E. 12
Rosenberg, M. 30, 44
Rosenvinge, J. H. 53
Rossier, J. 10
Roth, R. M. 161
Roth, S. 62, 77
Roy, E. 12, 18, 97, 98
Royet, J. P. 152
Rucker, D. D. 74
Ruffman, T. 163
Russell, D. 30, 45
Russell, J. A. 3
Russo, P. M. 13

S

Saarni, C. 109
西城卓也 9
坂野雄二 69
Saklofske, D. H. 12, 13, 15, 25, 37, 39, 40, 48, 100
桜井裕子 13, 42, 43
Salovey, P. 3, 4, 8, 10, 12, 18, 20, 98
Sanchez-Burks, J. 2
Sanchez-Ruiz, M.-J. 9, 18
Sanfey, A. G. 123, 133
佐藤　香 109
佐藤安子 80
Saykin, A. J. 161
Schacht, A. 157
Scheibe, S. 149, 157
Scheier, M. F. 69, 80, 94
Schellinger, K. B. 15
Scherer, K. R. 3, 6
Scherl, W. G. 34
Schmitt, N. 14
Schmittberger, R. 122
Schröder-Abé, M. 12
Schutte, K. K. 62

Schutte, N. S. 9, 12, 20, 37, 40
Schütz, A. 12
Schwab, Z. J. 161
Schwarz, N. 132
Schwarze, B. 122
Schweiger Gallo, I. 149
Seery, M. D. 76
Seymour, B. 152
Shadel, W. G. 19
Shahar, G. 31
Shavelson, R. J. 33
Sheeran, P. 107, 145, 149
Shen, W. 15, 53
Sheppes, G. 144, 149, 155, 157
Sheridan, M. 13
Sherwood, H. 63
島井哲志 20, 30, 44
Shimai, S. 13
清水益治 13
神藤貴昭 65
Shoda, Y. 2, 19, 51, 97, 133, 139, 143
Siegling, A. B. 13
Silver, R. C. 76
Silvers, J. A. 158
Simmonds, E. 12
Simunek, M. 12
Singer, T. 108, 118, 138, 152
Sitarenios, G. 8, 10
Skinner, E. A. 63
Slaski, M. 15
Smith, A. 1
Smith, L. 12
Smith, M. 100
Sneddon, I. 100
Sommer, W. 157
Song, L. J. 12
Sousa, K. H. 32
Spokas, M. 108
Stankov, L. 2
Stanton, A. L. 79
Steeger, C. M. 164

Steinhardt, M. A. 52
Stillwell, A. 3
Stough, C. 25
Stride, C. B. 78
Stroud, L. R. 12
Stucke, T. S. 119
Suri, G. 149, 155, 157
Süß, H.-M. 4
鈴木伸一 69
鈴木忠治 103, 110
鈴木康之 9
Suzuki, Y. 16
Swann, W. B. 30

T

Tabibnia, G. 123
高橋雄介 19
Takahashi, H. 123, 133
Takeuchi, H. 161
Taksic, V. 13
Tamaoka, K. 13
Tamir, M. 154, 157
Tanida, S. 14
Taylor, R. D. 15
Tedeschi, R. G. 52, 53, 55, 95
Terry, P. C. 3
照田恵理 13
Tett, R. P. 20
Thompson, R. A. 20, 143, 144
Thorndike, E. L. 4
Thorsteinsson, E. B. 12
Tice, D. M. 119
Tiedens, L. Z. 98
Tohver, G. 100
土岐邦夫 1
Totterdell, P. 20, 78, 93
豊田弘司 13, 25, 26, 41–43, 141
Toyota, H. 13
Tranel, D. 123, 133
Trombini, E. 13
Tsai, J. L. 154
土屋京子 1, 4, 17, 51

Twenge, J. M.　119

U
内田香奈子　65
内田照久　64
Uchida, Y.　30, 41, 44, 83
内山喜久雄　20
Uchiyama, K.　13
梅津祐良　1, 4
Urry, H. L.　144
宇津木成介　20, 30
Utsuki, N.　13

V
van Beest, I.　119
Van de Veerdonk, E.　14
van de Vijver, F. J.　14, 141
van Ijzendoorn, M.　99
Van Kleef, G. A.　154
Vandenberk, R. J.　14
Vazire, S.　156
Vecchione, M.　2
Verstrynge, V.　17
Vesely, A. K.　13, 15

W
Wagenaar, W. A.　4
Wager, T. D.　157
若林英樹　9
Walker, S.　128
Wang, A.　20
Watson, D.　156
Webb, T. L.　145, 149
Weber, M.　161
Weiner, M. R.　161
Weintraub, J. K.　69
Weis, S.　4
Weissberg, R. P.　15
Wesselmann, E. D.　98, 99, 104, 106, 107, 110
West, S. G.　32, 116, 128
Weytens, F.　15
Wicker, B.　152
Widaman, K. F.　31
Wildgruber, D.　161
Wilhelm, O.　157
Will, G. J.　119
Williams, K. D.　98, 99, 103, 110, 119, 121
Williams, R.　108
Williams, W. C.　20, 98, 140, 150
Wirth, J. H.　98, 99
Wisco, B. E.　79
Wise, T. N.　13
Wittmann, W. W.　56
Witzki, A. H.　157
Wong, C. S.　9, 12, 20, 26, 42, 43
Woods, S. A.　42
Woolery, A.　12
Wotman, R. S.　3

X
Xu, Y.　18

Y
山形伸二　19
山本晃輔　13, 42
山崎勝之　65
Yan, G. G.　25
Yang, Y.　18, 162
Ybarra, O.　2, 16, 17, 97, 139, 143

Z
Zadro, L.　98, 125
Zaki, J.　20, 98, 140, 150
Zeidner, M.　2, 5, 10
ゼノン　1
Zhang, J.　18

著者紹介
野崎優樹（のざき　ゆうき）
京都大学 大学院教育学研究科・デザイン学大学院連携プログラム 特定講師
京都大学大学院教育学研究科博士後期課程（2016年修了）
博士（教育学）
主要論文に，
Emotional competence and extrinsic emotion regulation directed toward an ostracized person. *Emotion, 15*, 763-774.（2015）
定期試験期間の自他の情動調整行動が情動知能の変化に及ぼす影響　教育心理学研究, 61, 362-373.（2013）
自己領域と他者領域の区分に基づいたレジリエンス及びストレス経験からの成長と情動知能の関連　パーソナリティ研究, *20*（3），179-192.（2012）
など。

情動コンピテンスの成長と対人機能
――社会的認知理論からのアプローチ――

2017年3月30日　初版第1刷発行　　定価はカヴァーに表示してあります

著　者　野崎　優樹
発行者　中西　健夫
発行所　株式会社ナカニシヤ出版
〒606-8161　京都市左京区一乗寺木ノ本町15番地
Telephone　075-723-0111
Facsimile　075-723-0095
Website　http://www.nakanishiya.co.jp/
Email　iihon-ippai@nakanishiya.co.jp
郵便振替　01030-0-13128

装幀＝白沢　正／印刷・製本＝西濃印刷㈱
Printed in Japan.
Copyright © 2017 by Y. Nozaki
ISBN978-4-7795-1163-9
◎本書のコピー，スキャン，デジタル化等の無断複製は著作権法上での例外を除き禁じられています。本書を代行業者等の第三者に依頼してスキャンやデジタル化することはたとえ個人や家庭内の利用であっても著作権法上認められておりません。